"十一五"国家重点图书出版规划项目

世界财经管理经典译库子项目

《经济学人》经典译丛

The Economist

Guide to Project Management

Achieving Lasting Benefit through Effective Ch

■ Paul Roberts

U0656727

（英）保罗·罗伯茨　著

胡蓉　刘婵　译

项目管理指南

通过变革获得持续利益

东北财经大学出版社
Dongbei University of Finance & Economics Press

大连

ⓒ 东北财经大学出版社　2009

图书在版编目（CIP）数据

项目管理指南：通过变革获得持续利益／（英）罗伯茨（Roberts, P.）著；胡蓉，刘婵译.—大连：东北财经大学出版社，2009.6
　（《经济学人》经典译丛）
　书 名 原 文：Guide to Project Management：Achieving Lasting Benefit through Effective Change
　ISBN 978－7－81122－681－2

　Ⅰ. 项…　Ⅱ. ①罗…②胡…③刘…　Ⅲ. 项目管理－指南　Ⅳ. F224. 5－62

中国版本图书馆 CIP 数据核字（2009）第 093144 号

辽宁省版权局著作权合同登记号：图字 06-2007-72

Copyrightⓒ The Economist Newspaper Ltd 2007
Text Copyrightⓒ Paul Roberts, 2007

东北财经大学出版社出版
（大连市黑石礁尖山街 217 号　邮政编码　116025）
总 编 室：（0411）84710523
营 销 部：（0411）84710711
网　　　址：http：//www. dufep. cn
读者信箱：dufep @ dufe. edu. cn
大连图腾彩色印刷有限公司印刷　　东北财经大学出版社发行

幅面尺寸：170mm×240mm　字数：248 千字　印张：12 3/4　插页：1
2009 年 6 月第 1 版　　　　　　　　2009 年 6 月第 1 次印刷

责任编辑：李　季　　　　责任校对：刘贤恩　孙平　石真珍
封面设计：冀贵收　　　　版式设计：钟福建

ISBN 978－7－81122－681－2
定价：28. 00 元

目　录

引　言

第1章　有效项目管理的要素

1.1 | 4 | 项目管理的好处

1.2 | 5 | 项目的特征是什么？

1.3 | 7 | 项目如何产生变革？

1.4 | 8 | 什么是项目？

1.5 | 9 | 什么是项目管理？

1.6 | 9 | 有效项目管理的要素

第2章　项目构思

2.1 | 15 | 部门构思项目

2.2 | 17 | 根据商业目标构思项目

2.3 | 18 | 项目组合

2.4 | 18 | 方案

2.5 | 20 | 何时立项？

2.6 | 22 | 表述清楚

2.7 | 23 | 权衡

2.8 | 29 | 授权

第3章　项目的作用和职责

3.1 | 30 | 谁应该管理项目？

3.2 | 31 | 项目组合管理团队

3.3 | 32 | 项目监控组

3.4 | 34 | 项目经理

3.5 | 38 | 项目的组织结构适合吗？

第4章　项目组织和资源管理

4.1 | 39 | 这是谁的项目？

4.2 | 39 | 利益相关者地图

4.3	40	利益相关者矩阵
4.4	41	项目管理结构
4.5	45	资源库管理
4.6	48	矩阵管理

第5章 计划：风险和回报

5.1	51	计划的原则
5.2	53	计划收益
5.3	57	计划未知事件
5.4	63	风险记录表

第6章 计划：质量

6.1	67	产品分解结构图
6.2	69	产品流向图
6.3	72	产品说明书
6.4	75	运用以产品为基础的计划
6.5	81	实现目标的途径

第7章 计划：时间和成本

7.1	82	产品和任务之间的关系
7.2	83	估计方法
7.3	87	制订时间和预算计划
7.4	93	利用计划的弹性
7.5	94	资源平衡
7.6	95	项目评估和审核方法
7.7	96	准备好了吗？

第8章 启动项目

8.1	97	项目周期
8.2	99	业务实例
8.3	106	业务实例：一个总结
8.4	106	项目管理报告
8.5	109	项目管理报告——项目计划
8.6	121	启动阶段的重要性

第9章 项目交付

9.1	122	计划
9.2	123	授权
9.3	124	监督和报告
9.4	147	控制

9.5 | 151 | 有效控制的重要性

第10章　支持与保障

10.1 | 152 | 支持/保障机构的需求或收益

10.2 | 154 | 支持与保障提议报告

10.3 | 159 | 定义、确认并开展支持/保障工作

10.4 | 163 | 一个灵活的机构

第11章　项目结束及结束之后

11.1 | 164 | 项目结束

11.2 | 175 | 收益实现

11.3 | 182 | 项目成功

第12章　嵌入有效的项目管理

12.1 | 183 | 建立变革案例

12.2 | 193 | 获得变革的指令

12.3 | 194 | 证明投资的正确性

12.4 | 196 | 实现变革

12.5 | 200 | 享受收益

引　言

许多企业在需要变革甚至不得不变革时，却不采取行动。如果企业能够及时变革，每年倒闭的企业数量则会大大减少。但是，与人一样，企业也只有在自己想要变革的时候才会选择变革。

如果从企业能够成功完成项目的角度来考察变革，那么可以将这项变革视为一次文化的变革，包括对思想、价值观和行为的重新调整，摒弃某种旧标准甚至曾经神圣不可侵犯的东西。

项目管理不能与整个企业的管理割裂开来。有效的"日常业务"管理能够使企业长期稳定、健康地成长，而好的项目管理则能带来企业业绩的不断进步。如果要使项目产生可观的利润，那么既要重视传统的项目环境，又要把眼光放在传统的项目环境之外。通常，人们认为项目管理仅仅是项目经理的事情，把项目交给项目经理了事。但是经验数据表明，一个项目的成功需要许多人的通力协作，包括授权投资项目的人、使用项目最终成果的人以及建设项目的人，甚至整个组织都需要齐心协力才能保证一个项目的顺利完成。

如果一个组织确实希望改进其管理项目的方式，那么它就有机会改进其管理企业的方式。

本书不仅阐述项目管理的原则和技巧，还将解释管理项目与管理企业密切相关的原因。将一项工作打包并称之为项目并不能使一个企业免于承受失败的结果。企业可以从一个管理完善的项目中获益，同样也可以从管理不善的项目中受损。我们能够从下列失败的项目中吸取经验教训：

- 哈勃（Hubble）空间望远镜。美国国家航空航天局（NASA）于 1990 年发射了哈勃空间望远镜，希望它能够传回比以往更清晰的太空图片。虽然这个项目攻克了无数的技术难关，但是抛光主要镜片的测量仪器却出了故障，导致传回的每一张照片上都有污点。结果，NASA 遭受了巨大的经济损失和声誉损失，又花费了三年的时间才将故障排除，其声誉才得以恢复。

- 简化登记申请手续项目。华盛顿州登记部门投资 4 200 万美元将本州的汽车登记和重新注册程序计算机化，原计划耗时五年。结果预算大量超支，项目的要求不断地修改，即使能按时完成这个项目，所设计的系统也过时了。几年以后，不得不取消了该项目，而此时该项目已经花费了大约 4 000 万美元。

● 苏格兰议会大楼。大楼的成本是预算的十倍之多。可想而知，如果将这笔钱投资到其他地方，会给纳税人带来更好的回报。

● 英吉利海峡海底隧道。这个项目本身就是一个巨大的技术进步，但是却没有足够的客户对它感兴趣，因此无法保证未来的经济收益。尽管这个项目克服了重重障碍，但是否应该予以批准实施呢？

● 关西国际机场。1994 年该机场建于日本大阪附近的一个人造岛屿上。起初，人们不疑计划建设这个机场的人是否低估了该岛屿下沉的可能性以及机场建成后岛屿是否会平行下沉。结果，机场建成六年后，机场运行者不得不投入大量的资金用于建设保护性设施，但这些资金一部分来源于征收更高的起降费用，这使得很多飞机不再降落于此机场。所以，虽然这个项目克服了许多困难（其中包括机场在阪神地震中幸存下来），但是机场仍然负债累累，并且在许多人看来，关西机场将成为"逐渐没落的"机场。

以上这些组织由于没有意识到项目管理对企业的重大影响，致使企业遭受了巨大的经济损失。

本书旨在帮助商业组织控制和减少因缺乏有效的管理而导致项目和企业遭受损失的可能性。俗话说得好："未雨绸缪胜过亡羊补牢……"

第 1 章
有效项目管理的要素

对于任何一种新的管理模式而言，如果想让它为大家所广泛接受，首先就必须让那些不认可这种模式的人接受。刚引入一种新的工作方式时，大家很有可能对此漠不关心，甚至指责批评，直到逐渐习惯并适应这种新的工作方式时，态度才会有所转变。由于并不是每个人都能积极地看待项目管理，所以变革的推进者普遍会遭到一些友善的攻击。

项目管理涉及甄别、管理一个项目可能遇到的风险。而那些喜欢在问题实际出现时再想办法解决，不愿事先防范的人对此观点将感到难以接受。这就是风险管理和"问题"管理之间的根本差别，也是引入以项目为基础的企业文化的核心。许多人都崇拜解决问题的英雄，但是，毫无疑问，那些审慎地发现事情可能会出错且努力避免其出错的人更值得人们的赞扬和支持。其实，不仅人的性格中有这样两种极端，组织也同样如此。组织可以分为问题管理型和风险管理型，前者鼓励管理实时问题和面对挑战的英雄，并对他们进行奖励；后者则赞扬事先降低风险出现的可能性或者减轻风险带来的影响的人。在支持风险管理的环境中，项目管理更易发挥其积极作用，因为这样能够使组织更有效地控制资产。

变革推进者面临许多的挑战。与其他任何形式的管理一样，有效的项目管理需要引入一种必要的管理方法来管理项目，这又会受到那些反对引入新方法、新程序和新规定的人的质疑。需要注意的是，管理方法并非是死板的，而是灵活的，从而保证合适的人在恰当的时候做出正确的决定，而且他们的价值观也能够得到广泛的理解。

引入新管理模式所付出的成本迟早（可能是很快）会受到质疑，但是如果要获得利益，就必须付出成本。高级经理可以决定如何利用稀缺的资源，所以用于项目管理的资金必须是可以获得有计划的可衡量的收益的投资。换句话说，在组织内部运用项目管理原则本身就是一个项目，应该对其加以管理，这样还可以帮助减轻上述的一些挑战。

任何希望改变观念或者工作习惯的努力都将面临困难。如果综合考虑本书提到的方法与改变文化的方法，John Kotter 在《领导变革》（*Leading Change*）一书中所提到的下列风险需要引起注意：

- 没有紧迫感；
- 没有强有力的具备指导性的合作；

- 方案没有明确的规划；
- 关于规划没有进行有效的沟通；
- 保持现状的意愿阻碍了根本的变革；
- 短期成果没有系统的计划或者传达；
- 过早宣布成功的消息；
- 变革没有根植于组织文化中。

我们将在随后的章节中考察这些风险，尤其要考察如何引入有效的项目管理。但是在项目的整个生命周期中，让参与项目和受项目影响的人意识到有效的项目管理可能带来的价值是非常重要的。这不仅能增加项目成功的可能性，而且会使整个组织受益，还会降低企业倒闭的风险，增强企业的生命力。

1.1　项目管理的好处

项目管理必须针对人们希望解决的重要问题，而在提出解决办法之前有必要回答下列问题。个人或组织面临的问题是什么？这些问题孰轻孰重？什么项目能够通过最低的投资获得最高的收益？

例如，如果有人担心大量的重复性工作，那么有效的项目管理则可以鼓励每个人都按照计划工作，从而减少重复性劳动。其实计划的好处就在于，一旦人们清楚地知道自己以及他人的职责，那么重复工作的可能性就得以降低。当我们遇到反对意见时，可以反问一句"那又会怎么样呢？"，这样做的目的是使大家不仅能看到利益的核心，而且能够清楚地看到项目所带来的变革如何会使他们的生活变得更好。

但是，利益相关者对利益的衡量标准却不尽相同。项目的最终用户认为，有效的项目管理应该"提供关于质量的定义、设计、执行和控制，从而降低产出的质量不合格的风险"。负责盈利的人则希望"经常进行评估，从而降低投资回报率低的可能性"。总之，项目管理应该尽可能地满足不同利益相关者的兴趣和要求。

当引入项目管理遭到反对时，有必要列举一系列项目管理的好处，或者干脆说明项目管理如何能够使每个人的工作变得更有条理。有效的项目管理使一个组织能够：

- 在恰当的时候出于合理的理由派出适合的人，保证做出最高质量的决策；
- 鼓励客户和供应商积极参与，使结果对双方都有利；
- 注重努力的阶段性成果，使项目的产品获得更广泛的认可；
- 定期对项目进行重新评估，降低投资收益率低的风险；
- 示范如何最有效率地利用资源，保证整个组织资源利用的效率；
- 强调项目所面临的风险，对风险出现的可能性和影响进行有效的管理；
- 使得关于质量的定义、设计、执行和控制得到认同，降低产出的质量不合格的风险；
- 将未受管理的"变革"所带来的危险减少到最小；

- 明确每个人的工作职责，减少重复性劳动；
- 对未预期到的问题的管理更加具有敏锐性和实际效用。

1.2　项目的特征是什么?

项目与组织的"日常业务"不同，具有自己的特征。日常业务的特征如下：

- 重复以及/或定期进行某些活动；
- 需要相同的技能；
- 受年度期限或预算限制。

一般说来，一个组织的日常业务可能包括：

- 向客户销售产品和/或服务；
- 维持财务状况；
- 管理员工；
- 保持系统的日常运转。

各部门的日常业务保证组织的业绩。组织如果了解项目与日常业务之间的差异，就能够理解项目需要一种精心设计的管理模式的原因。项目与日常业务的不同之处在于：

- **项目有"既定的产出"**。项目是变革的载体，它提供的管理模式使组织从一种稳定状态转向另一种状态，即从 A 到 B。项目有"既定的产出"，可以使组织在新的状态下有效地运行。因此项目的结果必须保证高质量，从而满足客户的需求。
- **项目有规定的完成期限**。有许多将项目的最后完成期限一次又一次修改的实例。比如，欧洲战斗机的交货日期修改了好几次，原因是没有对项目的交付结果进行详细清楚的说明。项目应该有一个完成期限，否则项目将失去目标，并且可能会超过预算，延误业务时间，甚至导致投资无法获利。而且，由于项目具有暂时性，所以一旦延期将使项目组人员无法开展其他的工作。
- **项目有预算**。项目预算存在于整个项目的存续期内，与部门预算不同，部门预算覆盖整个财务年度。
- **项目使用的资源广泛**。项目涉及组织内部与组织外部的大量人员，需要他们具备不同的能力、知识、技能和经验。而日常业务部门需要用到的知识和技能则比较单一。
- **项目进行过程中，不同阶段需要不同的人**。例如，制定项目目标的人的工作时间可能集中在项目初期和末期，而生产最终产品的人的工作时间则可能集中在项目中期。而一个部门中在整个财务年度内，可能是同样的一些人在工作。
- **项目有生命周期**。Philip Larkin 是 20 世纪英国的一位诗人，他认为小说的结构应该包括"开头、中间和结尾"。但是很多项目却让人感觉始终处于混乱状态。项目人员应该在高级经理的指导下，努力避免陷入混乱和困惑，以保证项目从开始到结束按照计划进行。所以项目的开始需要适合的项目管理，而结束时需要保证项目的结果符合既定目标。

日常业务也可能具有项目的某些特征。例如，每个月需要提交管理报告，以帮助公司做出决策。虽然这些报告也属于既定的结果，但它们是重复的低风险的工作，目的只是为了维持业务的稳定。同样地，日常业务要求具有预算。但是，这种预算通常是为了保持或改进下一年度的业绩。

项目的目的是为了逐渐地进行变革。这种变革可能改变工作的程序、业绩或文化。为了寻求进步，对项目的预测和管理变得相当具有挑战性。项目生产的产品必须是以前没有的，至少在同一环境中没有出现过。人们对项目完成的时间、成本和结果都有所预期，但是清楚地说明这些变量并使它们得到广泛认同却不容易，这使每个项目都与众不同且充满风险。

风险是项目的一个特征。很多时候，项目失败的原因都是没有对风险进行充分的管理。失败的原因一般包括：

- 没有计划；
- 计划不够详细周全；
- 管理或控制不力；
- 对变更未进行管理；
- 沟通不足；
- 预算不足；
- 对预期管理不力。

如果上述失败的原因没有得到妥善地解决，那么将导致下列后果：

- 项目不能按时完成；
- 预算超支；
- 质量不合格。

衡量失败的三个标准通常是时间、成本和质量。那么，衡量成功的标准是什么呢？如果一个项目达到下列要求是否就可以认为是成功的呢？

- 按时完成；
- 未超过预算；
- 符合质量要求。

这些可能是判断一个项目成功的标准中的一部分。一个项目应该按照预算在规定的时间内达到预期效果，并且使参与者有成就感，但是项目是否产生了正面效应呢？如果没有，那么投资的意义何在？实际上，一个成功的项目所具备的最关键标志就是其产生了变革。

1.3　项目如何产生变革？

组织设计项目的目的是产生利益和价值，项目的结果应该是收益大于投资的成本。本书后面的章节将介绍如何描述和量化收益，这里首先来了解一下收益和成本的比较如何帮助我们定义项目的范围。

某公司计划开发一种操作程序，该程序将在其各个办事处使用，以改进工作，节约成本（如图 1—1）。计划内部各要素间显然存在着相互依赖性，如果操作程序没有开发出来，没有一个办事处可以使用该程序。

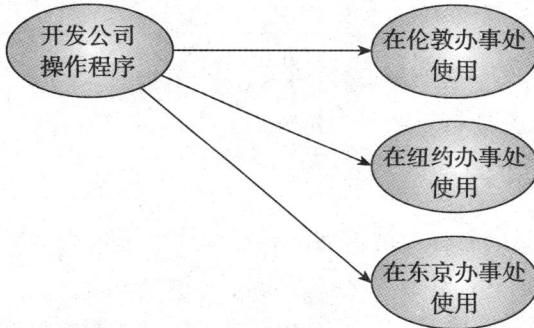

图 1—1　开发操作程序的计划

为了实现这一结果需要多少个项目呢？可能需要四个，每一个领域的工作即是一个项目；也可以是两个项目，一个项目是开发程序，另一个项目是在各个办事处运用该程序；或者也可以将整个事件视为一个项目，以节约成本。

如果考虑项目产生的价值，就很容易做出决策。在操作程序没有开发出来之前，各个办事处根本无法使用。但是，如果不在东京办事处使用该程序的话，开发这个程序是否可行？答案并不明确。问题的关键在于，东京办事处如果不采用该程序是否大大降低了该项目的收益，从而使得该项目的收益小于投资成本。

对于任何一个项目而言，都存在这样一个点，在该点期望收益大于投资成本。从这个意义上讲，项目和生意没什么区别。可以从做生意的角度来看需要进行多少个项目（如图 1—2）。

图 1—2 左边的开发工作是项目的成本，虽然也需要一些投资，但主要是产生价值。而是否应该进行投资取决于各个办事处使用该程序所产生的价值。一个办事处使用该程序产生的价值可能不足以弥补投资，两个办事处就足够了，三个办事处都采用的话该项目产生的价值则毫无争议了。所以，这项工作的四个领域应该有一个统一的领导，以保证整个项目的收益大于成本。成本和收入（或收益）的平衡是任何一个项目的基础，它回答这样一个问题：我们为什么要进行这个项目？

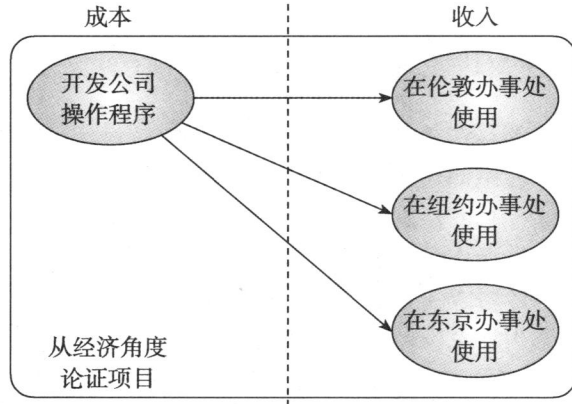

图 1—2　成本与收入分析

1.4　什么是项目?

本章所讨论的项目的特征可以帮助读者理解项目的本质,但到底什么是项目呢? 下面列举项目的一些定义:

- 为了实现目标,按照一致同意的计划组合在一起的一组特殊事件。
- 有明确起止时间的一个行动,目的是实现既定目标。
- 为生产特定产品或提供特定服务而在一段时间内进行的努力。
- 为改变或改进某个特定对象而进行的任何有组织的活动。

然而,上述定义都没有从广义上正确理解项目的含义。项目的产出包括收益,而收益则证明组织选择该项目是一个正确的决定。

项目可以简单地定义为:根据既定的业务需要,为了某个特定结果而临时创建的管理环境。

- **临时管理环境**。我们可以把项目视为一个有特定存续期的公司。项目具有公司的许多特征,它由员工、目标、计划和控制组成。管理把这些因素有机地整合在一起,形成一定的秩序和结构,从而使成功的可能性最大。特定的结果实现以后,管理环境就没有存在的必要了。

- **为了特定结果**。这相当于其他定义中提到的目标、目的、产品、服务或情境。用时间表、成本和质量来定义期望的结果。

- **根据既定的业务需要**。这是创建临时管理环境的原因。它不仅仅是一个结果,而且结果必须对整个组织有利。

1.5　什么是项目管理？

项目管理确保每个对项目有兴趣的人对下面的问题有着一致的回答：

- **由谁来管理项目？** 由于各种各样的原因，许多人可能对项目产生兴趣，他们就是项目的利益相关者。虽然他们的观点和意见可能对项目有帮助，但是并非所有的利益相关者都可以参与项目的管理，所以从项目开始到结束，我们都必须明确项目管理人员的职能、职责和报告安排。

- **项目的结果是什么？** 项目必须有某种特定的结果，例如，图 1—1 所示的操作程序。然而，在项目进行过程中也有阶段性成果，例如，项目计划、可行性研究报告、业务实例、需求说明书、市场调研报告或者一台机器。我们必须提前对这些阶段性成果清楚地做出规定，以保证其顺利完成。

- **项目应该何时完成？** 很显然，项目应该有一个完成日期，而且在项目进行过程中还应该规定阶段性成果的完成时间，例如上面提到的阶段性成果。每一个阶段性成果应该有各自的完成时间。

- **需要投资多少？** 项目的成本是多少？我们从许多超过预算的项目中得到的教训是：在整个项目进行过程中要严格控制成本。

- **为什么需要这个项目？** 如果对于这个问题的回答没有权威性以及说服力，那么实施该项目的必要性将受到质疑。

上述五个问题的答案非常重要，在项目开始以及整个项目存续期内，项目的负责人必须就这五个问题的答案达成一致意见。而且，这五个问题的答案将作为项目管理的一部分，必须进行存档。

但是，项目的外部环境是怎样的呢？英国诗人兼牧师 John Donne 逝世于 1631 年，他曾这样写道："没有人是一座孤岛。"不仅人如此，项目也是如此。项目必须与日常业务的需求竞争，必须与其他项目所能产生的利益竞争。所以，组织应该支持项目管理的概念，而不仅仅是支持某一个项目。

1.6　有效项目管理的要素

项目的成功必须有适宜的环境，以保证其授权、管理、融资、说明、建设、测试和交付能够顺利地进行。当环境不适宜时，项目成功的可能性大大降低。适宜的项目环境应该具有某些特征，如图 1—3。

衡量一个组织是否有成熟的项目管理环境的标准就是要看图 1—3 中的要素是否健全。组织之间的能力是有差异的，项目管理环境的成熟程度取决于组织的文化和需求。

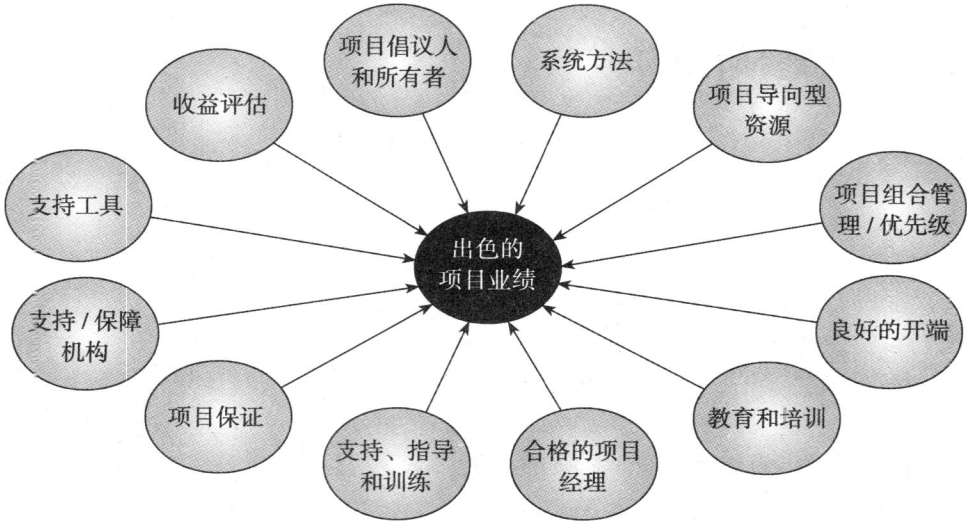

图1—3 以项目为核心的环境的特征

1.6.1 项目倡议人和所有者

首先项目的成功需要有人积极地推动它。项目企划书本身并不能说明项目的好处，也无法对项目的启动和结束做出决策，这是项目倡议人的职责。当有人对这种工作方式的好处提出质疑时，组织的高级管理人员和权威人士应该站出来表示支持这种观点，并维持其影响力和价值。

1.6.2 系统方法

系统方法，有时也称为方法论，是项目管理的一种方法。它往往以书面的形式描述项目的过程、职责和成果。这些方法很容易被误解，人们可能认为它们成本太高、太官僚化以及太具有限制性。在支持或者摒弃某种系统方法之前，仔细考虑该方法的机制的价值是很重要的。

方法论是支持管理的，而并不是要取代管理的。只有将方法论付诸实践才能体现它的有用之处。一本无人问津的操作指南是没有价值的。

系统方法通常包括：

- 清楚描述方法论的适用范围，并说明如何将各部分组合在一起；
- 列举项目的职能和职责，概括主要利益相关者的期望；
- 描述项目人员的工作步骤，以保证项目的顺利完成；
- 描述项目应该实现的结果；
- 通过模板描述一般产出的外观和触感；
- 对成品模板的外观进行指导的例子；
- 常见问题的答案。

许多公司使用本书或者行业标准的项目管理方法来创建各自的项目管理方法。IT

项目有很多项目管理方法。然而令人奇怪的是，纯粹的项目管理方法却很少。存在一种重要的纯粹的项目管理方法——PRINCE①。

PRINCE 是可控环境中的项目（Projects IN Controlled Environments）的首字母缩写，它认为项目在各种环境下皆可进行，无论是技术环境还是非技术环境。PRINCE 由英国的 Central Computer and Telecommunications Agency（CCTA）首先于 20 世纪 80 年代研究出来，并很快得到承认，对之稍作修改便可适用于任何项目。PRINCE 得到了广泛的使用，在使用过程中人们对其进行改进，使之成为了 PRINCE2②，PRINCE2 于 1996 年推出，在 50 多个国家推广使用。

无论组织选择哪种方法，都必须满足一些重要的标准。这些标准是：

- 可以成功地运用于其他领域；
- 充满活力，具有一致性，没有明显的缺陷；
- 很明晰，方便向他人推荐，容易沟通，容易理解；
- 可行性——必须保证投资能够得到实际的回报；
- 有弹性——适用性强，适合各种规模、复杂程度和风险不同的项目；
- 相关性——必须能够应用于不同领域的项目管理。有些方法论只适用于有限技术领域的项目管理。

1.6.3　项目导向型资源

每个组织都有一两个项目经理。无论组织是否了解项目管理的语言，整个组织结构将影响项目管理的有效性。如果组织结构不支持项目管理，那么项目管理将很难成功。

1.6.4　项目组合管理/优先级

几乎没有组织只开展一个项目。很多组织都开展一系列的备选项目，并从中进行识别、挑选、排序、授权并开始一个最优项目，从而就使得一系列项目由于某些原因而相互竞争，这些原因包括：

- 命令或法规；
- 商业机会；
- 降低成本的机会；
- 学习和发展的机会。

虽然很多组织有强烈的愿望开展项目，但由于产生了的新问题，影响了项目的开展：

- 资金短缺；
- 项目之间的冲突；
- 时间过紧；

---

① PRINCE® 是政府商务部的注册商标，在美国专利和商标局注册。
② PRINCE2™ 是政府商务部的注册商标。

- 风险增加；
- 无法进行日常业务。

为了解决这些问题，最好先按照一定标准对项目的优先级进行排序，然后支持那些组织最需要和最有回报的项目。

1.6.5　良好的开端

项目要取得成功，开始阶段非常重要。因为在开始阶段将创建项目管理环境，所以它是项目管理的一个特殊阶段。在这一阶段，项目的优势被进一步发现，从而肯定该项目的可行性。如果该项目值得进行，项目人员将计划其时间、成本和质量，包括项目经理在内的项目管理组开始按照各种标准指导该项目的进行。如果开始阶段进行得不顺利，那么项目成功的可能性将不大。

1.6.6　教育和培训

项目组中的每一个人都应该了解项目管理环境，以及支持该项目的整个组织情况。如果想培育有效的项目管理文化，那么每个参与项目的人都应该懂得并运用项目管理的语言。

培训将帮助组织实现文化变革，但是如果它与这里讨论的其他组成部分割裂开来，那么培训的价值将很小。其他的组成部分也是如此。培训的最佳结果是，使人们具有一定的技能和知识，从而能够更好地工作。培训能够给人以激励，但是如果培训的原则和技巧没有在工作中应用，那么投资在培训中的时间和精力就没有价值。

1.6.7　合格的项目经理

项目的成功开展离不开合格的项目经理。他们必须不仅要了解项目管理，并且有足够的项目管理经验，这说明项目经理是 IT 专家、医药专家或者工程专家还远远不够。当然，如果他们了解项目开始阶段的性质，这对项目将非常有利。作为项目经理，他们需要管理时间、成本和质量，满足项目利益相关者的期望。项目经理就像轮胎的毂，把轮辐连接在一起以产生动力。虽然他们是项目中最重要的人，但并不是唯一的成员。项目组还有其他人，例如倡议人和所有者，他们对项目的进行也有很大的影响力。

项目管理是值得投资的，涉及大量项目工作的组织应该意识到这一点。

1.6.8　支持、指导和训练

组织提供支持、指导和培训的程度能够衡量该组织重视项目管理的程度。个人和组织在发展过程中进行投资，对于学习和能力的提高非常重要。

然而，这并不意味着组织应该投入更多的资金用于培训。组织经营状况的好转往往取决于在实际项目中逐渐培养起来的工作作风。只有当人们在一起工作和学习的时候，投资于培训、教育和招聘的资金才能有回报。

这可以通过多种途径实现，其中包括：

- **培训后的指导**。员工接受培训后，对其进行指导可以保证他们将在课程中学到的知识用到实际工作中，这是一种节约成本的做法。

- **工作午餐讨论会**。对大家感兴趣的话题进行讨论，可以帮助大家巩固知识和提高技能。
- **技能论坛**。这是分享经验的一种理想方式，它可以改进系统方法，提高每个人的技能水平。然而，如果没有适当的控制，论坛将很快变得没有价值。
- **公告栏**。公告栏是一种描述项目环境变化的有效方式。
- **路演**（Road-shows）。与公告栏一样，路演让人们对项目管理的相关问题保持着一定的兴趣。路演要求人们参与但是也要求人们进行投资。但是，在成熟的项目管理文化中，一年进行两次或更多次的路演是很常见的。
- **内部网站**（针对有限受众，通常是内部受众的网站）。内部网站现在很普遍，它可以储存组织的系统方法。组织内部的人可以浏览内部网站，它不仅让需要的人看到，而且也提供了公司认可的最新的做事方式。
- **伙伴式学习**。不应该强迫大家使用这种方式，而应该建议大家使用。给每个人安排一个学习伙伴，他们可以相互学习，从而加深了对项目管理的了解。这种方式的优势在于，它是一种自我约束方式，在需要的时候它可以变成一种大型的机制；如果人们发现这种方式没有用处，他们会停止参加这项活动。它使得参与者可以分享经验，也可以让参与者在一种没有威胁的、随意的环境中相互征求意见，并成长为经理等公司领导。

1.6.9　项目保证

项目保证这种机制，针对一系列标准对项目进行检验，以保证项目管理的有效性和项目不断产生利益的潜力性。保证并不是监督的意思。"监督"这个词总是让人望而生畏，然而这个时候很难发现问题以及问题产生的原因。一系列的保证措施能够使组织有足够的信心进行项目管理。设立项目保证这种机制的目的是为了检查项目（而不是项目管理），从而提高目标成功的可能性。项目保证的方式如下：

- **项目管理健康检查**。组织其他部门的项目管理专家对项目进行审核，这些专家可能是聘请来的。审核的结果以报告的形式呈现，报告中会指出该项目的优点，并且向其他项目推广，同时也将针对该项目指出仍需采取的进一步行动。该报告提交后，该项目的进程可能需要一个外部组织来检查，也可能不需要。
- **项目管理内部监督**。当项目出现某种失败的迹象时，需要对项目进行正式的审核。对项目进行审核的人不仅要公正，而且要有能力发现需要改进的地方，还要对项目组提出解决问题的建议。参与审核的人将跟踪项目进程。
- **项目管理外部监督**。外部监督与内部监督类似，但是需由外部组织来进行。在征得同意的情况下，与其他正式审核一样，外部监督需要在既定的时间内，对必要的领域进行审核。

虽然有时监督让人感到不自在，但是项目保证应该被视为项目管理的一个自然的、积极的组成部分，因为项目保证的目的是帮助改进项目过程、人力和项目。

1.6.10　支持/保障机构

支持/保障机构（SAF）通常称为项目办公室或方案办公室。大多数成熟的以项目为核心的组织都有某种形式的支持和/或协助功能部门，其范围、目标和工作方式都与其要支持的项目相一致。许多组织向高级和初级经理提供支持和协助服务，这些服务从开发的管理支持到组织项目管理方法的维持，服务的内容大相径庭。这种支持服务在组织中的位置取决于组织的态度和文化；组织可能支持一个项目、一个项目组合或者整个公司的方案（随后将讨论这个问题）。

1.6.11　支持工具

市场上有许多项目支持工具，这其中大多数是软件。这些支持工具一般很有用处，但在制订和维持计划方面，发挥的作用则非常有限。近年来，这些支持工具的特征变得越来越复杂。现在市场上有一种软件，它可以捕捉项目进行过程中的信息，并进行分析，还可以和组织中的其他人进行分享。

尽管有以上这些改进，支持工具的存储数据还非常有限，使用这些工具的人也非常有限，组织将其融入工作中的能力同样也非常有限。因为支持工具的安装很复杂，所以组织一般不愿意使用软件工具，即使这些软件可能会满足许多利益相关者的需要和工作习惯。组织需要在软件所能产生的价值与安装的操作风险之间进行权衡取舍。

1.6.12　收益评估

项目的目的是产生变革以及增加组织的价值。但是令人惊讶的是，几乎没有组织在一个项目结束后审核项目，评估其是否成功。

最佳的结果是，项目在预算范围内按时完成，并且成果的质量合格，但这还不是项目成功的真正标准。这只说明项目完成了，组织还需要有明确的证据证明投资的期望回报实现了。

从这个角度看，项目管理文化成熟的标志是，项目管理周期中存在一个收益实现阶段，在这一阶段进行收益评估，也可能在这一阶段结束后进行。即使收益实现阶段是系统方法的一个组成部分，收益评估也不是自动进行的。虽然很多组织已经意识到在项目结束后一段时间内收益才能真正显现，但是很少有组织实际衡量该收益，从而肯定它们为项目所进行的投资。这看起来虽然很奇怪，因为项目的目的就是为了实现收益，但却可以理解，因为收益很难量化。例如，客户满意度提高或者员工士气提高如何用商业收益来衡量？如果收益不能衡量，那么几乎无法确定应该投入多少来取得该收益。组织如果试图判断某个项目的投资是否值得，就应该在收益实现阶段开始时量化收益，并在该阶段结束时衡量收益。

第 2 章

项目构思

项目来自何处？项目是组织重要计划的一部分，还是组织面临挑战或问题时做出反应的结果？然而大多数组织的项目是两者的结合。一些组织喜欢适应其战略项目；一些组织则喜欢能满足它们现在面临的管理需要的混合项目；大多数组织的项目介于这两者之间。通常情况下组织都有一个备选项目表。

随着备选项目数量的增加，企业控制项目的方法所带来的影响也加大。例如，为了同时管理几个项目的资源，公司的结构可能不得不发生变化，为了给各个项目排序，公司的安排可能会变得更加灵活。

构思项目的方法有以下几种。

2.1 部门构思项目

图 2—1 是公司结构的一个例子。董事会下设五个部门：运作部、设备管理部、技术部、财务部、销售和营销部。技术部又分为后勤部和应用部两个子部门。

公司如何构思项目取决于公司的结构。在图 2—1 的例子中，年度业务计划由董事会提出，分由各部门执行。每一级管理层从自己的角度考察该计划，考虑自己应该执行哪些活动，以帮助董事会实现目标。这好像是日常业务与几个项目组合的结合，理想的结果是，当各个管理层都看过计划后，每个管理层都知道自己的工作和职责。

每个部门都有一揽子计划要执行，资金来源是年度预算。部门的负责人是预算的持有人，通常也是项目的所有者。然而，他们的工作并不简单，他们不仅要开展日常业务，还要开展一系列项目，这些项目的开展需要其他部门提供资源支持。

这种传统的构思项目的方式效率很低，这也充分说明应该换一种方式来管理项目。图 2—2 表明项目之间有很强的相关性。例如，在商业计划中，目标 2 的实现要求项目 2、8、17、18 和 22 均成功完成。但是成功完成这些项目可能需要各部门集体行动，并且各部门之间都能互相分享资源。

这个结构并不完善，该结构不是变革，它适用于日常业务。部门间的项目持续的时间越长，协调各部门工作的挑战就越大。为了实现目标 2，需要一种具体的管理方法。

对此，一种典型的反应是成立项目组合管理机构，由该机构管理每一个项目。这

项目管理指南

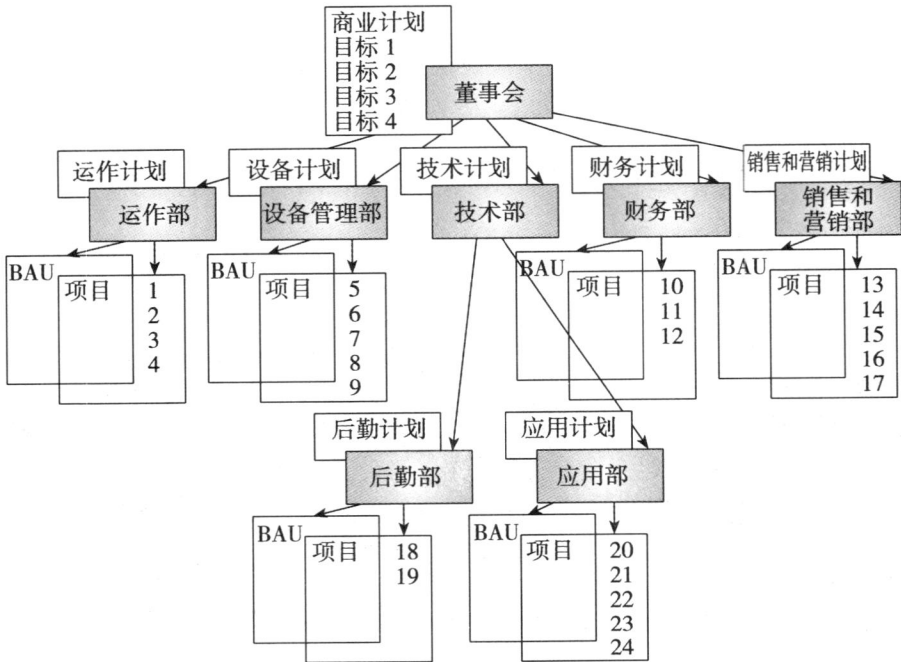

图 2—1　公司结构

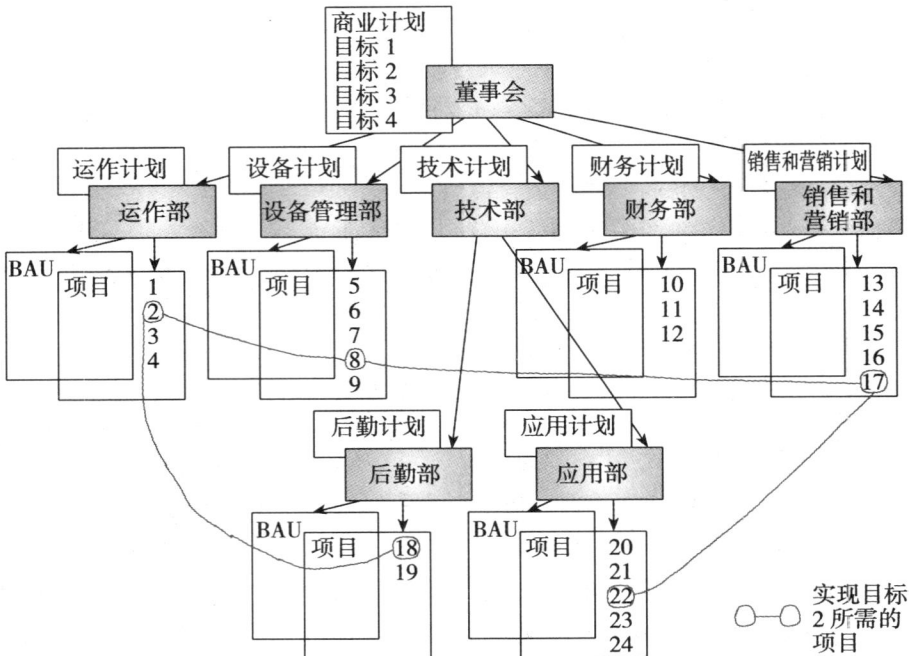

图 2—2　构思项目的传统方法

16

样做是有效的，但是成本可能很高，而且作用仅限于协调不同的活动和资源的使用。

　　还有一个选择，即公司可以将为了实现目标 2 而设置的各个项目分配给不同的管理组，这样构思项目组合的任务就不受组织结构的限制。

2.2　根据商业目标构思项目

　　图 2—3 表示一种截然不同的构思项目的方法。

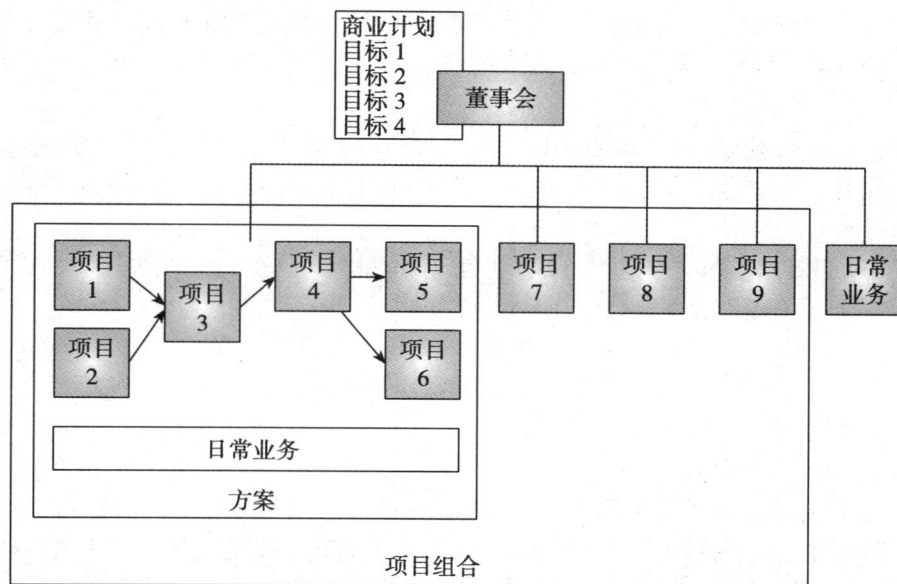

图 2—3　根据商业目标构思项目

　　在这里，项目不是分配给各部门的，而是经过对商业计划目标的分析之后，由各部门自己决定的。根据各个项目在目标实现过程中所能发挥的作用，由各部门来最终决定应该选择哪些项目，而且项目的数量也变少了，因为不必乘以执行项目的部门数量。

　　这对公司运作的方式有着非常重要的影响。对于希望通过项目来实现业务或内部变革的公司而言，这样做的好处是非常大的，而不仅仅是避免了从一个部门向另一个部门交接项目而导致的无效率。但是这将产生文化或程序成本，只有当一个组织愿意接受本指南所列举的基本原则时，这种方法才可行。图 2—2 表示通过部门活动实现变革的组织，图 2—3 表示通过项目实现变革的组织，二者有着根本的区别。

　　并不是说通过部门活动实现变革是行不通的，文化变革极有可能从部门开始，但这通常却无法提供有效的管理以使项目取得成功。如果一个组织确实想采用以项目为核心的方法，那么它就应该确保其项目直接以商业目标为基础，而不是某个部门突发奇想的一个念头。只有这样才能保证项目的结果对战略有着直接的贡献。

在理解如何从公司的商业计划中分解出项目之前，有必要了解一下项目组合和方案的含义。

2.3　项目组合

前文曾将项目组合定义为一系列的项目。一个组织可能有一个或多个项目组合，而一个项目组合使用同一个预算或者在同一个部门里。

复杂多变的环境极有可能产生风险，创建项目组合的目的是提高项目成功的可能性，降低风险。因此，可以将项目组合更好地定义为可监控的一组项目，以有效促进各项目之间的相互协作和成功。

与项目方案不同的是，项目组合可能永远都不会结束。当一个项目结束的时候，另一个项目又开始了。因此，在判断一个没有固定结果的项目组合成功与否的时候，要注意是否有下列信号：

- 项目按时完成；
- 项目没有超过预算；
- 项目严格按照计划完成；
- 项目使得商业利益得以实现；
- 公司倡议人定期更新完善计划；
- 项目组合与商业计划相一致；
- 项目组合对实现商业目标不断地做出贡献。

这些标准适用于使用同一个预算或者在同一个部门内部的项目。一些项目可能为了实现同一个特定的商业目标而组合成一个项目组合。换句话说，项目组合凝聚了更多的智慧，因为大家最终的目标是相同的，这就是方案。

2.4　方案

方案是执行、协调和实现一个组织的战略的载体，尤其是连接着有着相同的明确目标的日常业务活动和新项目，二者的结合通常比较复杂。方案与日常业务不同，因为不同的方案带来的结果是不同的。

但是，方案这个词经常被误用。对很多人来说，方案就是一个大型项目，大型项目和方案有一些相似之处，总结如下：

- 二者都为了产生一个对组织有利的结果而努力；
- 二者都需要一种特殊的管理结构模式。

二者的共同点还不止这些。表2—1列明了二者的不同之处。

例如，关于建设新销售管理系统的项目，具有项目的以下典型特征：

- 倡议人数量非常有限，可能只有销售经理一个人。

表 2—1　　　　　　　　　　　项目与方案的不同点

项目	方案
• 倡议人相对较少	• 倡议人较多
• 失败造成的损失有限	• 失败将给整个公司造成损失
• 注重结果	• 注重商业目标
• 完成后产生收益	• 阶段性产生收益
• 持续时间为中短期	• 持续时间为长期
• 风险可大可小	• 风险总是很大
• 范围明确	• 范围很广
• 不包括日常业务活动	• 包括日常业务活动

- 如果新系统开发失败，那么公司可以继续使用原来的系统。
- 项目的结果应该是开发出一套可用的销售管理系统，并对员工进行培训。
- 当销售人员使用新系统一段时间后，由于新系统的使用更便于领导，销售额上升，从而弥补了新系统的开发成本。
- 正常情况下，项目开始一年内应该可以安装并使用新系统。
- 主要由销售部和 IT 部负责控制风险。
- 项目的范围限制在明确的组织、预算和时间之内，地理界限也很明确。
- 在项目完成之前，日常业务活动应该不受项目的影响。

将此项目与一家试图打入外国市场的薯片企业的方案进行比较，该方案应具有以下特征：

- 有几个倡议人，包括运营部、商业管理部、分销部、销售部、营销部和制造部。基本上企业中的每一个部门都会或多或少地受到影响。
- 如果进入新市场的方案失败，将会对整个企业造成致命打击，参与发起的董事将引咎辞职。
- 方案必将产生一系列结果，这些结果有助于企业在外国市场实现目标。每一个结果都可以被视为一个项目，所有项目整合起来形成一个方案。每一个项目对整个方案而言都有重要的意义，需要从经济学角度证明这些项目的可行性。一个单独的项目可能给企业带来商业价值，但是一套方案中的某个项目却不一定能产生收益。一套方案中的某些项目可能仅仅是为未来的某个项目做铺垫。如果未来的项目被搁置，那么早期进行的项目可能几乎没有价值。为了准确地理解方案，就要综合考虑该方案中的每个项目。例如，在这个例子中，方案中的一个项目是为在国外市场销售的薯片生产新的包装。该项目本身不产生商业利益，但是从整个方案来看，它为整个企业的盈利带来可能。
- 为了使风险降低到最小，设计方案时要考虑阶段性收益。例如，首先集中于一个国外市场，并且该市场对薯片的需求足够旺盛，从而可以弥补成本。

- 方案可能具有很长的持续时间，当我们把方案分为几个阶段时，期限更长。当然，如果方案失败，那么其持续时间就没有预想的那么长。

- 对于任何一个方案而言，风险都是不可避免的。公司不仅在进行巨额投资时要认真控制风险，而且还要在方案进行过程中，因为公司的现有业务也可能受到影响。

- 企业几乎所有的业务都要受到方案的影响。

- 与项目相比，方案的一个显著特征是，管理团队不仅要对方案范围内的活动变革负责，还要使日常业务活动持续顺利地进行。在方案的第一阶段完成之前，方案要靠日常业务提供资金和资源。在新的商业环境中，公司需要每个人适应方案带来的需求和挑战。

在一个项目组合中，项目之间可能存在（也可能不存在）技术、战略或者商业方面的相互依赖性。项目分类的标准是，是否使用同一个预算，或者是否由组织的同一个部门来管理。而方案则不同，它是在技术上、战略上以及/或者商业上相互关联的项目的一个组合，项目之间不仅相互关联而且是由同一个团队管理的，这样才能保证商业计划的实现。而且，方案的性质表明，在方案实施过程中需要进行一定的日常业务管理，将新的工作方式逐渐渗入其中。

理解这些概念对构思和有效地管理项目非常重要。立项不仅要求列出一个项目单子，还要充分正确地理解这些项目，把它们放在适宜的管理环境中。该环境与组织结构相互独立，并为项目的成功创造必要条件。

因此，虽然项目可能是为适应组织的某个部门的需要而确立的，但是项目的管理、资金以及资源并不一定是这个部门提供的。

2.5 何时立项？

公司可能随时需要确立项目，但是一般会在制订年度计划时提出，因为组织需要预测下一个年度公司应该实现什么目标。然而，组织和外部环境随时都有可能发生变化，因此需要在年度计划以外设立一个应对突发事件的预算。

当确立一个项目时，需要注意以下三点：

- 除非组织是第一次确立项目，否则组织应该有一些项目正在进行中，这些项目是在上一个年度确立的。新项目可能需要渗透到这些项目中。

- 需要对项目的选择、排序和授权进行管理，而且它不应该是预算管理人一时兴起的行为。

- 为了对未来做出准确的判断，需要充分了解每一个备选项目的基本信息。

大多数组织使用固定表格制定备选项目的大纲，这不仅为针对该项目进行的讨论提供信息，而且将其正式列入组织的工作中。这样，项目不是从杂乱无章的工作中产生的，而是经过深思熟虑的结果。

这个固定表格通常称为项目大纲（见表 2—2）。制作这个简单的表格的目的是在项目得到授权之前，记录每一个重要问题的答案。如果高级经理们阅读项目大纲后，认为该项目对组织有利，那么该项目将有可能实施。

表 2—2　　　　　　　　　　　　　**典型的项目大纲**

倡议人	提议进行该项目的人的姓名
项目名称	备选项目的名称；如果保密，则使用编码
目标	备选项目的目标是什么；希望解决什么问题；希望抓住什么机会
收益	项目能够实现什么收益；实现的可能性多大；投资收益何时能实现
范围	是否有需要特殊排除的因素
关键产品	项目会给组织带来什么
时间表	项目持续多长时间；是否有一些特殊的重要的时间
投资	必须进行什么投资；什么时候投资
下一阶段投资	项目的下一阶段需要什么投资
计划假设	在确定关键产品、时间表、预算和收益时，做出了什么假设
风险	项目失败给组织带来什么样的损失；如何应对风险

项目大纲清晰地列出每一个备选项目的特征，便于大家阅读和了解，并在了解的基础上进行比较。项目大纲使得组织可以选择正确的项目，排列优先级，并授权。

许多组织以下列方式来实现自己的目标，他们将日常业务与变革结合在一起逐步地进行改进，并一步一步实现目标。这些组织每年都制订自己的商业计划，这些商业计划通常是将新旧计划融合在一起，以帮助实现商业战略目标。

一般说来，在制订年度计划时提出的项目都是董事会希望进行的项目，并且这些项目将日常业务与变革结合在一起。在组织水平上，对变革最好的描述就是方案。高级经理深知，在执行某些重大决策或者推行变革时，需要进行管理。虽然方案需要内部管理的控制，但它们仍然是由相互独立的项目组成的。将这些项目与一年中组织中的所有小的改进综合起来看，组织将有一个大的项目组合需要某种方式的持续管理。

持续性是商业变革管理的核心。项目随时都可能确立，因此存在这样一个风险：确立的项目对商业计划、倡议人或者组织未来的目标没有任何帮助。

认识到项目和商业计划之间存在着这样的联系，我们就不难理解正在计划中的或者正在进行中的项目将会带来公司的变革。所以，组织通过查看投资的项目组合就可以了解项目的前景，这些项目有的是经过设计的，有的是凭直觉的，有的则是错误的。

组织的商业计划和项目组合之间应该有一个明确的界限，以确保项目能够实现预期的变革。三个步骤能够帮助组织明确商业计划和项目组合之间的关系，这三个步骤简称为 ABC：

- **表述清楚**。明确表述商业计划，有利于立项。
- **权衡**。采用一系列标准来衡量项目组合。
- **授权**。对于能够帮助组织实现商业计划所包括变革的项目进行授权。

2.6　表述清楚

很多指南都表明，一个完整的商业计划应该包括哪些内容。每个组织可能都有一些准则，年复一年地在使用。结果，所有关于如何有效地实现公司目标的案例都不尽相同。

无论商业计划的格式如何，这些计划的出发点都是一样的。商业计划不仅应该总结计划的内容，还应该帮助公司确立项目。以下是现实中的一个组织的商业计划，该公司希望：

- 留住大多数重要客户；
- 赢得新客户；
- 获得持续不断的收入，而不是一次性收入；
- 加深合作伙伴关系；
- 增加收入；
- 增加利润；
- 成为市场上的 No. 1；
- 开展期限短、产出高的项目；
- 扩大产品范围；
- 缩短生产时间；
- 降低生产成本；
- 生产维护费用最小的产品；
- 参与产品价格固定或风险分散的项目；
- 对项目进行排序，并论证其可行性；
- 产品质量和检测手段处于市场领先地位；
- 采用先进的产品生产技术；
- 采用重复的经过证明的方案原则和技术管理项目；
- 采用创新技术；
- 为有经验的员工创造机会，从而留住人才；
- 吸取以往的经验教训；
- 吸引新员工并为他们提供发展的机会；
- 拉开与竞争者的差距。

这看上去好像是从某个文件中随机摘录的一段内容，该商业计划看起来似乎没有重点，没有经过标准检验。因此需要对商业计划进行权衡后才能根据计划确立项目。

2.7　权衡

上述内容可以进行分类（见表2—3）。

表 2—3　　　　　　　　　　　　　　　商业计划内容分类

什么是商业成功？	客户如何判断成功？
公司将：	公司将：
● 留住最重要的客户 ● 赢得新客户 ● 获得持续的收入而不是一次性收入 ● 加深合作伙伴关系 ● 增加收入 ● 增加利润 ● 成为市场上的 No. 1 ● 开展期限短、产出高的项目	● 产品多样化 ● 缩短生产时间 ● 降低生产成本 ● 生产维护费用最小的产品 ● 参与产品价格固定或风险分散的项目
哪些过程必须高质量完成？	如何表明我们在不断学习和成长？
公司将：	公司将：
● 对项目进行排序，并论证其可行性 ● 产品质量检测手段处于市场领先地位 ● 采用先进的产品生产技术 ● 采用重复的经过证明的方案原则和技术管理项目	● 采用创新技术 ● 为有经验的员工创造机会，从而留住人才 ● 吸取以往的经验教训 ● 拉开与竞争者的距离

这是早期的关于商业计划的例子，比较简单，被称之为措施的平衡记分卡。这一方法是由 Robert Kaplan 和 David Norton 提出，是对策略性计划成功的前景进行的描绘。组织的目标和衡量指标可以用坐标的四个象限来表示：商业、客户、过程和学习。把这四个方面结合在一起，就可以提供一种如何取得成功、如何衡量成功的方法，并且这还可以帮助组织确定方案和项目组合，以获得最终成功。

记分卡的逻辑是这样的：商业成功可以通过向客户销售客户需要的东西来获得，但是生产其需要的产品和服务的过程必须是有效的，这要求组织通过合理使用人力资源来实现。组织需要对人力资源进行持续的投资，而投资来源于以前的商业成功，所以这种方法看起来是循环的。

因为这四个象限是通过这一逻辑连接起来的，所以各项内容应该具有一致性。参与产品价格固定或风险分散的项目可能无法提高利润；采用创新技术可能会产生冗员，从而无法为新员工提供工作机会。有一些结果可能是组织无法控制的，最重要的客户可能不愿意购买组织新开发的产品。组织必须明确这样一个问题："客户关系与产品领先，哪一个更重要？"如果计划内容与这个问题的答案不一致，那么商业计划和项目组合可能也与之不一致。

所以，表2—3并不完善，表中没有衡量标准。如果要根据这些内容来确认项目组合对商业计划的贡献，那么每条内容都必须进行量化（见表2—4）。

表2—4　　　　　　　　　　　　　　修正后的商业计划内容

什么是商业成功？ ● 获得持续的收入而不是一次性收入 修正为： ● 在下一年度，公司将保证从客户那里获得500 000美元的收入流，该收入流以前是一次性收入	客户如何判断成功？ ● 缩短生产时间 修正为： ● 在下一年度，公司将三种产品的标准生产时间由九周缩短为七周
哪些过程必须高质量完成？ ● 采用重复的经过证明的方案原则和技术管理项目 修正为： ● 在下一年度，公司将以行业认证的标准来管理项目 ● 在下一年度，公司将采用新方法来管理两个项目	如何表明我们在不断学习和成长？ ● 为有经验的员工创造机会，从而留住人才 修正为： ● 公司将具有十年以上工作经验的员工的离职率降低20%

即使进行了这些深入的分析，还是无法确认哪些项目能够帮助组织实现目标。商业目标不能仅靠一个或几个项目来实现。有一些商业目标需要通过提高生产率来实现，例如缩短生产时间；一些则需要人们加以注意，但不必改变行为，例如保证持续的收入而不是获得一次性收入；一些目标的实现需要将项目和日常业务结合在一起；一些已经在进行或者正在考虑确立的项目可能对一个或多个目标的实现的贡献有限；也有些目标可能通过某个特定的项目或方案才能实现，例如如果公司希望以行业认证的标准来进行项目管理，也可以授权一个项目来实现。

因此从商业计划中分离出一些项目是可行的。但是希望转向以项目为核心的组织应该明确，已经在进行或者批准将要进行的项目即使没有参考商业计划，也可能对战略有正面的影响。组织必须确保计划中的项目和正在进行的项目组合与组织的长期规划是一致的。

可以通过对项目提出质疑来达到这个目的。虽然放弃一个项目而开展另一个项目可能是一个正确的决策，但是钱已经投资了，因此取消一项投资是商业决策，而不是智力游戏。

但是，这有助于我们理解，为什么需要花时间去创建一个权衡表作为策略衡量的标准。对于大多数组织而言，这样做的目的是实现商业象限中的目标，而实现终极商业目标则不仅需要项目目标，还需要日常业务活动。

一种方法有助于实现这一目标，该方法包括以下三方面：

- 将商业计划分解为一项项的指标；
- 项目组合；
- 提议的新项目。

根据目标列表，通过比较现有项目组合和计划中的项目，就可以找出最适合的项目。在了解相关信息的前提下，这是一个非常简单的事情。列出现有项目组合与计划中的项目对实现每一个指标的贡献是直接贡献、间接贡献、部分贡献还是没有贡献（见表2—5）。

表2—5　　　　　　　　　　　　　**项目对战略的贡献**

战略目标	项目 1	项目 2	项目 3
公司希望明年从客户那里获得 500 000 美元的持续收入，而该收入以前是一次性支付的。项目对此有帮助吗	直接贡献	间接贡献	没有贡献
公司希望明年将三种产品的标准安装时间由九周缩短为七周。项目对此有帮助吗	没有贡献	没有贡献	没有贡献
公司希望明年以行业认定的标准来管理项目。项目对此有帮助吗	间接贡献	没有贡献	没有贡献
公司希望明年采用新的项目管理方法管理两个项目。项目对此有帮助吗	没有贡献	没有贡献	没有贡献
公司希望明年将有着十年以上工作经验的员工的离职率降低 20%。项目对此有帮助吗	没有贡献	直接贡献	没有贡献

从这个简单的例子可以得出以下几个重要的结论：

- 没有一个项目能够缩短公司产品的生产周期，客户对此不满意。
- 即使公司开发了新的项目管理方法（从例子中看不出来），没有一个项目采用这种新方法。
- 项目 3 对公司的战略目标没有任何贡献。为什么要投资该项目呢？

这种方法根据战略决策的每一方面对现有项目和计划中的项目进行推断，是一种比较可行的方法。下面这些问题可以帮助我们决定应该开展哪些项目：

- 项目对实现战略目标有直接贡献吗？
- 哪些战略要求未得到项目的支持，从而可能被忽略？
- 哪些项目对战略要求没有任何贡献？
- 是否应重新考虑上述项目以保证所有的战略要求都得到实现？
- 是否存在对四个象限都有贡献的项目组合？
- 组织是否只重视四个象限中的某一个，而忽略其他三个？

- 与目标相比，组织是否更重视衡量标准？
- 组织开展项目是出于预期而不是需要吗？

　　经理们应该经常考虑这些问题。如果分别赋予直接贡献、间接贡献、部分贡献、没有贡献一个值，就可以获得相关信息，用于确定应该实行哪个项目，不应该实行哪个项目，以及商业计划中哪个部分没有得到项目的支持。

　　图2—4 至 2—7 说明如何组织这些数据，并鼓励对此进行争论。在图2—4 中，柱子的绝对高度不如它们的相对高度重要，相对高度表明相互之间的权衡。图2—5 说明项目组合对实现单个战略目标的贡献。图2—6 说明单个项目对战略的价值。图2—7 说明每一个项目对特定的象限的贡献。

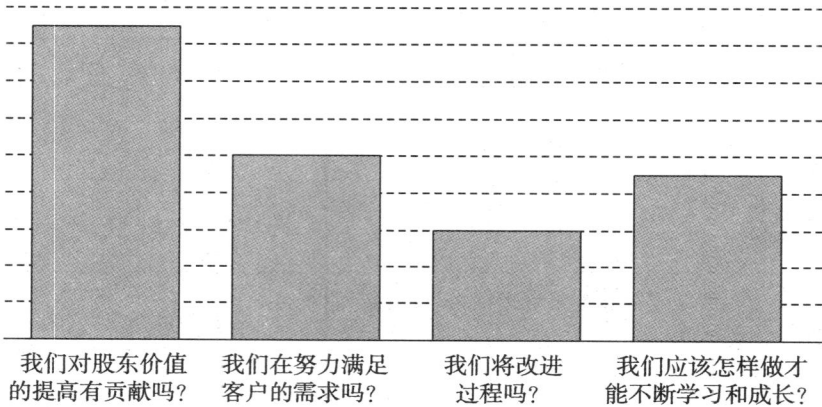

我们对股东价值的提高有贡献吗？　我们在努力满足客户的需求吗？　我们将改进过程吗？　我们应该怎样做才能不断学习和成长？

图2—4　业务权衡

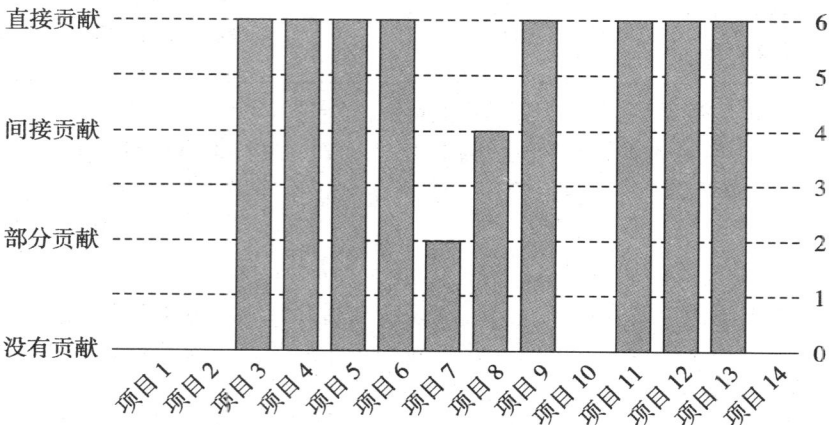

图2—5　哪些项目能不断带来收入？

　　然而，这并不是衡量计划中的或实际进行中的项目的相对贡献的唯一方法。我们还没有比较每一个项目潜在的风险和收益，也就是说对计划中的项目组合的风险和收益还没有进行全面的权衡。

没有贡献	部分贡献	间接贡献	直接贡献

公司希望明年从客户那里获得500 000 美元的收入流，而该收入以前是一次性支付的。项目对此有帮助吗？

公司希望明年将三种标准产品的生产时间由九周缩短为七周。项目对此有帮助吗？

公司希望明年以行业认定的标准来管理项目。项目对此有帮助吗？

公司希望明年采用新的项目管理方法管理两个项目。项目对此有帮助吗？

公司希望明年将具有十年以上工作经验的员工的离职率降低20%。项目对此有帮助吗？

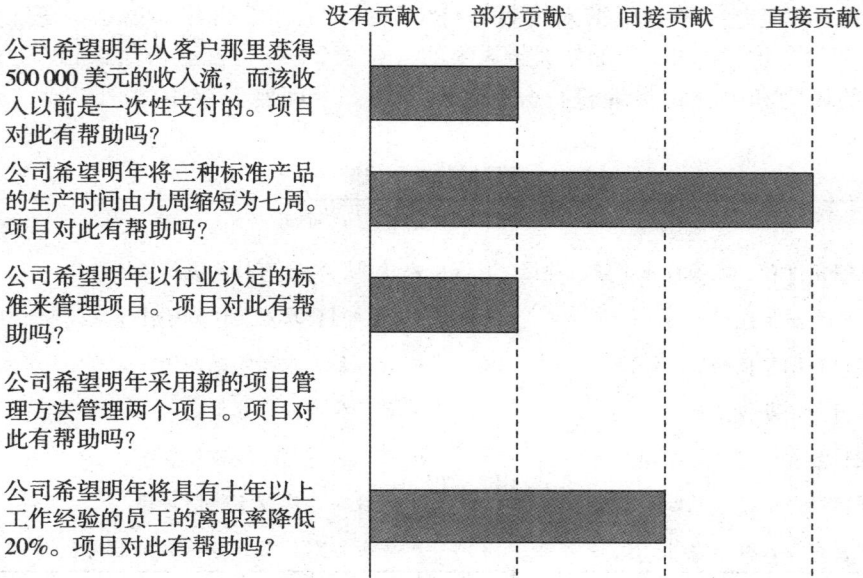

图 2—6　项目组合对实现单个战略目标的贡献

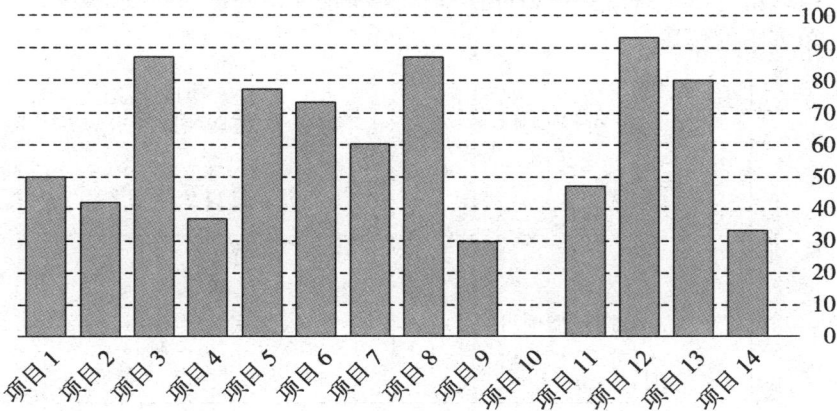

图 2—7　股东认为哪些项目最有吸引力？

　　每一个项目既有风险又有收益。例如，虽然一个新的市场蕴含着巨大的商机，组织可以从新市场上获得巨大的收益，但也可能会带来经营风险。几乎每一个商业决策都是在权衡潜在的收益和风险后做出的。因为项目是实现商业变革的载体，而每一个项目既有风险又有收益，所以既要单独考虑一个项目的风险和收益，也要综合考虑其他项目。一般来说，组织不可能实施所有它试图进行的项目，需要优化缩减项目组合。

　　风险和收益管理将在第 5 章进行讨论。在项目进行初期就应该考虑风险和收益。在项目初期，可能很多问题有待解决，但是在项目资金完全到位前能够解决的问题很少。组织可以通过一系列标准来检测每一个项目，从而获得相关信息。在这些标准中，有的是关于收益的，有的是关于风险的（见表2—6）。在获得信息后，组织可以对项目的风险和收益详尽地进行分析。对于每一个问题需要用"是"或"否"来回答。

表2—6　　　　　　　　　　　　　　　　项目的收益和风险

收益	风险
● 从战略角度看，该项目属于紧急项目	● 该项目对现有技术极具挑战性
● 该项目有法定授权	● 该项目要求对工作程序作重大改变
● 该项目有助于长期价值创造	● 该项目要求组织结构作重大改变
● 该项目的预期收益高	● 预计生产成本非常高
● 该项目给客户带来的期望值高	● 该项目进行时间较长
● 该项目给员工带来的期望值高	● 大家对该建议不热情
● 该项目有令人称道之处	● 该项目对日常业务有重大影响

如果回答为"是"则加一分。使用上述标准对项目组合中的每一个项目进行评估之后，组织就可以了解这些项目的内在风险和收益，并进行权衡。图2—8 表明这些项目在矩阵中的位置。

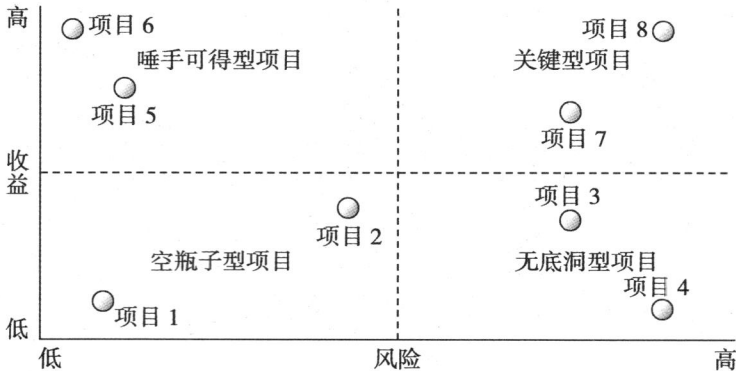

图2—8　风险和收益矩阵

● 空瓶子型项目（empty vessels）。虽然这类项目开展起来非常容易，但是收益却很小。因为这类项目看起来相对比较容易，可能很有吸引力。但是，它们无法产生较大收益，而且还占用了本可以用于其他项目的资源。

● 无底洞型项目（money pit）。虽然这类项目风险大且收益低，非常不受欢迎，但却可能是组织必需的项目。与空瓶子型项目一样，需要对这类项目进行评估，以免因为其高风险而低估其价值。

● 唾手可得型项目（low-hanging fruit）。这类项目不仅风险低，而且收益高，比空瓶子型项目受欢迎。

- 关键型项目（make or break）。这类项目是组织内部的人已经了解的项目，但不同的人各执不同观点。这类项目决定着整个项目组合的成败，甚至整个部门或整个企业成败。组织需要对这类项目进行全面的成本—收益分析。

这样的分析有利于高级经理们进一步了解正在考察的项目。虽然信息非常简单，但由此带来的争论却是非常有价值的，有助于组织否决掉有缺陷的项目组合。

2.8　授权

项目大纲对备选项目进行完整描述，并对其优先级、风险和价值进行全面评估后，就可以对该项目授权了。这涉及对以下两方面进行投资：

- 启动阶段；
- 整个项目。

两笔投资的数额都是从项目大纲中估算出来的，虽然可能建立在大胆假设的基础上，但是组织就是在这些假设的基础上实施项目的。启动阶段投入资金的目的是进一步了解项目，从而能够确定预算，同时资金的数额参考项目大纲中列出的数字。在任何情况下都不可能一开始就把所有的预算都拨给项目管理组，资金一般都是分阶段拨付的，从而可以保证对项目进行控制。

正如前面所说的，日常业务结构无法保证立项管理以及随后的管理。项目、项目组合和方案不可能脱离管理而获得成功，因此每一个层次的项目管理人员都应该了解各自的职责，并按职责办事。

第 3 章
项目的作用和职责

当考虑如何组织项目时，有必要参考公司的结构。一个项目的组织结构应该包括不同的管理层，从而使得不同层次的员工可以在恰当的时候发挥自己的技能、知识和经验来做出正确的决策。同样地，组织的结构应该满足这一特定需求，项目的组织结构也应该满足这一目标。另外，还应该保证项目的利益相关者的预期收益得以实现。

3.1　谁应该管理项目？

一个项目组的人集合在一起授权项目、管理项目、为项目筹措资金、编写产品说明书、测试项目、使用项目、从项目中获利。他们拥有进行项目所要求的技能、知识和经验，无论外部环境多么恶劣，都努力保证项目顺利地进行以及成功地完成。

需要推举一个人：

- 定义进行项目所需要的条件；
- 提供预算；
- 领导项目组的成员；
- 应对变化并做出决策；
- 管理日常工作。

项目是创造价值或者实现变革的一种途径，它不应该与业务脱离开来。一旦公司确立了商业目标，公司就需要成立一个管理团队来管理整个项目组合。管理团队应该：

- 发现更多的机会；
- 授权项目；
- 指导资源的利用；
- 保证项目资金的到位；
- 实现期望收益。

该团队被称为项目组合管理团队，它与项目监控组的职能不同，后者拥有项目的所有权。项目监控组与项目经理的职能也不同，后者负责项目的计划、监管和控制。总之，项目的成功需要这三方的共同努力。这一管理层级如图 3—1。

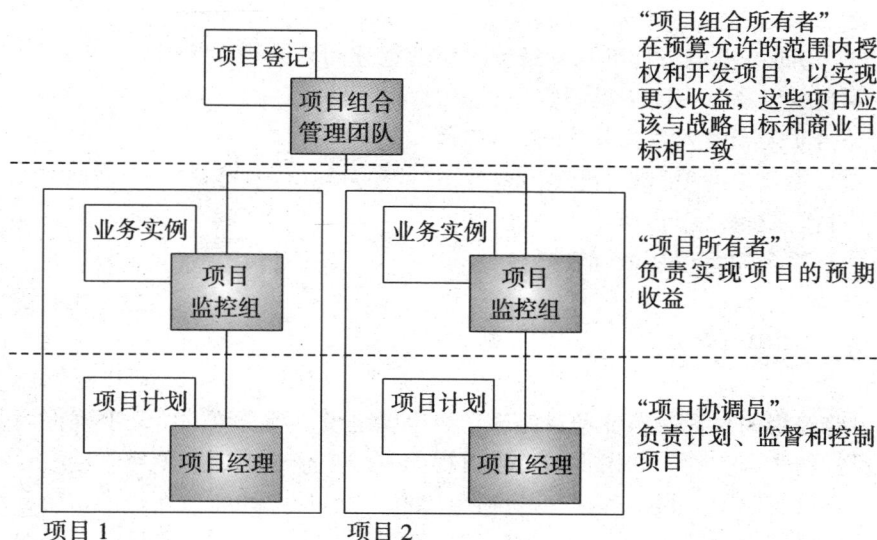

图 3—1 管理层级

3.2 项目组合管理团队

在每一个财务年度开始的时候，组织授权项目组合管理团队管理一系列项目，这些项目包括实现商业目标所必需的项目，以及从上一个年度就已经开始进行的项目。这些项目的组合被称为项目组合，项目组合与公司的业务一样，在整个年度需要不断变化。在这个过程中，项目组合管理团队可以在预算允许的范围内授权新项目，以获得更大的收益，但是这些项目应该与原有的项目协调一致。

正常情况下，管理团队成员应该一个月开一次会，讨论以下问题：

- 根据商业计划推荐备选项目；
- 授权开展项目；
- 在项目组合内分配资源；
- 适合的项目监控组；
- 将项目所有权授权给项目监控组；
- 给项目组合中的项目排序；
- 对风险进行管理。

如果项目涉及的利益面比较广，项目组合管理团队的成员可能就会比较多，从而可能导致管理的低效率。因此，应该按照下列标准来构建项目组合管理团队：

- 是否所有的参与者都有一定的权力做出决策？
- 参与者是否来自组织的各个决策部门（包括销售/营销、运作、技术、设备/产权、法律、人力资源）？

- 参与者是否整年都可以从事该项目？

年末，应该按照以下标准来衡量项目组合管理团队是否取得成功：

- 项目组合是否有助于组织实现既定的商业目标？
- 是否实现了商业目标和战略目标？
- 项目组合中的项目是否按时完成，并且没有超出预算？
- 项目的质量是否合格？
- 项目组合的管理是否有效率？

3.3　项目监控组

项目监控组的目标是保证项目的成功。也就是说，项目监控组需要确保商业计划中项目目标的顺利实现。如果将一个项目视为一个小企业，那么项目监控组就相当于董事会，它负责审批项目经理提交的项目计划。一旦项目计划得到批准，项目监控组将授权项目经理启动项目。当项目计划发生变更时，项目经理无权批准，需交由项目监控组决定。项目监控组需要保证项目所需的资源，同时也负责资源在各个项目间进行分配。项目经理的权力是有限的，项目监控组需要协调解决各个项目间的摩擦，以及项目与第三方、组织内部各部门或者其他项目之间出现的问题。当资金和其他资源分配完毕之后，项目组合管理团队授予项目监控组以下权力。

项目监控组的成员必须：

- 能够保证项目的顺利进行；
- 得到授权后，可以进行决策；
- 能够提供资源；
- 是某个领域的专家。

这些人应该既有经验又有权威，适合从事项目管理的工作。

项目监控组的成员不仅需要在做出重大决策时在一起开会，而且还需要定期举行会议，由项目经理报告项目的进展情况，并对未来的情况进行预测。通常情况下，监控组一个月举行一次例会。如果项目监控组的会议变得很频繁，说明监控组和项目经理的职责定义得不清楚，同时也说明了项目出现了管理风险。

项目监控组不应该成为一个委员会。项目监控组的成员不仅应该有足够的经验以做出正确的决策，还应该是某领域的专家以保证具有基本的知识、技能和经验。这也意味着，项目监控组应该接纳任何一位对项目有兴趣的资深员工。但是，项目监控组的成员越少，就越容易决策。即便如此，也需要在民主与集中之间达到某种平衡。

项目的成功必然是大家共同努力的结果，而涉及项目的人肯定有着不同的利益，并且有时候这些利益与项目是矛盾的。这些不同的利益相关者主要包括项目生产的产品的客户、完成项目的人以及投资项目的人。项目监控组必须在这些不同利益之间做出选择，而选择往往是艰难的，而且选择必须在不同的利益集团之间达到平衡。如果总是由一个人说了算，那么项目将无法成功。

　　这在项目的整个存续期内将体现为不同的重要决策。在做出项目变更决策或者检测项目是否完成时，必须提前考虑到投资者、客户和开发商的利益。

　　这三方在监控组中应该各有代表，成为监控组的组成成员，但是监控组需要领导。项目监控组通常由项目倡议人担任主席，主席的职责是保证商业计划中描述的商业利益得以实现。从构思项目开始，项目倡议人就是推动项目进行的动力。项目监控组中的项目倡议人的职能如下所示：

项目倡议人的作用和职责

作用

- 提升项目在商业上的重要性；
- 作为项目组合管理团队的代表拥有项目的所有权；
- 设法提供可行的方案和可行的结果。

主要职责

- 从项目组合管理团队那里获得项目所有权，保证项目顺利进行；
- 向项目组合管理团队报告项目的进展情况，在实现更大利益条件成熟的时候通知管理团队；
- 负责项目的启动；
- 负责制订计划，批准支出；
- 当项目的优先权和资源配置出现问题时，与项目监控组中的客户和开发商代表进行磋商；
- 主持召开项目监控组成员会议；
- 争取项目的完成时间和降低成本，确保项目经理及时提供准确的信息；
- 批准预算时间表的重大变动；
- 与项目监控组的其他成员协商后批准项目结项；
- 向项目组合管理团队报告项目按照既定的时间完成并实现了既定的收益。

　　项目监控组内部的平衡非常重要，项目倡议人的权威也很重要。我们通过 Britain's general practitioners（GPS）安装的一个新的电脑系统的例子来加以说明，电脑系统在安装过程中，组织出现了松散的商业管理和时间管理。在使用方对项目进行监测的阶段，这一问题尤其明显。许多 GPS（项目的客户）在第一次面对自己新的计算机系统的时侯，向合同方提出在系统中加入产品说明书中没有列出的功能。合同方为了满足 GPS 客户的要求，修改了系统。在没有权威的商业控制的情况下，没有人会问这一要求是否应该得到满足，导致项目没有按时完成，并且预算超支。出现这种情况的原因是组织结构缺少这一重要的环节。

　　项目监控组监控不当的话会出现很多问题，这只是其中之一。如果项目监控组的成员过多，应该剔除那些只提意见而无权做决策的人。如果这些人代表的是项目产品的客户，那么应该单独成立一个用户论坛以供他们发表意见。在这些人当中选举一个人担任用户论坛的主席，由他组织对出现的问题与其他人协商处理。这个人应该列席项目监控组的会议，就项目产品应该满足什么要求，代表用户提出明确的意见，并且保证这些要求得到实现。

这种做法同样适用于开发商。如果项目同时涉及几个开发商，选举其中一个作为领导，并且参加项目监控组，发表开发商对项目开发的意见，以保证项目产品达到标准。

有时，项目的客户可能来自组织以外的企业，例如为一个外部客户生产某种机器。在这种情况下，理想的做法是客户和开发商都加入项目监控组。但是，有的项目涉及商业机密，客户和开发商在一起工作很不方便。此时，客户和开发商需要各自成立项目监控组，即成立两个独立的项目，尽管合为一个项目可能是最令人满意的。

总的来说，可以通过以下标准来考核项目监控组的业绩：

- 项目稳步进行，项目产生的收益大于组织对项目的总投资；
- 项目使得业务增值；
- 任命一个项目经理来计划、协调和控制项目；
- 为项目经理提供必要的条件；
- 提供充足的资源，以保证计划得到实施。

项目组织结构的不同类型见第 4 章。

3.4　项目经理

项目经理代表项目监控组协调项目，确保项目在预算范围内按照计划进行，生产的产品符合认定的质量标准。为了实现这一目标，项目经理将需要制订一个计划，由项目监控组审批，以保证每一个阶段性成果都得以实现。

一般说来，对项目经理的考核标准是，项目是否在预算范围内按时完成，产品质量是否符合标准，但是在项目进行的过程中，项目计划通常会进行不断的修改，导致项目成本的增加和项目时间的延长。此时，不应该再按照原来的预算和时间表对项目经理进行考核，而应该看项目经理如何应对这些变化，以实现大家的预期收益。

对项目经理的考核应该按照以下标准进行：

- 制订一份明晰的计划，说明项目每一天的进度以及对时间、成本和质量的估计；
- 延长时间和增加成本的提议得到项目监控组的批准，并且得到实施；
- 将关于改变项目范围、时间表、成本和收益的上级批复存档；
- 对有关的项目风险进行记录，并提出降低风险的计划，采取措施；
- 通过对项目进展的报告和预测，使项目监控组对项目进展情况了如指掌。

一些组织以为针对同一个项目任命几个项目经理，就可以降低风险。正相反，这样做不仅是重复工作，而且项目与商业目标之间的差距很难察觉，导致领导权不明晰，沟通困难。在这种情况下，项目失败的风险增大。例如图 3—2 中的项目就很混乱。

在图 3—2 中，项目监控组负责项目计划的结果，但是谁负责制订项目计划呢？

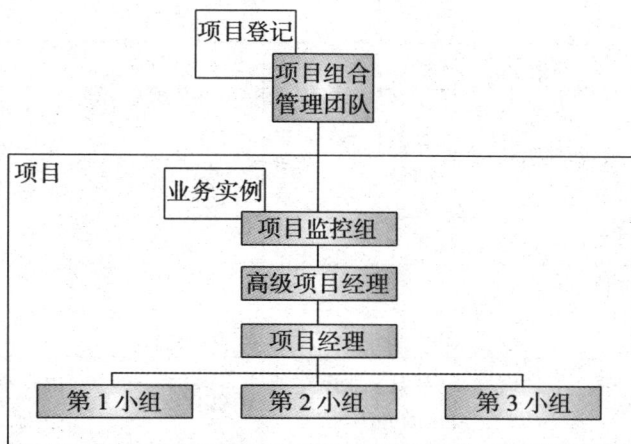

图 3—2 一个混乱的项目

由谁来向项目监控组汇报项目的进展情况呢？任命两个项目经理的目的是什么呢？

应该任命一个项目经理，他负责项目的计划、管理和控制。这个人应该有足够的经验和权威，从而避免这一岗位重复无效的工作。选择一名适合的项目经理很重要，应该根据以下标准进行选择：

- 项目的价值；
- 项目时间表；
- 风险；
- 项目的重要程度；
- 谁是最合适的候选人。

项目越是紧急，组织选择的项目经理就越应该经验丰富、能力强，所以组织应该对项目经理作如下分类（见表 3—1）：

表 3—1   **项目经理级别**

技能	知识	经验	性格	职责
PM1——项目或小组负责人				
项目管理	公司业务	应用公司管理项目的方法	做事有条理	协助制订项目计划
制订时间、资源和质量计划	公司组织结构	运用技能	能够激励他人	记录项目变化/问题/风险
授权	公司的产品和服务	管理员工	发现问题、分析问题	维持项目矩阵，包括时间、成本和质量跟踪
项目控制	公司管理项目的方法	分配工作	善于沟通	根据计划监督和报告项目进度，关注相关差异

技能	知识	经验	性格	职责
人员管理	计划和控制技巧	至少有一次项目经验	自信	协助与组织内外的利益相关者的关系并进行沟通
沟通	风险管理技巧			
	项目工具			

PM2——项目经理

技能	知识	经验	性格	职责
项目管理	公司业务	应用公司管理项目的方法	做事有条理	撰写项目启动文件,并报批
制订时间、资源和质量计划	公司组织结构	运用技能	自我激励	在一定约束下执行项目计划
授权	公司的产品/服务	人员管理	能够激励他人	管理项目变更/风险/问题
项目控制	公司的财务环境	在矩阵环境中管理	解决问题	向项目小组分配工作任务
谈判	公司管理项目的方法	分配工作	善于沟通	激励并协调项目小组以及其他参与项目的人员
管理矛盾/规避矛盾	行业认同的项目管理方法	完整地管理过至少两个持续时间为三到六个月的项目	有影响力/善于说服别人	根据计划监督、报告并控制项目进度
人员管理	计划和控制技巧	招收新项目人员	自信	与(组织内部和外部的)利益相关者进行有效沟通,并实现其期望利益,提出解决矛盾的办法
归纳能力	风险管理技巧		具有专业知识	维持项目矩阵,包括时间、成本、质量和收益的记录
沟通	项目工具		注重结果	帮助项目监控组评估项目的变化
				有效的变更管理
				撰写结项报告,并报上级批准

技能	知识	经验	性格	职责
PM3——高级项目经理				
项目管理	公司业务	运用和开发公司管理项目的方法	做事有条理	撰写项目启动文件，并报批
制订时间、资源和质量计划	公司组织结构和人事情况	运用技能	自我激励	在既定的约束下维持项目计划
授权	公司的产品/服务	人员管理	能够激励他人	管理项目变革/风险/问题
项目控制	公司的财务环境	在矩阵环境中管理	解决问题	向项目小组分配工作任务
谈判	公司管理项目的方法	分配工作	有创造性	激励并协调项目小组以及其他参与项目的人员
管理矛盾/规避矛盾	行业认同的项目管理方法	完整地管理过至少三个持续时间为三到六个月的项目	善于沟通	根据计划监督、报告并控制项目进度
人员管理	计划和控制技巧	同时管理过至少两个项目	有灵感	与（组织内部和外部的）利益相关者进行有效沟通，并实现其期望利益，提出解决矛盾的办法
面试	风险管理技巧	接见客户	有影响力/善于说服别人	维持项目矩阵，包括时间、成本、质量和收益的记录
招聘	项目和项目组合工具	与供应商一起工作	自信	维护业务实例，帮助项目监控组评估项目的发展能力
归纳		面试项目人员	有专业知识	有效的变更管理
沟通		面试并挑选项目组新成员	注重结果	撰写结项报告，并报上一级批准
客户、账户和供应商管理		吸收新的项目组成员		参与项目组成员的面试、挑选和培训
咨询				宣传公司项目管理方法的好处
销售				参与制定公司的项目管理方法

注：各级别之间的差异用斜体字表示。

- PM1：小组负责人，在某个项目内管理一个小组，对项目经理负责；
- PM2：项目经理，管理一个项目，几乎不需要监管；
- PM3：高级项目经理，同时管理几个项目，帮助组织改进项目管理方法。

这个分类并不是唯一的，各个组织之间会有不同。在组织一个项目的工作人员、招聘新项目的工作人员以及挑选某个项目的人员时，可以使用这种分类作为指南。

3.5 项目的组织结构适合吗？

项目的组织结构设计完毕后，应该识别项目内在的风险。可以通过思考以下问题识别风险：

- 项目的所有权与日常管理是否存在明确的界限？
- 是否明确任命了唯一的项目经理？
- 是否每一项职能都分配给有相应承担能力的人？
- 项目的组织结构是否有权在必要时做出决策从而保证项目顺利进行？
- 项目监控组里是否有各个重要的利益相关方（企业、客户、开发商）的代表？
- 项目的目标是否包括了客户的期望？
- 项目的必要职责是否分配到组织中的每个人？
- 是否所有人都了解自己的职责并愿意承担？
- 组织结构是否包括了所有最重要的利益相关者？

适合的项目组织结构是非常重要的，它是成功的基石，这一点不容置疑。不仅如此，一个项目的成功与否还取决于该结构在公司中是否能有效发挥作用。

第4章

项目组织和资源管理

4.1 这是谁的项目?

人们对成功有着不同的期望,他们将期望寄托在某个项目上,因此了解他们的不同期望并对项目进行管理是非常重要的。在项目开始的时侯,人们对项目产生兴趣,可能是因为项目会影响他们,也可能是因为他们会影响项目。对有效管理贡献最大的利益相关者将创建项目组织结构,他们也将会影响项目的最终成功。本章讨论的方法将帮助我们挑选组成项目组织结构的人员。

4.2 利益相关者地图

利益相关者地图这种简单的方法可以快速地甄别出谁将影响项目、谁将受到项目的影响(如图4—1)。

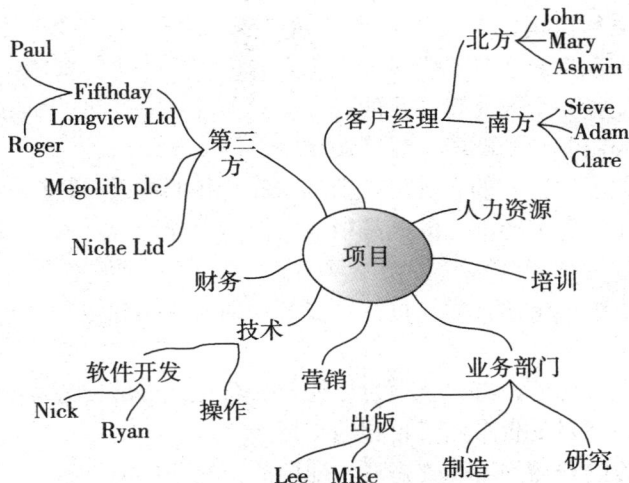

图4—1 利益相关者地图

以项目为核心,线条延伸到各个利益相关集团、子集团和个人。例如,项目可能涉及到技术部这个大部门中很多人的利益,所以技术部又分为软件开发部和运作部。软件开发部负责人所具有的技能可能正是项目所需要的。

从项目延伸出去的每一条线都不断细化,直到细化到组织中的每个人。他们就是项目管理团队的候选人,但是还需要进一步评估。

4.3 利益相关者矩阵

下一个步骤是确定哪些利益相关者对项目的成功至关重要。这可以通过一个简单的矩阵来实现(如图 4—2 所示)。

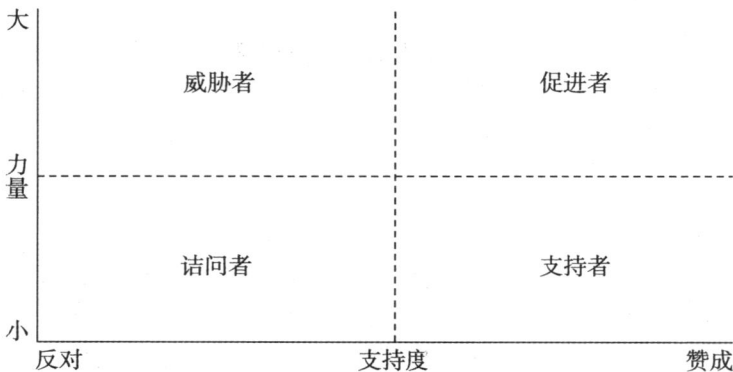

图 4—2 利益相关者矩阵

这个矩阵根据利益相关者的"力量"和"支持度"对他们进行分类,还可以确定谁应该参与管理项目。力量不仅指由一个人的工作所产生的权威,还包括其知识和专业技能;支持度指一个人支持项目的程度。这两个指标会不断地发生变化,因此,虽然这个矩阵在描绘时与利益相关者密切相关,但信息很快就会过时。

当把利益相关者地图上的人排列在矩阵中后,我们可以清楚地了解项目是否得到足够的支持。位于矩阵上半部分的人是项目监控组的候选人。人们很自然地会注意到促进者,而且邀请"项目威胁者"参与项目管理是个不错的选择。这样,他们关心的问题会得到更有效的解决,并且也会更愿意看到项目的利益,从而由矩阵的左边移到右边。

如果矩阵的上半部分没有人,项目可能无法获得必要的支持。授权项目的人应该重新考虑一下,该项目是否得到了足够的支持。

位于矩阵下方的是诘问者和支持者,他们的力量和影响力有限,对项目几乎没有什么大的影响。虽然他们不是项目的管理者,但是,他们可以成为项目的参与者。

随着个人力量的增减,这些观点会发生变化。而且,随着支持者和诘问者数量的增加，他们的力量和影响力也会增大。虽然他们对项目的组织结构没有直接影响，但是组织也应该经常关注矩阵的变化。

例如，某个项目的某个客户对项目的产品不满意，虽然他的力量相对较小，但是如果诘问者联合起来形成了力量强大的"恐怖集团"，反对项目的执行，就会影响项目商业利益的实现。

4.4 项目管理结构

创建项目的管理结构是一件比较困难的事情。虽然下述例子都是根据同样的基本原则，但是不同的项目需要创建不同的管理结构。

4.4.1 开发和安装计算机系统

许多商业项目都包含技术成分，用到的技术知识需要征求相关专家的意见，并仔细考虑，然而极个别的项目只涉及技术。在很多情况下，业务人员的行为要与项目的需要相适应，才能保证项目预期收益的实现。有人认为，任何涉及技术的项目都是技术项目，并以此为基础创建组织结构，这是不正确的。项目应该是技术、用户和商业利益相关者共同努力的结果，项目组织结构中应该有这些利益相关者的代表。

本例中，一位高级管理人员是项目的倡议人。公司希望通过引进新技术以降低行政部门的运营成本。公司的技术部将开发、修改和安装这一新计算机系统。

这位高级管理人员是项目倡议人，而行政部的经理应该是项目监控组的成员，他对新系统提出需求，并最终由他带领的团队使用并审核该系统。行政部经理还应该让用户使用该系统，帮助他们测试该系统。

系统开发经理也应该加入项目监控组，对供应商所选择的软件是否合适提供建议，并提供开发项目所必需的技术资源。

项目经理可以从任何小组中选拔，但是他应该具备必要的技能、知识和经验，并且应该有能力计划、监督和控制项目的时间、成本和质量。项目经理应该具备项目所需的专业知识，而具有项目经验也是很必要的。因此，项目倡议人可以从以下部门选拔项目经理：

- 行政部；
- 技术部；
- 职业项目管理公司或部门。

每一个选择都各有优缺点。倡议人选择管理组的成员，并授权其控制项目的预算和时间表，最后由项目的供应商控制预算和时间表。所以，倡议人应该非常了解项目经理，并鼓励其实现组织的目标。但这并不意味着这个人必须有项目管理的经验。

技术组的成员可能以前参加过很多类似的项目，其工作主要是技术方面的。虽然项目的 IT 部分非常重要，但是一个项目不仅仅包括开发和安装软件，它还包括培训、用户测试以及行政部工作方式发生变化所导致的问题。

如果组织未能从公司内部选拔出项目经理，项目经理可能来自职业项目管理公司。该项目经理可能没有软件开发项目的管理经验，但是可以通过管理项目成员在预定的时间和预算内完成项目，以实现项目的既定目标。

项目经理无论是从公司的行政部或技术部选拔出来的，还是来自职业项目管理公司，这对项目组几乎没有影响。我们所讨论的项目结构如图4—3。

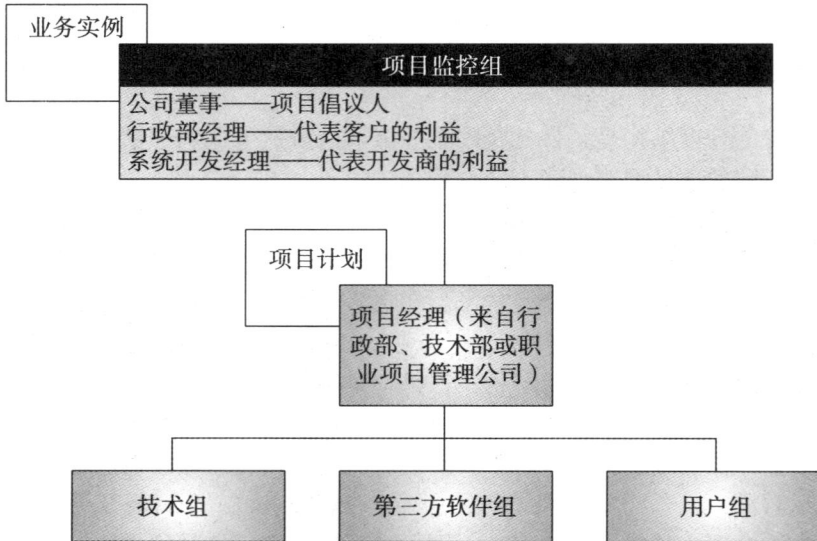

图4—3 开发和安装计算机系统的项目结构

4.4.2 办公室搬迁

一个公司计划将由100个人组成的团队的办公室由一个楼搬迁到另外一个楼上。这次搬迁涉及到技术部和设备部，技术部负责电脑和打印设备的拆卸、搬运和安装，设备部负责装修新办公室以及办公设备的打包和搬迁。公司提供充足的搬迁资金。

团队的经理是项目监控组中项目倡议人的候选人，他需要向公司证明搬迁对公司有利。他还可能参与新办公室的选址工作，在新办公室投入使用之前，他需要确认该办公室是否适合团队办公，即他还代表客户的观点。因此，他不仅负责此次搬迁的资金，还要判断新办公室合适与否，而有时候项目的这两个方面可能是矛盾的。

项目的开发商可以由两个人代表，一个来自技术部，负责提供技术资源，以及提出最适合的技术服务方案。另一个来自设备部，负责搬迁工作并保证新办公室符合规定的标准。他们应该是项目中的高级管理人员，负责处理技术问题，这是其他人无法取代的。

与第一个例子相同，项目经理可以从以下部门中选拔：

- 搬迁的团队；
- 设备部；
- 技术部；

- 职业项目管理机构或部门。

最优的选择是组织从设备部选择项目经理，因为设备部的工作人员已经多次参加这样的项目，不仅经验丰富，而且设备部的工作是以项目为基础的，工作人员具有必要的项目管理技能。这个项目的结构如图 4—4 所示。

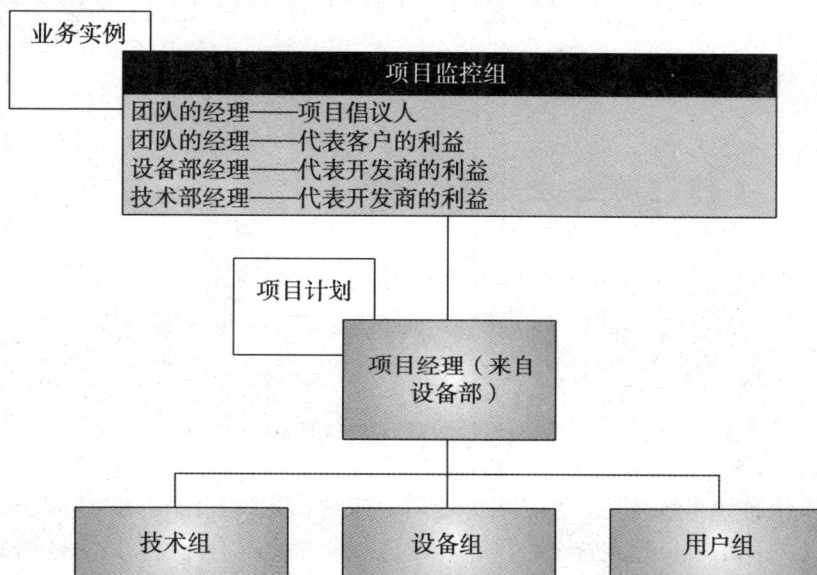

图 4—4　办公室搬迁的项目结构

4.4.3　新闻发布会

公司会定期召开新闻发布会，公司的新闻发言人将回答大家提出的一系列问题。虽然会议的授权和召开具有项目的一般特征，但并非每一次会议都要求设立特定的项目监控组，因为会议对公司来说就是一项日常业务。

然而会议却存在一项特定的风险。会务部经理希望举办一次成功的会议，但是不同的人对成功的定义往往不同。对销售部经理而言，成功是盈利。对负责会议内容和发言人的主编而言，成功是与会人员对会议做出正面回应。而对会务部经理而言，成功是准备准确的市场资料、有效的预定机制以及到场的人有秩序地听发言人的发言。

由于对成功的定义不同，如果与会人员数量较少，会务部经理无法决定是否应该取消发布会。如果销售部经理希望取消发布会而主编希望召开发布会，会务部经理应该与他们协商吗？

精心成立的项目监控组可以解决这个问题，可以让该组负责所有的会议项目。但是会议项目经理要有足够的权力，可以使用必要的资源，也有能力做出必要的决策。该项目的结构如图 4—5。

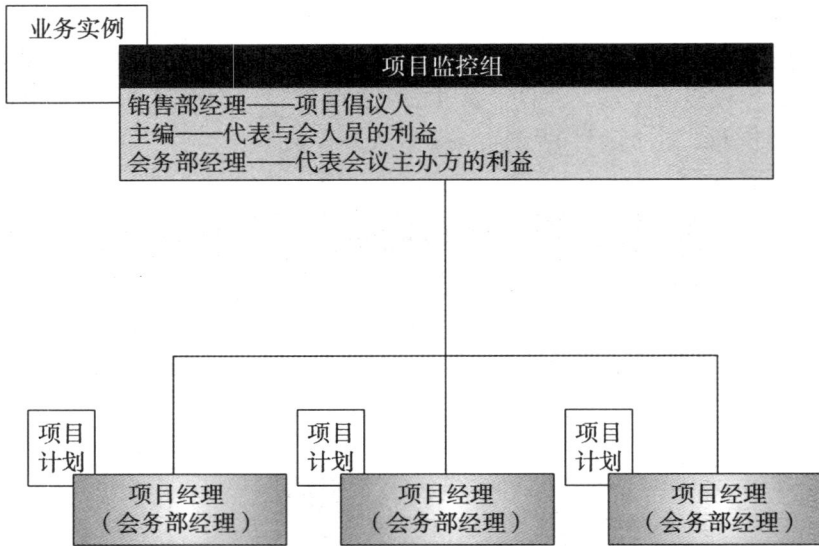

图4—5 会议的项目结构

4.4.4 时间管理解决方案

一个组织希望了解其员工在开展有计划的活动和无计划的活动时所需要的时间。计算机系统的使用可以达到这个目的，但是这对员工的影响很大，因为他们如果没有按照时间表完成工作将受到惩罚，而且这也将限制他们从事时间表中没有安排的活动。

运营部的经理倡议进行这个项目，他希望通过使员工的工作更有目的性和计划性来提高生产率。项目开发人员应该是技术部的员工，但是该项目还涉及法律问题，所以人力资源部要确认该项目是合法的。

该项目将影响到整个组织，组织中的成员在每周末都要保证按照时间表完成任务，而且计算机系统所提供的管理信息将以不同的方式影响各部门的工作。

项目监控组有一个明确的项目倡议人即运营部经理，人力资源部和技术部的员工代表解决方案开发商的利益。由于该解决方案的用户众多，成立用户论坛是一个不错的选择。任何对项目的产品及目的感兴趣的人都可以参加论坛，他们关心计算机系统及其提供的管理信息或者它对工作方式的影响是否符合项目的最初目的。由项目倡议人任命论坛的主席，由主席对论坛成员提出和讨论的问题加以总结并向项目经理反映。

在这个项目中，技术处于主要地位，但是靠人力也可以达到同样的效果，所以项目倡议人可能希望从运营部选择一个人担任项目经理。该项目的组织结构大概如图4—6。

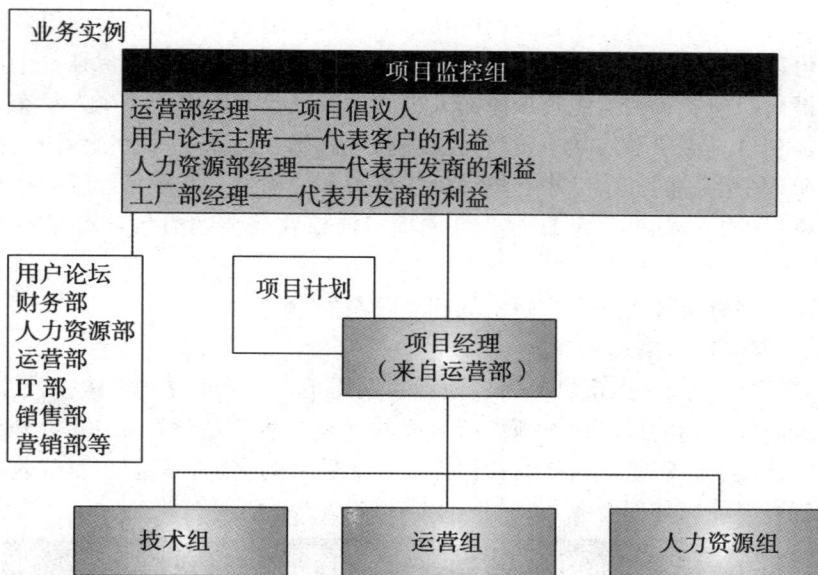

图 4—6　时间管理解决方案的项目结构

4.5　资源库管理

一个项目就是一个管理环境，项目负责人在适当的时候要做出正确的决策；但是项目也会影响组织，所以组织在开展日常业务的同时，有必要注意向项目提供资源的方式。

一个普遍存在的问题是，项目和日常业务同时进行会分散工作人员的注意力，使他们无法集中精力做某一件事情。如果工作的轻重缓急不明确，当一个优先项目开始时，大家都围着这个项目工作；当发生某个突发事件时，大家就掉头忙于新发生的业务。此时项目就被放在一边，这是让项目经理很沮丧的事情。运作良好的组织通常把项目放在第二重要的位置，这是可以理解的，毕竟日常业务为项目提供运作资金；但这同样是危险的，因为这会影响组织变革的能力，而变革是组织繁荣甚至生存所必需的。

资源库是一个单独的管理结构中的一群人，他们通常具有同样的技能。有效的资源库管理有助于平衡日常业务和项目之间对人才的需求，它既能保证足够的人从事日常业务，也能满足项目对人才的临时需要。

例如，我们在一个水箱里养各种各样的热带鱼，这些鱼由一个专门养鱼的供应商供应，他有很多鱼池，每个鱼池里有不同的鱼。供应商对不同种类的鱼进行分类以满足客户的不同需求，客户则要有足够的金钱进行支付。

项目也是如此。一个新项目的管理组需要从组织内部的不同部门甚至组织外部挑选项目组成员。这样，成员具有不同的技能、知识、经验和性格，可以更好地完成项目。因此可以说，资源库的管理者责任重大。正如鱼的供应商必须保证每个鱼池的鱼的数量和健康一样，管理组织资源库的人也必须保证资源库中的每个人状态良好，随时可以参加项目。在项目的某个阶段，当项目经理需要寻找一个专业组的负责人时，却发现资源库中唯一的一个专家已经开始从事另一个项目，此项目经理必是非常沮丧的。资源库管理的目标是保证日常业务和项目能够在需要的时候获得足够的合适的人手。

资源库管理有两种模式：自由市场和受管制的市场。

4.5.1　自由市场模式

图4—7表示一个自由市场。为了使项目获得成功，项目管理组被赋予足够的权力，从组织内外不同的地方挑选他们所需要的资源。第三方资源供应商等外部资源可能需要较大的投资，但是项目组有权做出有利于项目的决定。只要项目的收益大于成本，他们就可以使用外部资源。

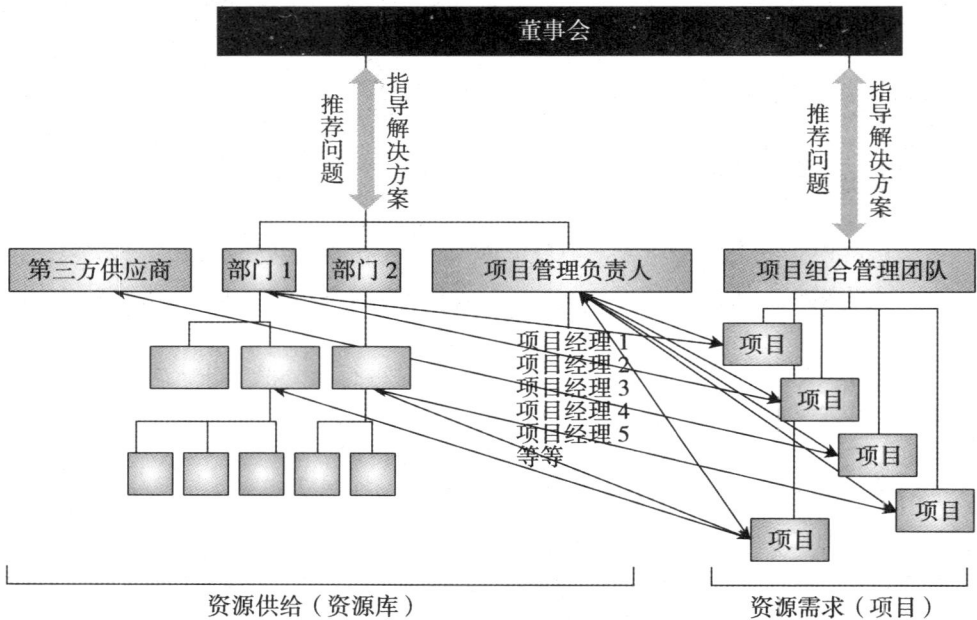

图4—7　自由市场

部门1和部门2等内部供应商的工作方式除有一点不同外，与外部供应商的工作方式几乎一样。这一点不同主要是，虽然他们是资源库，但是大多数这样的内部部门还需要成功地完成日常业务，所以大多数部门经理既要向项目提供资源，也要完成日常业务。

但是当几个项目同时向资源库提出需求时，问题就变得复杂了。组织应该管理这种对资源的竞争。

4.5.2　受管制的市场模式

这种结构与自由市场模式不同，主要体现在两方面（如图4—8 所示）：

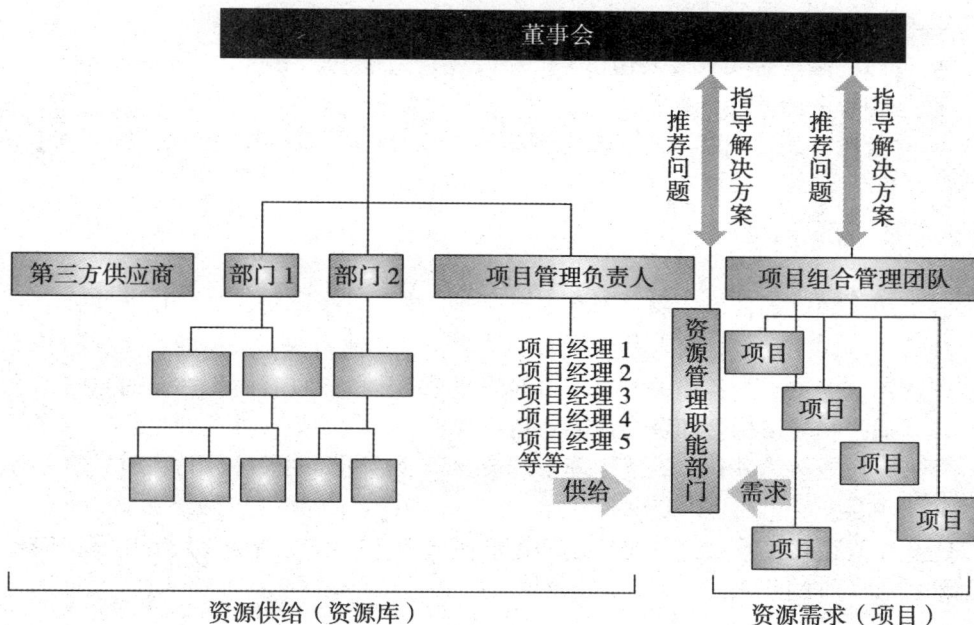

图 4—8　受管制的市场

- 项目与资源库经理之间的需求和供给关系被一个独立的资源管理职能部门代替。
- 资源库经理不再负责解决资源的短缺和过度供给产生的问题，而是由资源管理职能部门来解决。

成立资源管理职能部门后，资源库经理依然需要培养人才，而且依然需要为未来的项目和日常业务对资源的需求制订计划。但是，资源管理职能部门可以为组织带来以下好处：

- 提前计划资源数量，从而对部门间的需求竞争进行管理；
- 提高与第三方资源供应商的谈判力量；
- 当项目与日常业务之间发生资源摩擦时，可以更好地协商解决；
- 技能管理；
- 降低部门经理/资源库经理将可用资源留为已用的可能性。

为了实现上述好处，资源管理职能部门必须：

- 定期收集项目资源使用计划，以此为基础预测并计划公司的资源需求；
- 定期收集部门资源计划，以此为基础预测并计划公司的资源供给；
- 将备选项目和正在进行的项目的资源需求与计划中的和现存的内外资源库的资源供给匹配起来；

- 跟踪资源供给和需求趋势，并向上一级报告；
- 计划、协调和支持组织的招聘工作。

年末，组织可以通过以下标准衡量该职能部门的业绩：

- 资源使用是否实现最大化；
- 是否有资源使用计划；
- 是否所有的计划都有资源需求预测，是否所有的部门都有资源供给预测。

4.6 矩阵管理

以上两个模式都告诉我们，没有一个计划是属于某个部门或者仅仅涉及某个部门的。项目是不同的利益相关者共同努力的结果，需要他们的不同技能、知识和经验才能获得成功，而这些利益相关者对项目的期望是不同的。项目就像在部门之间创建一个矩阵，通过项目结构管理资源被称为矩阵管理。有效的矩阵管理使组织可以同时成功地开展日常业务和项目，缺乏矩阵管理会导致项目受到损失，因为此时日常业务常常优先于项目。

无论是自由市场模式还是受管制的市场模式中，项目管理负责人在矩阵管理环境中都能起到关键的作用。

4.6.1 项目管理负责人

项目管理负责人，主要是资源库经理，负责管理项目经理。项目监控组为新项目寻找项目经理时，项目管理负责人要满足他们的需求。他招聘、开发最好的项目经理，为组织留住他们以维持一个健康的资源库，并通过这种方式管理部门的长期需求。

项目管理负责人应该是一个经验丰富的人，他需要参与研究组织的项目管理方法和应用。即使这样，如果资源库比较小，项目管理负责人就可能不是全职的而是由某位项目经理兼任。

项目管理负责人不应该从事具体的日常业务或者项目，已有特定职责的除外。单个项目中产生的问题应该由项目组的人解决。项目管理负责人的职责是管理与项目管理人员的效率、供给或质量相关的事宜。

项目管理负责人可能也是项目监控组或者项目组合管理团队的成员。

为了保证服务的一致性、公正性、平衡性和完整性，最好由资源库以外的人来提供项目支持和对项目经理的保障（例如健康检查、质量审查和管理支持等）。

项目管理负责人的职责如下：

- 项目监控组提出需求时，向其提供项目经理人选；
- 有效管理资源库；
- 确保资源库中的项目经理能够执行公司的项目管理方法；
- 预防或处理与项目经理的供给及与质量相关的问题；

- 根据业绩招聘、挽留/解聘、开发和奖励项目经理；
- 为项目经理提供一对一的指导和支持；
- 开发公司的项目管理方法。

项目管理负责人有权：

- 招聘和解聘项目经理，以有效地满足现在和预测的需求；
- 进行年度考核，作为奖惩的基础。

年末，项目管理负责人的业绩应该按照以下标准考核：

- 对项目经理的需求是否得到满足；
- 项目经理储备计划是否定期更新；
- 项目经理是否实现目标。

由于这个职位要求工作人员具备管理能力和项目管理经验，所以很具有挑战性。

第 5 章

计划：风险和回报

只有在项目完成之时才能准确地知道项目的成本和完成时间，在此之前所有的数据都是估计的。即使客户或供应商希望确定价格或项目完成日期，也会有很多因素影响预算或时间表，因此一般不把预算或时间表设为目标。目标和计划是两件不同的事情。目标是目的，而计划是描述如何实现目标的方法。

项目完成的日期或预算等目标很容易实现。也正因为此，当一个项目努力在预定时间或预算内完成时，由于项目人员过多地考虑时间和成本，却忽略了项目的实用性和平衡性。项目失败的原因往往是把目标当成了计划。

在某些文化中，人们急于看到结果，往往忽略了计划的益处，从而导致严重的后果。在很多时候，因为人们认为没有足够的时间进行讨论，所以组织没有制订计划。殊不知磨刀不误砍柴工，例如作者以前的一位同事曾经反思道，他的组织总是没有时间制订计划，但却总有足够的时间重做同一个项目。

在有的组织里，项目规模小而且很相似，因此人们有时认为没有必要制订计划；由于没有认识到变更的可能性，从而低估了缺乏计划的风险。应该知道，即使是简单的小项目或者与以前相似的项目也会受到变革的影响。在制订计划的时间里，人们可以经过重新思考发现现在的环境与过去那个相似的项目所处的环境已大大不同。

对包括项目经理在内的很多人而言，制订计划是件困难的事情，或者是件不愉快的事情，甚至两者兼而有之。并非每个人天生都有制订计划的才能，也并非每个人都喜欢制订计划。但是，项目经理为了完成自己的职责，必须充分地理解制订计划的重要性和好处。

制订计划有很多好处。它可以帮助我们确认项目的目标是否合理，如果不合理，就有必要对目标进行再讨论。计划清楚地说明项目所要采用的方法，帮助我们认识到项目的风险以及项目成功的要素。

很多项目就像没有方向感的人在赛跑一样，分别往不同的方向跑，无法衡量到底谁最先跑完 100 码。有些项目虽然制订了计划，但是当组织同意了该计划、项目开始实施时，项目人员就把计划抛在一边，结果还是一片混乱。计划还有一个优点就是使项目始终按照既定的轨道进行。总之，制订一份好计划是非常重要的。

5.1　计划的原则

5.1.1　计划与控制

应该计划什么？一份计划书应该包括哪些细节？一项任务应该多长时间完成？一个项目应该分为几个阶段？这些问题如果有简单而权威的答案，对项目人员来说应该是非常有帮助的。但是，每一个项目的细节都是不一样的，项目的风险和构建方法也是不一样的。因此进行项目最好的方法是对控制的内容进行计划。例如，如果项目经理希望项目进行到每一个阶段就有项目进展报告，那么项目计划中就应该清楚地列明项目的每一个阶段，这样每份报告才会有新内容。

5.1.2　完善计划

绿化某个地方需要多长时间？也许三个月就足够了。但是许多事情是未知的：预算未知；没有设计；没有考虑项目风险；也没有考虑绿化的具体内容可能发生的变化。因此，应该在预测的同时列出一系列假设和注意事项来表明这些是猜测而不是事实。项目初期，人们往往要做出许多假设，因为此时人们还不知道到底会发生什么情况。但是计划却不仅仅存在于项目初期，随着人们逐渐了解事实，计划也在不断地完善中。

5.1.3　将项目分为几个阶段

在没有制订计划前，人们也希望确定项目的完成日期和预算。这对项目经理而言是一个挑战，因为未来具有不确定性，而且越远的未来不确定性越强。因此，职业项目经理通常将项目分为几个阶段。

项目经理一般制订两个计划：一个是整个项目的计划，另一个是下一阶段的计划，后者的内容较前者要详细得多。第一个计划的风险更大，因为它涉及更多未来的不确定情况。阶段性计划的风险较小，因为它涉及的周期较短，情况更容易预测。每一个阶段都有具体目标，随着这些小目标的完成，人们对项目的信心日益增强。在每一个阶段结束的时候，项目经理可以向项目监控组提交一份更有说服力的项目计划。

将项目分为几个阶段有如下好处：

- 随着项目的进行不断修改以前的预测；
- 跟踪和衡量项目的进展，使项目的利益相关者更有信心；
- 重新对项目的可行性进行评估，只有当认为项目可行时才继续进行该项目。

5.1.4　考虑紧急事件

随着项目的进展不断修改项目的成本和完成时间是非常合理的，但是一些倡议人却希望尽快确定成本和时间以便于他们据此确定项目的预算和分配人员来从事项目。虽然计划中列出了注意事项，但是当目标在人们心目中确定时，人们就忘记了假设。即使计划中说明原始目标不合理或者无法实现，由于目标已经根植在人们的心中，因此对目标提出质疑是不可能的。

因此，在早期的预测中加入紧急事件是一个明智的做法。紧急事件是在制订项目计划时经过准确计算的对时间或成本的估计，说明项目的风险和可能发生的变化。随着项目一步步地进行，根据项目进行过程中所获得的信息，不确定因素逐渐退化，风险也逐渐降低。这样，在不确定因素得到准确的评估时，就不会对项目产生严重影响。

项目经理呈报给项目监控组的紧急事件数据如果是建立在风险分析基础上的，项目监控组成员将认为这些紧急事件是合理的。项目监控组可能还希望控制应急预算。这样，项目经理只能使用项目监控组同意的资金数额，并降低实现预计到的紧急事件的风险。

清楚地说明各种紧急事件下的资金数额还有一个好处就是向大家公开项目的成本以及如何分配成本。这样，各级管理层要求追加成本的可能性就降低了，也不至于使项目的预算增大。

5.1.5 例外管理

在项目进行的某个时间可能会出现某个问题，或者用户要求对项目加以修改，这就会导致项目无法在既定的时间和成本内完成。因此，应该在某个特定的范围内给项目经理一定的权力，使其可以在成本或时间发生变化的情况下自行做出决策，而不必报上一级批准。同意例外管理解除了一个疑问：当出现问题或情况发生变化时，到底谁应该负责解决。

例外管理要求应用浮动条件。项目监控组向项目经理提供一定程度的时间和预算的灵活度，项目经理在既定的约束下可以自行做出决策。例如，双方约定，项目完成的时间可以加减两周，成本可以加减5%，那么只要项目预计的完成时间在约定时间的前后两周内，预计成本在目标成本上下浮动5%以内，项目监控组就不必亲自参与项目的日常管理工作。

一旦项目经理预计项目无法在浮动时间和浮动成本内完成，问题将提交项目监控组进行讨论，并由其决定项目该如何继续。

浮动条件并不意味着项目监控组允许项目经理推迟项目完成时间或者可以超出预算，而只是提供必要的灵活度。一旦项目离开预定轨道，项目监控组将行使其权力对此加以纠正。

可以用红色、琥珀色和绿色来表示项目进展情况。红色表示项目的时间和预算都超出了浮动条件；琥珀色表示项目偏离了既定目标，但是尚在项目经理的控制内；绿色表示项目按照既定目标顺利进行。

例外管理可以用于分离任何两种管理权力。它可以用于澄清项目监控组和项目经理之间的关系，也可以用于澄清项目经理和项目管理组之间的关系，还可用于澄清项目监控组和项目组合管理团队之间的关系。虽然我们只讨论了时间和成本两个变量，但是这种方法适用于任何以数字变量设定的目标，例如量化的收益。质量可以用时间和成本的负数表示，虽然二者之间的关系不那么明显。例如，如果预计一个项目将低于预算提前完成，那么该项目可能遗忘了某些内容，从而导致项目产出的质量低于标准质量。

例外管理是控制项目的一种方法。但是，与其他原则一样，在制订计划时必须要考虑以下因素：

- 项目的收益；
- 降低风险；
- 项目的质量；
- 时间表和成本。

5.2　计划收益

要准确地量化项目的收益是非常困难的。但是，要平衡项目的收益和投资，就必须用同样的标准来对它们加以衡量，例如用硬通货来加以衡量。虽然这样做比较困难，但是要证明投资的正确性，这样做是必要的。

未量化的收益通常包括：

- 对战略目标的贡献；
- 效率的提高；
- 赢得新客户；
- 进入新市场；
- 降低/消除竞争压力；
- 客户满意度提高；
- 符合监管条例。

5.2.1　量化收益

包括上述内容在内的项目收益可以用货币来衡量。可以通过回答"那又怎么样？"这个问题来帮助确定收益的价值。如果收益无法被量化，潜在投资人之间关于是否投资的争论就将建立在感情而不是证据的基础上。上述大多数收益可以以如下方式量化：

- 收入/利润增加；
- 管理费用降低；
- 风险降低；
- 可以进行其他活动，产生上述收益。

表 5—1 说明具体收益的量化结果。

上述收益是否只是猜测？由于未来具有不确定性，所以没有什么是肯定的。但是，当项目完成、后项目时期结束后，投资人希望衡量他们的投资回报率时，就可以比较实际收益与预期收益。

表 5—1   **量化收益**   单位：美元

	第 0 年	第 1 年	第 2 年	第 3 年	第 4 年
增加的收入	—	5 000	60 000	60 000	70 000
提升的客户满意度	—	5 000	10 000	10 000	10 000
淘汰的竞争者	—	—	20 000	20 000	20 000
新市场带来的客户	—	—	30 000	30 000	40 000
节约的成本	—	8 000	10 000	11 000	11 000
节约的人力资本	—	5 000	5 000	5 000	5 000
节约的信息工具等成本	—	3 000	5 000	6 000	6 000
总额	—	13 000	70 000	71 000	81 000
累计总额	—	13 000	83 000	154 000	235 000

    业务实例中的收益必须清楚地表示，以便于用货币来进行衡量。例如，客户满意度可以通过问卷调查的方式获得。通过比较项目前后的客户满意度，业务实例可以得出结论，"从第 0 年到第 1 年，项目直接提高客户满意度 5%；第 2 年，客户满意度再次提高 5%；第 3 年和第 4 年客户满意度保持不变"。这是一个明确的目标。组织每年年末对客户满意度进行调查，就可以得知是否实现了目标。即使是这样，如果无法将客户满意度最终转化为货币回报，项目的支持者仍然有可能将他们的投资转向别的项目。

    客户满意度与收入正相关。随着客户满意度的提高，客户会更多地购买公司的产品和服务。因此，客户满意度提高 5% 可能"导致公司第 1 年的销售收入提高 5 000 美元，第 2 年再次提高 5 000 美元，然后销售收入保持在这一水平；即较客户满意度提高前增加销售收入 10 000 美元"。通过比较实施项目前后的数据可以得到上述数字，从而可以判断预测是否准确。

    这样还存在另一个问题，就是我们无法判断项目与客户满意度、收入之间是否有直接关系。客户满意度和收入的提高也可能是其他项目导致的结果。预测随时可能发生变化，但是业务实例至少要提供一个有力的论据才能让人们做出是否应该继续进行该项目的判断。

5.2.2　成本/收益分析

    项目的收益应该大于成本，但是收益大于成本那一点可能要在未来的某个时间才能实现。成本/收益分析可以帮助我们了解这一点到底何时能实现。

    简单的成本/收益分析是在不同的年份对投资和预期回报进行比较。表 5—2 所示的成本/收益分析表明，投资获得了可观的回报。第 2 年，收益大于成本，项目实现了回报。第 3 年和第 4 年利润更是大幅上涨。

表 5—2   **成本/收益分析**   单位：美元

	第 0 年	第 1 年	第 2 年	第 3 年	第 4 年
收益	—	13 000	70 000	71 000	81 000
成本	2 500	15 850	64 620	27 400	24 250
净值	−2 500	−2 850	5 380	43 600	56 750
累计值	−2 500	−5 350	30	43 630	100 380

现在的问题是这些数字是否符合实际，因为最初的预测总是过于乐观。另外，还应该将这些数据与其他项目的成本/收益数据进行比较。

5.2.3 贴现现金流量

表 5—2 中的数据是直接获得的，没有考虑货币的时间价值。未来获得的货币要比今天获得的货币价值低，因为今天获得的货币可以进行投资。如果利率为 6%，今天的 1 美元相当于 1 年后的 1.06 美元；换句话说，1 年后获得的 1 美元相当于今天的 0.94 美元。因此，进行成本/收益分析时，一个项目未来收益的价值应该折算成现值。用这种方法预测的货币价值更接近现实，称为贴现现金流量。

表 5—3 说明贴现现金流量是如何计算的。

表 5—3   **贴现现金流量计算表**   单位：美元

	第 0 年	第 1 年	第 2 年	第 3 年	第 4 年
收益	—	13 000.00	70 000.00	71 000.00	81 000.00
成本	2 500.00	15 850.00	64 620.00	27 400.00	24 250.00
净值	−2 500.00	−2 850.00	5 380.00	43 600.00	56 750.00
累计值	−2 500.00	−5 350.00	30.00	43 630.00	100 380.00
贴现率	1.00	0.94	0.89	0.84	0.79
贴现值	−2 500.00	−2 688.68	4 788.18	36 607.40	44 915.32
净现值	−2 500.00	−5 188.68	−400.50	36 206.90	81 158.22

注：所有数字均四舍五入。

表中的前四栏数据与表 5—2 中的数据是相同的，然后将净值乘以贴现率得到贴现后的数值。贴现率是这样计算的：

$$\frac{1}{(1+i)^n}$$

其中，i 表示贴现率，n 表示年数。假设贴现率为 6%，预测项目需要 2 年完成，那么计算结果如下：

$$\frac{1}{(1+0.06)^2} \rightarrow \frac{1}{(1.06)^2} \rightarrow \frac{1}{(1.1236)} = 0.89$$

净值乘以贴现率得到一个更符合实际的值，这个值称为贴现值。将各年的贴现值累加在一起就得到现在的净现值。表 5—3 所示的项目中，第 3 年的净现值为 36 206.90 美元。与表 5—2 中没有贴现的数据相比，回报期向后推迟了 1 年。项目组合管理团队在权衡各个项目时，这额外增加的一年是一个重要的数据。

5.2.4　内部回报率

内部回报率是比较两个项目时采用的另一个指标。内部回报率的计算与贴现现金流量的计算相似，但是顺序正好相反。例如，当贴现率为 6% 时，项目的收益为 36 206.90 美元，贴现率为 200% 时收益将变为负值，即 –1 237.41 美元。在贴现率大概为 150% 时，项目的收益净值大概为 0，则 150% 就是内部回报率。换句话说，如果投资于某个项目的所有资金都是借贷而来的，而该项目收支平衡时，为借入资金所支付的利息就是内部回报率。

很显然，内部回报率越高越好。但是，内部回报率指标没有考虑项目的规模。投资少的项目与投资高出几倍的项目的内部回报率可能是一样的。

5.2.5　财务相关性网络

有时，方案中的某个项目可能并不必产生"利润"。这些项目的目标是有效地利用资金，提高整个方案的收益（如图 5—1 所示）。

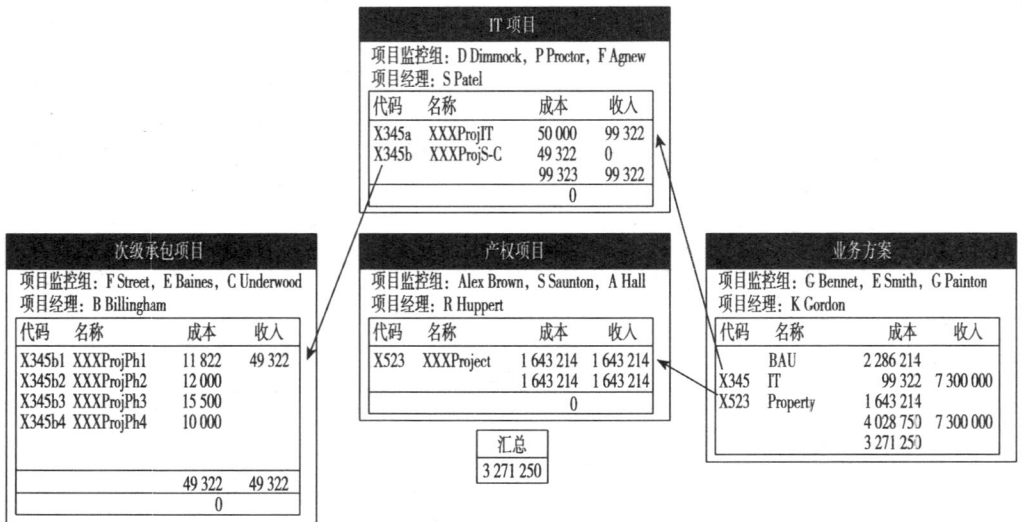

图 5—1　财务相关性网络

图 5—1 右侧的业务方案预计成本为 4 028 750 美元，该成本将用于日常业务活动和两个项目（IT 和产权项目）。该方案预计产生收入 7 300 000 美元，因此，"利润"预计为 3 271 250 美元。

IT 项目和产权项目的收支平衡，左侧的次级承包项目也是收支平衡。组织期望这些项目的收益大于投资，但是收益是需要从整个方案的角度来衡量的。因此，对这类项目的参与人要采用另一种方法来进行激励。如果他们能够控制成本，或者按时完成项目就应该进行奖励；而不是像普通项目那样，等项目收益实现时才进行奖励。方案应该关心收益管理，而不只是项目本身。

5.3 计划未知事件

Donald Rumsfeld 在担任美国国防部长时，曾说过：

我对说明尚未发生的事件的报告非常感兴趣，因为，我们都知道，有些事情我们知道我们知道；有些事情我们知道我们不知道；还有些事情我们不知道我们不知道。

Plain English Campaign 评论道："我们以为我们明白他的意思，其实我们不知道我们是否真的明白。"Rumsfeld 的表达方式可能比较复杂，但是他的话与项目管理密切相关：

* "有些事情我们知道我们知道。"Rumsfeld 指风险已经实际发生，已经不可能加以阻止，此时该事件已经不能称为"风险"，在项目中我们称之为"问题"。
* "有些事情我们知道我们不知道。"有些风险我们已经认识到，而且有可能采取行动降低风险；即可以避免某些问题出现，或在问题出现时降低其影响。
* "有些事情我们不知道我们不知道。"有些风险我们没有认识到也没有预计到。它们对项目的威胁很大，但是我们还不知道。

因此：

* 风险可能导致项目失败；
* 问题是已经发生的风险（已知或未知）；
* 假设是对风险（基本上是未知的）的猜测。

有效的项目管理的关键是风险管理而不是问题管理。一个好的项目经理的成功之处在于，在项目进行过程中努力发现并降低风险，降低问题出现的可能性并减少假设的数量。

任何计划都是预测。风险管理能够帮助我们降低不确定性，步骤如图5—2。

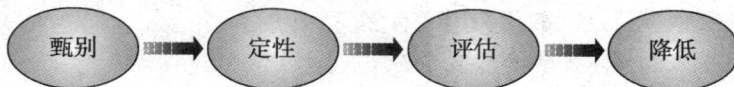

甄别 ➡ 定性 ➡ 评估 ➡ 降低

图5—2 有效风险管理的步骤

5.3.1 甄别风险

风险有不同的级别。高风险可以这样描述："在进行项目过程中使用新技术可能产生某些未预知的挑战。"这种说法虽然不明确，但却足以在项目生命周期的初期给项目人员敲响警钟，建立一种"风险意识"并有助于建立一种同样级别的降低风险的行动，或做好准备应对一些紧急事件。

下列问题对识别项目中的具体风险虽然帮助不大，但也有助于在项目中建立风险意识：

- 对日常业务的影响
- 收益实现期有多长？
- 项目对组织的日常业务（尤其是销售和运营）的影响大吗？
- 项目会导致员工的工作方法发生变化吗？
- 项目在组织中的作用和职责会改变吗？
- 对项目说明书的稳定性的影响
- 业务范围内目前亟待改变的是什么？
- 以前是否出现过在业务范围内改变说明书的情况？
- 该业务领域是否受外部监管的影响？
- 管理
- 是否适用项目的系统管理方法？
- 是否适用 IT 开发的系统方法？
- 是否适用结构性说明书的收集方法和结束程序？
- 人员
- 高级管理人员是否一致同意该项目？
- 开发人员和客户之间的关系是否可靠？
- 项目人员在组织内工作了多久？
- 项目人员对业务的了解有多少？
- 项目组的技能如何？
- 新颖性
- 项目的技术部分有多新颖？
- 类似的项目以前是否进行过？
- 复杂性和规模
- 项目涉及的客户和用户有多少？
- 需要多少供应商？
- 项目与其他项目之间的相关因素有多少？
- 该项目带来的技术变革有多复杂？
- 项目需要多长时间才能完成？

对项目了解的越深入，对风险级别的认识就越清楚。

组织可能需要一两个人对项目的风险进行进一步的研究，但是在进行详细的风险记录时，应该征求更多人的意见。这样做可以帮助我们发现具体风险和从多种视角对风险进行考虑。

这要求成立风险工作小组，小组的成员包括项目各个方面的人员。没有人应该被排除在外，因为目标是把"我们不知道我们不知道"变为"我们知道我们不知道"。项目倡议人应该给参与人一份详细的介绍和背景资料。通常由项目经理或外部组织者来组织这样的讨论会。

项目经理应该准备项目的相关资料，包括项目管理文件和以前项目的经验教训。风险有可能存在于以下方面：

- 筹集资金；
- 时间；
- 说明书范围；
- 客户期望；
- 供应商的能力；
- 作用和职责；
- 技术；
- 方法；
- 政治。

与会人员在备忘录便笺上记录下自己认为相关的风险，如果能够描述降低风险的方法将对项目更有帮助，当然这项工作也可以以后再进行。

详细描述风险是非常重要的。例如，下面这个记录没有任何帮助：

> **风险**：没有资源
> **降低风险**：告知管理层

应该清楚地描述风险的成因和影响，例如：

> **风险**：<u>法律工作小组的关键人员将无法参加夏天的工作，因为夏天他们要参加别的项目……这将导致无法做出关键的采购决策。</u>
> **降低风险**：由外部法律机构提供服务。请项目组合管理团队同意法律工作小组在夏天优先为本项目工作。

划线部分是风险的成因和影响。

在讨论风险的会议上，与会人员应该写出很多这样的小纸条。当与会人员识别风险后，下一个任务就是对风险进行描述。

5.3.2　风险定性

对风险进行评级、排序是一项非常重要的工作，因为这项工作决定了项目的稀缺资源应该用于哪些工作。

将纸条上列出的风险列于图 5—3 所示的矩阵中。

该矩阵按以下标准对风险进行评级：

- 可能性——风险发生的可能性；
- 影响——风险对项目的影响。

风险的等级并不是随意判定的，而是根据表 5—4 所示的标准进行评分后判定的。

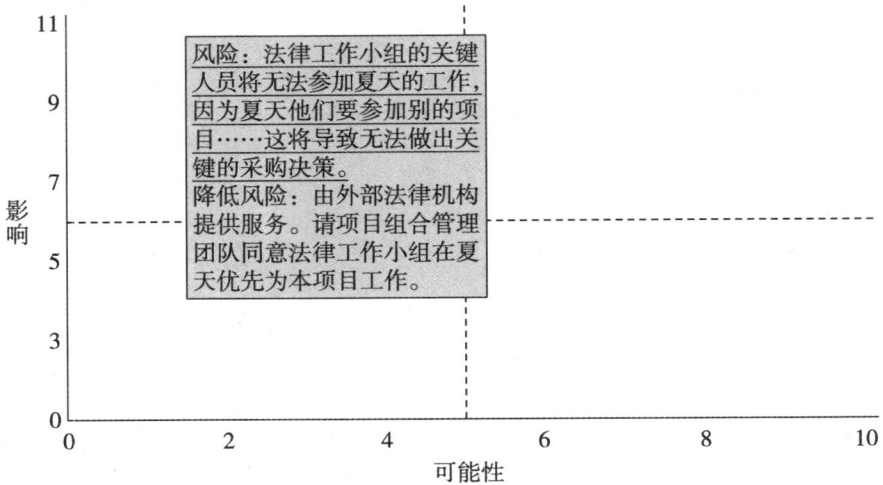

图5—3 影响/可能性矩阵

表5—4 影响/可能性评分

	分数	风险
影响	0	无，风险已被完全消除
	3	活动可能受到影响，但是工作可以继续
	5	对项目的产品可能有影响，但不会影响项目完成的时间
	7	对项目的某个阶段可能有影响，但完成项目没问题
	9	项目的完成可能受影响
	11	业务或客户可能受到影响
可能性	0	风险已经过去
	2	可能性非常小
	4	可能性小
	6	50%的可能性
	8	可能性大
	10	肯定发生

赋予风险或问题的影响不同的值并对其加以区分。最高值11在正常范围外，表示该风险或问题对其他项目、非项目活动或客户的利益有影响。

赋予可能性不同的值，表示问题与风险一样，也可以识别、描述和评估。风险与问题的唯一不同之处在于它们发生的可能性不同。问题已经出现，评为10分——确定的事件。

5.3.3 风险评估

风险和问题，哪一个更重要？对那些习惯解决问题的人而言，问题往往更重要，因为问题比较直接而且必须解决。对那些厌恶风险的人而言，他们更希望在潜在问题出现前解决。这两种看法只是考虑了问题是潜在的还是实际发生的，但是要准确地理解风险和问题的"值"，还需要评估他们的影响。只有在综合考察了可能性和影响之后，才能够判断某一个具体的风险或问题是否需要项目人员多加注意。

将可能性和影响的"值"相乘即可得到风险系数。例如，一项风险的可能性是6而影响是7，它的风险系数就为42；一个问题的可能性最高为10（因为已经发生）但是影响为3，它的风险系数就为30。此时，虽然解决问题能看到直接效果，却更应该着力于解决风险。

通过计算风险系数很容易得到风险或问题的相对值。但是，一些组织希望赋予风险货币价值。此时，风险系数等于金融头寸乘以用百分比表示的可能性（此时100%表示问题）。例如，一个供应商同意签订一个惩罚条款，该条款规定未按时交货将处罚金25 000美元。如果出现这种情况的可能性为20%，那么用货币表示风险系数为5 000美元（20% × 25 000）。

用货币来表示风险系数对于比较风险是一种有用的方法，而且它可以帮助我们判断降低风险的成本是否合理。例如，如果供应商需要额外支付10 000美元才能按时完成交货任务，那么该成本与5 000美元的货币风险系数相比就太贵了。但是，如果不能按时交货的可能性增大，10 000美元的额外成本就是值得的。

这种方法虽然有用但是也存在一种风险：将风险用货币金额表示可能使项目人员更注重分析而偏离了降低风险的初衷，而且何时应该停止量化风险头寸也是一个比较困难的选择。例如，供应商面临的罚金虽然只有25 000美元，但是他的损失远不止如此。该事件可能带来声誉的损失，可能使其他客户取消订货，由此带来更大的损失。若将该结果表示在风险矩阵中，则货币影响就会没有上限。这样，我们又无法比较该风险与其他风险的大小，也无法计算降低风险的数额了。

另外一种简单的方法可能比这种方法更有效。用数字表示风险系数不仅便于比较风险和问题的相对值，还可以明确应该由谁来处理风险或问题（如图5—4所示）。

可能性	影响				
0	3	5	7	9	11
2	6	10	14	18	22
4	12	20	28	36	44
6	18	30	42	54	66
8	24	40	56	72	88
10	30	50	70	90	110

图5—4 影响/可能性数字风险系数

风险系数为 110 表示问题影响了组织的业务或客户，应该由项目组合管理团队来处理；风险系数为 57 到 90 之间的风险或问题应该由项目监控组处理；风险系数为 21 到 56 之间的风险或问题应该由项目经理处理；风险系数低于 21 的则可交由小组负责人处理。

这种方法的好处就在于可以由恰当的人来处理他们应该处理的风险或问题。

5.3.4 降低风险

降低风险是指使潜在事件发生的可能性或影响减轻的过程，不同的风险可能有一种或多种降低风险的方法。

一般来说，共有四种选择：分担、承受、规避、减缓。

1）分担

风险通常可以分担。例如，洗衣机出故障的可能性以及/或影响可能非常大，从而导致对方取消服务合同。此时，保险公司可以分担风险。类似的，通常可以通过合同中的奖惩条款与关键的供应商分担项目的风险和回报。例如，为了降低项目超出预算的风险，客户可能坚持按照超出原定完成日期的天数进行赔偿。但是，风险分担并不总是将负担全部转嫁给另一方。

重建伦敦 Wembley 体育场的项目表明，降低风险的选择有时候会产生相反的效果。足协（Football Association，FA）对最初参加竞标的企业都不满意，此时一家公司提出了一份足协能够接受的合同，该合同规定了固定的价格。足协认为成本超出预算是一个主要的风险，因此接受了这家公司的合同。但是，项目却没有在预定时间内完成。此时，Wembley 的主席说："如果我们当初没有同意那些条款，那么 Wembley 仍然只有一个外壳，足协也不会成功。"在这个项目中，财务风险得到了分担，但是质量不合格或者不能按期完成的风险不仅没有得到分担还增加了，原因就在于项目过于注重预算。

2）承受

假设是一种猜测，也是一种风险；风险应该从可能性和影响两方面来进行考虑。但是在存在风险的情况下，项目也可能继续进行，这就是承受。例如，虽然我们认为项目人员每天工作八小时，但是有可能存在这样的风险：有的人每天工作时间少于八小时，还有的人可能得同时参加别的项目。

3）规避

有些风险是可以规避的。例如，一个项目计划对计算机系统作一些变更，但是由于要优先进行其他项目，所以导致该项目的变更推迟；这种情况下，项目组成员可以通过手工操作来规避这一风险。

4）减缓

还可以采取措施降低风险的影响或其发生的可能性。具体措施可以减轻风险的影响或减少其发生的可能性或者两者兼有，所以了解风险的结果是非常重要的。例如，如果由一个新手来撰写一份重要的报告，那么报告的质量可能不高，经理可以在最初即设定清楚的要求，这样就可以降低风险；还可以要求他先撰写一份初稿，由大家来考虑是否存在质量问题，这样可以进一步降低风险。但是，这两种方法都没有降低报告不合格可能带来的影响。因此，在提交这份报告前，可以通过某种方式降低阅读这份报告的人的期望；虽然他们仍然有可能失望，但不会太失望。

项目经理应该关注风险发生的可能性，看它是否会发展为问题。例如，如果存在这样一个风险：在用户测试完成前项目即已到期，那么可以每天记录项目出现的主要缺陷来控制项目风险发生的可能性。如果缺陷的数量增加，那么风险演变为问题的可能性就增大；反之，则降低。

5.4　风险记录表

现在可以用风险记录表来记录项目风险的相关信息以监管和控制风险（见表5—5）。

表 5—5 　　　　　　　　　　　　　风险记录表

风险	可能性	影响	系数	降低风险的措施	成本
预先写好的软件解决方案没有包含营销小组需要的关键销售信息，导致其无法有效地工作	10	3	30	1. 在使用新系统的同时，继续使用原来的销售和营销系统 行动：JP 建议营销小组准备同时使用两套系统 2. 要求软件供应商修改软件 行动：项目组从供应商处获得具体报价	每月需要两天协调两个系统 = 800 美元 15 天的额外费用 = 6 000 美元
如果实时数据丢失，公司将受到法律指控，对公司的声誉等造成不良影响	2	11	22	1. 确立该项目的优先地位，保证其获得关键性资源 行动：倡议人在下一次项目组合管理团队会议中提出这个问题 2. 为防止延误，提前进行该项目 行动：倡议人在下一次项目组合管理团队会议中提出这个问题	项目组合管理团队考虑这个行动对其他项目的影响 项目组合管理团队考虑这个行动对其他项目的影响
根据供应商以前的表现判断，设备的到货安装时间将推迟，这会推迟我们向客户交货的时间	6	9	54	1. 寻找替代的供应商 行动：SS 征求采购部门的意见 2. 在合同中加入奖惩条款 行动：JP 征求法律部门的意见	10 000 美元的额外费用 5 000 美元奖励金

风险	可能性	影响	系数	降低风险的措施	成本
因为要参与其他项目的工作，法律部的关键人员夏天无法工作，导致无法做出关键的采购决策	6	9	54	1. 由外部法律机构提供服务 行动：征求法律部的意见 2. 征得项目组合管理团队的同意，请法律部员工在夏天优先为本项目工作 行动：倡议人在下一次项目组合管理团队会议中提出这个问题	1 500 美元的额外费用
风险预算总额					最高 23 300 美元

在很多例子中，降低风险要付出金钱或时间成本，因此应该将风险量化为货币以便于组织做出决策并提供应急资金来降低风险。

第 6 章

计划：质量

计划是一种预测。许多人认为项目预测应该明确说明项目的完成时间和总预算，但是在知道项目产品之前，二者都无法准确地预测。因此，一种更好的描述预测的方式是，根据技能和经验对项目所需的时间和资源进行估计。

项目的最终产品不是一下子生产出来的，它必须经过定义、计划、建设、测试和接受的过程，才能最终被使用。也就是说，成功地生产某种产品对不同的人而言含义不同。倡议人可能认为项目如果能够提供低成本、高收益的解决方案就是成功的，而客户则希望提供的产品结实耐用；对开发商而言，成功项目的产品应该具有可支持性，因为他们需要在长期内对其进行维护和管理。

一个项目完成时，可以通过回答一些问题来检验其成功与否。在项目开始时即提出这些问题有助于项目成员了解成功的标准。这些问题如下：

- 新电脑系统处理交易的数量是旧系统的两倍吗？
- 新办公室使 350 名员工平均有 36 平方英尺的办公面积吗？
- 6 月底前新员工的招聘工作能完成吗？
- 购买的新设备是否在预算范围内？
- 新的办公操作程序是否优先在东京分部使用？

这些问题描述的是项目预期结果的质量，而且其对在生产过程中衡量项目的产品质量也非常重要。只有明确了衡量标准，项目小组成员在项目进行过程中才知道每一步是否成功完成。

在制定项目时间表或资源使用计划前，有必要了解项目每个阶段应该实现的分目标以及最终目标。它们是项目的阶段性成果或"产品"。

如果一项活动对生产产品没有贡献，就应该重新考虑为什么要在该活动上花费时间和精力，即项目的所有活动都应该对生产特定的产品有明确的贡献。上述产品可能包括：

- 经过测试的软件；
- 营销计划；
- 测试时间表；
- 设计材料；
- "业务实例"；
- 介绍；

- 会议；
- 用户培训。

产品是活动的结果。例如培训是一项活动，其结果是"经过培训的用户"（产品）。如果一个项目是进行培训，在制订计划时就要明确培训期限和培训费用。只有对产品有充分的了解才能回答这些问题。还需要定义经过培训的用户的期望标准。与描述项目成功的标准一样，产品成功的标准也可以进行描述。在上述例子中，如果培训用户开车，那么检查人员可以通过下列问题来进行衡量项目的结果：

- 能够在不熄火的情况下紧急刹车吗？
- 拐弯时不会撞到路边石吗？
- 能够正确地辨认路标吗？
- 能够正确使用后视镜吗？

如果计划仅包括时间和成本两项内容，那么当参加培训人员的预算使用完毕或当培训人员失去耐心时，他们就会结束培训。清楚地描述对一个项目的产品的期望有如下好处：

- 不会遗漏必要的行动；
- 使行动的目标集中于实现既定产出；
- 改进预计的时间表和成本；
- 可以知道一项行动何时"结束"；
- 使大家明确了解期望产出，减少疑惑和重复工作。

以产品为基础的计划方法以质量为核心，它可以实现以下目标：

- 明确项目的产品；
- 按照合理的顺序生产产品；
- 描述产品应达到的质量标准。

以产品为基础的计划首先在 PRINCE 这一项目管理方法中进行描述，因被认为是一种可行的方法而被广泛使用。这种方法没有排除对时间表和预算进行计划的必要性，但是该方法强调在制定时间表和资源使用计划时，要更好地理解项目的期望产出和方法。

以产品为基础的计划包括：

- 产品分解结构图；
- 产品流程图；
- 产品说明书。

这种方法非常有价值，本章将进行简单介绍。详细内容参见《使用 PRINCE2 成功管理项目（PRINCE 使用指南）》（*Managing Successful Projects with PRINCE2（PRINCE Guidance）*）这本书。

6.1　产品分解结构图

制作产品分解结构图的目的是明确项目要生产的所有产品，确定项目的范围。

产品分解结构图首先确定项目要生产的产品，该产品由一系列组成部分构成。例如台式机包括显示器、键盘、鼠标和主机，主机又包括很多小的组成部分，例如硬盘、主板、电源和机箱等。

一项培训课程由一套产品组成（如图 6—1 所示）。培训课程是"启动"产品，但是每个人对其期望不同。培训课程这一产品的定义过于广泛，为了更好地了解它，可以将其分解为一些小的组成部分以便于描述，就像盖一座房子的一块块砖头。

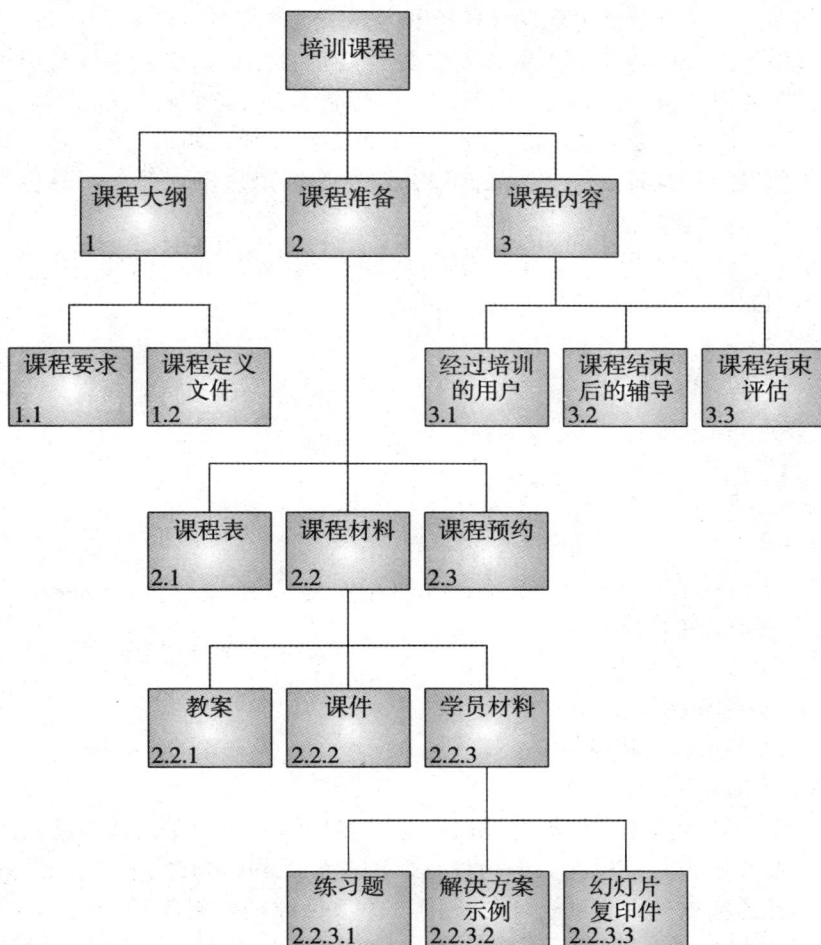

图 6—1　由一组产品构成的培训课程

首先，培训课程可以分为三个组成部分：课程大纲、课程准备和课程内容。现在可以分配这三种产品的时间和成本，但是还没有足够的信息，所以又将课程大纲分为课程要求和课程定义，此时再难以继续细分了。课程准备也可以分为许多产品，每一个小的产品又可以再细分，分类后的产品可以更好地描述上一级产品。例如没有必要对学员材料进行描述，因为它就是练习题、解决方案示例和课件复印件的总和。

计划应该由一个小组来制订，所以使对项目感兴趣的利益相关者参与绘制产品分解结构图是一个不错的选择。项目经理通常充当协助者的角色，由他来组织这一活动。项目经理可以在公告板上添加备忘纸条说明添加的产品。

协助者应该随时向大家说明结构图列明的产品，以使每个人对此都有清楚的了解。关于某个产品是否应该包含在项目范围内大家通常有不同意见，例如一些人希望在培训课程中加入课后辅导（产品3.2），这样在课程结束后学员可以与培训师见面进行讨论；一些人则认为没必要。由于每一个产品都需要花费时间和金钱，因此在制订计划时项目小组成员必须就生产哪些产品达成一致意见。如果一个产品不包含在项目内，但是项目的开展需要这个产品，那么该产品将作为"外部"产品包含在产品分解结构图中，并最终包含在计划内。

项目最初只有一个产品，现在被分解为一系列组成部分，这些组成部分描述了项目的范围。例如培训课程的产品可以被分解为：

1.1　课程要求
1.2　课程定义文件
2.1　课程表
2.2　课程预约
2.2.1　教案
2.2.2　课件
2.2.3　练习题
2.2.4　解决方案示例
2.2.5　幻灯片复印件
3.1　经过培训的用户
3.2　课程结束后的辅导
3.3　课程结束评估

那么，以产品为基础的计划究竟应该包括多少细节呢？无论计划注重的是产品还是活动答案都应该是一样的。因为计划要用于分配和控制产品，所以组成最终产品的组成部分也应该被细分到这样的程度，即项目经理可以定期监管其生产过程。项目经理和项目监控组都应该了解完成一个产品的期限，该期限最好是2~3星期。

图6—2列出了产品分解结构图中经常出现的错误。

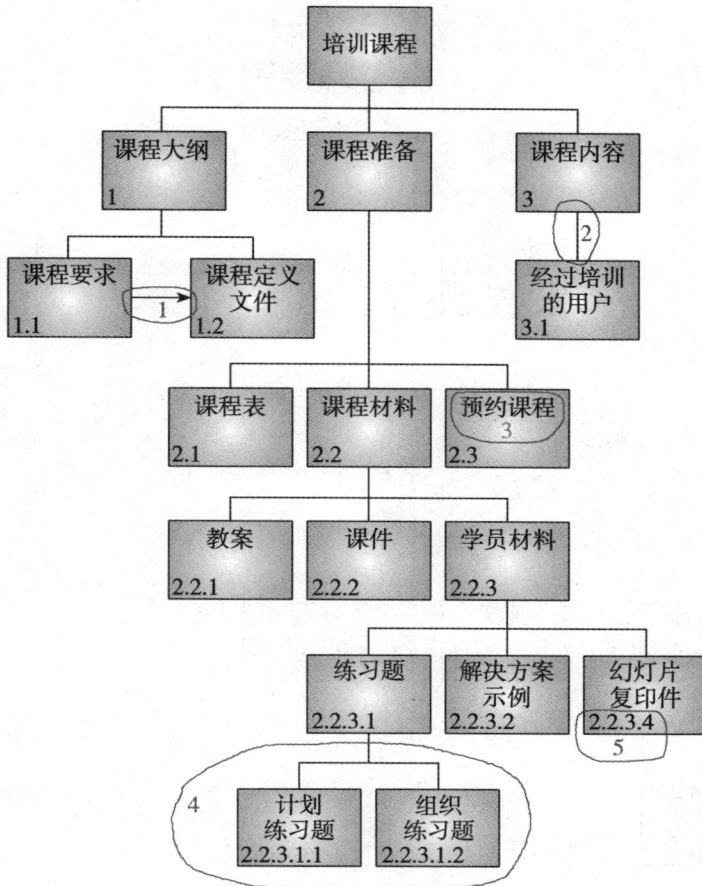

图 6—2　产品分解结构图中的常见错误

注：

1. 产品分解结构图的目的不是说明顺序，所以不应该使用箭头。

2. 这表明一对一的关系。"经过培训的用户"是"课程内容"的另一种说法而不是其组成部分吗？如果它是后者的一个组成部分，产品分解结构图应该说明"课程内容"还包括哪些组成部分。

3. "预约课程"是一项活动而不是产品。产品分解结构图、产品流向图和产品说明书说明的是产品，而不是生产产品的过程。产品名称应该是"课程预约"。

4. 此处的细节不一致。该细节表明项目的这一领域需要更多的时间和人力，可能还要占用其他内容的资源。所有的产品应该具有类似的细节，这样分配给参与者的工作大致相当。

5. 产品编号有误。

6.2　产品流向图

产品分解结构图完成后，下一步工作是绘制产品流向图来说明产品的生产顺序，如图 6—3 所示。

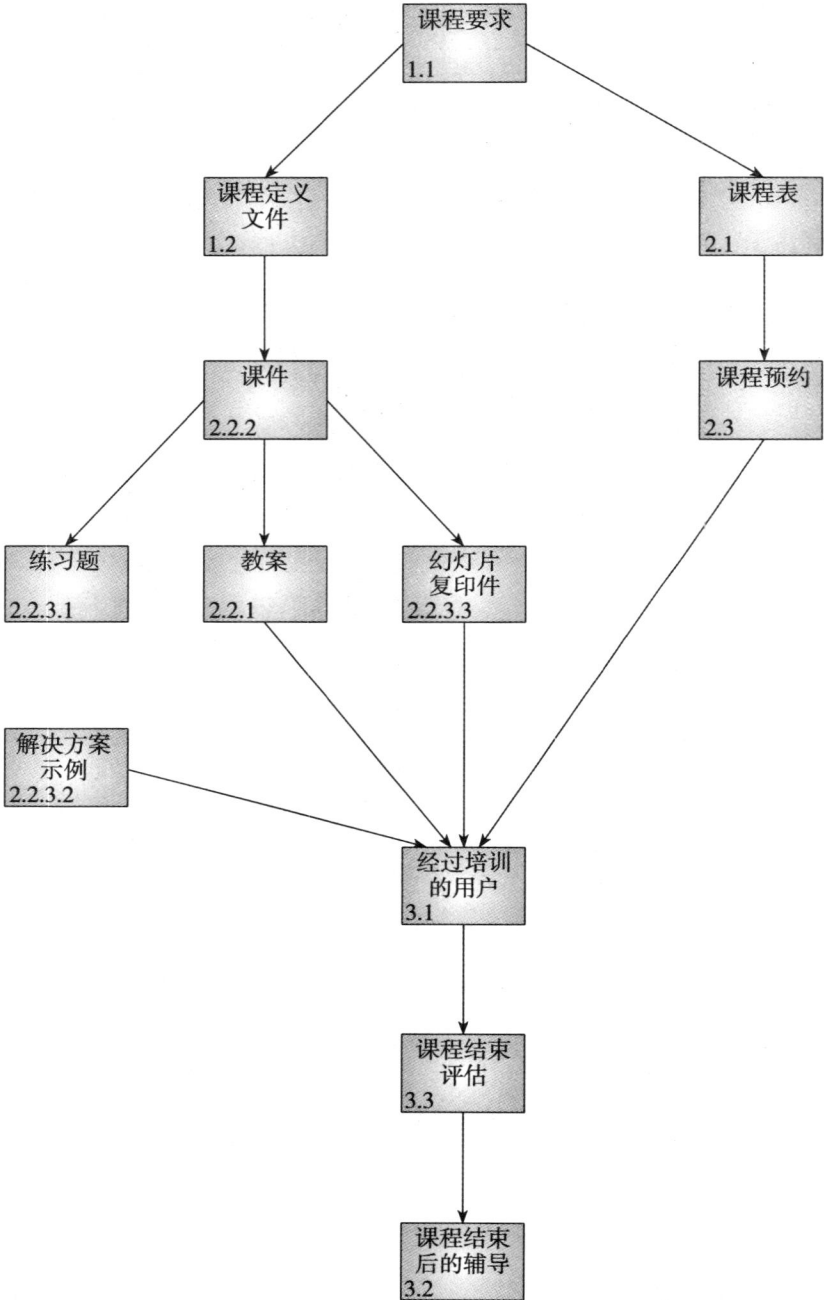

图 6—3　产品流向图

　　参与项目的每个人具有不同的专业技能，他们对生产顺序都有自己的看法，在绘制产品流向图的过程中这些不同的专业技能可以融入项目之中。参与绘制产品分解结构图的人应该参与绘制产品流向图，高级经理也应该参与，因为他们的意见对绘制产品流向图很有价值。由于每个人都要估计生产每种产品的时间和投资，所以他们早日加入项目将有助于他们理解项目以及项目方法。

　　在绘制产品流向图时，不考虑高级别的产品，而是将产品按相互之间的关系排序。这项工作需要的时间较长，但是制订计划本来就是一个艰苦而要求高的过程。俗话说"磨刀不误砍柴工"，先发现问题并找出处理办法，要比出现问题时付出昂贵代价解决要好得多。

　　此时最好使用构建产品分解结构图时的协助者并指定一个记录人员，因为在这一过程中产品将初具雏形，而且产品的一些特点需要被记录下来。

　　首先，确定起始产品和最终产品，需要注意的是，虽然应该按照从上到下的顺序对产品进行排序，但是许多产品之间可能没有生产的先后关系。为了不引起误解，所有产品的名称应该与产品分解结构图中的名称一致。协助者应该定期询问工作的进展并指出其中的问题，在必要的时候要调整产品的生产顺序。虽然参与人员之间的讨论甚至争论非常重要，但是协助者却不应该过多地参与此类争论，而更应该留心关于新产品的讨论并将新产品加入到产品分解结构图和产品流向图当中。当所有的产品都写在记录板上之后，就需要用铅笔在产品之间加上箭头来表示顺序，而进一步的讨论也可能会修改产品流向图。

　　在实施大型项目的情况下，若已经组成了项目小组，则可以将产品分配给各个小组。各个小组可以分别绘制自己的产品流向图，经过讨论后就可以确定。当然，为了完善产品流向图，也可以由不同的小组对同样的产品绘制产品流向图，然后进行比较和完善。

　　参与人员不能按照自己的想法来陈述产品流向图的绘制计划，因为这会影响其他人，并且可能会进一步导致时间线和资源使用计划的错误。在产品流向图中，每一种产品的最终产品与初始产品之间应该至少有一种过渡产品。

　　在这个阶段常犯的一个错误是根据产品流向图安排时间表。时间表是制订计划这个过程后期的任务。相邻的两个产品（例如，课件和课程预约）并不一定意味着要在同一时间生产。在讨论产品流向图时要避免使用"同一时间"这个说法，这样参与人员在讨论项目时才不会受到不必要的限制和干扰。而且只有首先清楚地说明质量问题，时间和成本才能够得到有效的管理。

　　图6—4列出了常见的错误。

　　一份行之有效的计划不会引起歧义，因为每个人对它的理解都应该是一样的。计划过程进行到现在，人们还是会对每个产品提出疑问，对产品的理解也可能不一致。因为产品名称没有描述产品的内容、格式和目的，导致人们对产品名称的理解可能不一样。

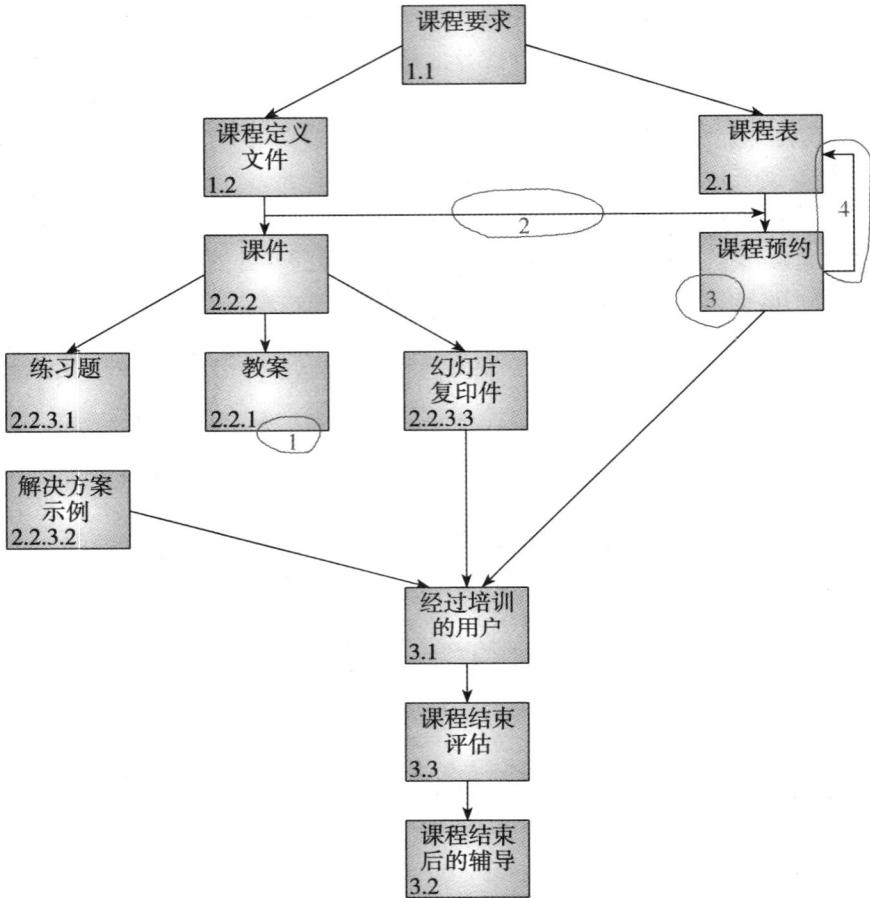

图6—4 常见错误

注：

1. "教案"与其他产品没有相关性，那么为什么需要这个产品呢？如果存在相关性，应该在图中表示出来。

2. 产品之间的从属关系不明确。不带箭头的横线既可以表示"课件"和"课程预约"从属于"课程定义"或"课程表"或二者兼有之。产品流向图应该清楚地表示产品之间的从属关系，产品之间的箭头应该是直接的。

3. 没注明产品编号。

4. 这表示这两种产品可能永远无法生产出来，与以产品为基础的计划原则相违背。如果在"课程预约"结束前需要对"课程表"进行核实，那么应该加入一个新产品"核实后的课程表"。

6.3 产品说明书

制订计划的过程应该开始于产品分解结构图，然后同时绘制产品流向图和制定产品说明书。产品说明书对每一种产品进行了明确的描述，使每个人都能清楚地了解产品。产品分解结构图和产品流向图完成后，协助者应该通过产品说明书（如图 6—5 所示）了解参与者对产品特征的看法。

6.3.1　名称
名称应该简洁明了。

6.3.2　目的
这一部分不是关于产品的详细介绍，而是具体描述为什么需要生产该产品，最好能用一句简单的话来概括。如果不能清楚地描述目的，就有必要思考是否应该生产该产品。

6.3.3　构成
这一部分类似于目录的形式。如果最终产品是一个文件，那么产品构成就应该列明文件每一部分的标题。各部分的内容可以进行扩展以帮助项目小组成员了解大家对产品的期望。但是，产品并不总是文件。"经过培训的用户"也是一种产品，其构成可以简单地描述为"参加课程培训的学员"。学员通过培训应该达到什么标准可随后进行描述。

6.3.4　出处
这一部分相当于产品来源表。它不仅要列明产品的上一级产品，还应该包括产品生产过程中需要的其他资料或信息。例如，在课程要求的基础上才能制定课程定义文件。另外，通过咨询曾经参加过培训工作的同事也可以获得额外的信息，将这些信息列在此处可以帮助制定课程定义文件的员工获得更多的信息。这一部分通常列出产品标准供产品开发人员查阅。

6.3.5　格式
格式是对产品物理特征的描述。图 6—5 中，格式是一个文件，描述了这个文件"看起来"是什么样的。如果产品是"建筑计划"，那么格式可能是"A0 蓝图"。

6.3.6　受众
这是一个重要的部分，该部分列明产品的用户。了解用户的身份非常重要，因为下一部分将包含他们对产品的不同期望。

6.3.7　质量标准
产品质量标准定义产品的特征，保证产品符合既定目标，这是产品说明书中最重要的部分。项目有成功标准，每一个产品也有标准，而且也是以问题的形式表达的。如果这一部分提出的所有问题的答案都是肯定的，那么该产品就满足了生产它的目的，该产品就可以通过。质量标准列得越复杂、越精确，就表示人们对最终产品的质量期望越高。

质量标准不仅能够保证开发的产品是完整的，还能够促使产品的开发人员按照要求开发产品。在开发工作进行之前了解受众以及他们的期望，极大地降低了产品开发失败的可能性。

产品名称	课程定义文件
目的	保证课程能够满足客户的需要，从而得到批准开始准备课程材料
构成	1. 课程简介
	2. 课程持续时间
	3. 课程目标
	4. 授课策略
	5. 准备课程
	6. 产品
	7. 后勤
	8. 时间表
	9. 课程安排
出处	课程大纲
格式	A4 纸装订，硬皮透明封面，上面印有客户公司的标识
受众	客户倡议人
质量标准	1. 课程定义文件完全符合课程要求吗
	2. 在既定的时间内能够完成课程内容吗
	3. 至少有 30 分钟用于学习风险管理吗
	4. 课程采用案例教学吗
	5. 课程有学员人数限制吗
质量控制方法	1. 提交客户前由供应商进行质检
	2. 客户内部质量检查小组进行质检

图6—5　产品说明书

可以这样制定产品质量标准：

- 根据产品用户（受众）的要求制定质量标准；
- 请每一位受众对产品的相关质量标准进行排序；
- 根据项目标准，检查产品质量标准是否一致；
- 检查是否与产品说明书一致；
- 关于产品质量标准的问题应该可衡量、没有歧义，问题的答案只有"是"或"否"；
- 避免"有效的"、"清楚的"、"适合的"等主观词汇，因为每一位受众对这些词汇的理解不同；
- 如果制定整个产品的质量标准比较困难，就可以根据"构成"这一部分的每一个组成部分制定质量标准。

质量标准的数量不仅表示产品的质量，也表示产品说明书本身的质量。

6.3.8　质量控制方法

检测产品的方法有很多，其中包括：

- 检查；
- 非正式/正式审核；
- 审查；
- 试用。

无论采用哪种方法，均需以产品说明书为标准检测产品。当认定产品符合既定目的时，可以正式申请批准产品完成。

产品说明书也可能出现多种错误（如图 6—6 所示）。

产品名称	课程定义文件
目的	保证课程能够满足客户的需要，从而得到批准开始准备课程材料
1	为控制变革提供基础 说明课程需要的时间 描述课程的目标
构成	1. 课程简介 2. 课程持续时间 3. 课程目标 4. 授课策略 5. 准备课程 6. 产品
2	7. 关于后勤的一些说明 8. 时间表 9. 课程安排
出处	课程大纲
格式	A4 纸装订，硬皮透明封面，上面印有客户公司的标识
受众	客户倡议人
质量标准	1. 课程定义文件完全符合课程要求吗 2. 在既定的时间内能够完成课程内容吗 3. 至少有 30 分钟用于学习风险管理吗 4. 课程采用案例教学法吗 5. 课程有学员人数限制吗
3	6. 文件是否适合提交给客户 7. 文件够长吗 8. 内容清楚吗
质量控制方法	1. 提交客户前由供应商进行质检
4	2. 其他人进行质检

图 6—6　质量控制方法

注：

1. 此处罗列了多个目标，而其中一些目标与"组成"部分的陈述重复。

2. 表述不清楚。负责开发该产品的人需要了解"关于后勤的一些说明"的准确含义。

3. 这三个反面例子出现错误的原因多种多样。"文件是否适合提交给客户"表示主观看法。应该提前了解客户的标准并在此处注明。"文件够长吗"引致另一个问题"文件多长才是够长"。如果文件的长度真的很重要，作为质量标准应该这样表述："文件是否少于 10 页多于 5 页?""内容清楚吗"不是一个严密的问题，其答案也必将是主观判断，没有任何价值。

4. 产品说明书应该在项目初期回答这些比较困难的问题。将质检工作交给每个人意味着，要么没有认真考虑检查文件的人选，要么确实需要每个人都检查文件。这将影响质量标准的数量和适宜程度。

6.4　运用以产品为基础的计划

以产品为基础的计划是制订计划传统方法的起点。质量是计划的三个组成部分之一，却容易被遗忘，以产品为基础的计划清楚地阐明了质量问题，可以在此基础上制订时间和成本计划。对计划产品了解得越详细，计划就越翔实，所以随着计划的不断深入，产品说明书也应该不断充实。

项目小组成员应该参与制订计划，这样制订的计划对结果的定义会更加明确。这样还促进了利益相关者对项目的参与程度，这些人将最终批准计划；也增加了项目小组的人员对计划的参与程度，他们将估计生产项目产品所需要的时间和成本。

生产项目产品的人应该最了解产品。项目经理不可能在项目涉及的各个领域都是专家，因此应该与专家们合作制订以产品为基础的计划（尤其是产品说明书）。项目经理应该将制定产品说明书的任务分配给具体的项目小组成员。

产品流向图完成后，项目小组可能会认识到每一个产品都需要产品说明书。在这种情况下，项目小组应该优先制定关键产品、新产品或容易引起误解的产品的说明书，因为完善的产品说明书可以降低产品不合格的风险。

许多组织都有大量以产品为基础的计划，查阅以前的计划并从中学习对制订计划很有帮助。这并不意味着可以照搬以前的计划或是稍加修改就可以使用，因为所有的计划都是独一无二的。但是通过查阅以前的计划，现在制订计划的人可以向前人学习经验、吸取教训。

管理项目产品说明书数量的另一种方法是重点考虑产品最重要的特征。减少产品说明书的组成部分后，工作量就减少了，即使用产品大纲代替产品说明书（见表6—1）。

表6—1   **产品大纲**

名称	受众	目的	构成	质量标准
课程要求	开发人员	了解客户的需要，提出合理方案	1. 引言 2. 培训目标 3. 范围 4. 受众 5. 培训需求 6. 后勤要求 ——时间 ——数量 ——地点	1. 所有的项目参与者都包括在受众中了吗 2. 培训需求得到重视了吗 3. 范围包括所有部门了吗 4. 时间避开银行的假期和8月了吗 5. 地点的选择是否可以保证所有用户都参加培训并且没有额外增加食宿成本
课程定义文件	客户	保证课程满足客户的需求，进而准备课程材料	1. 引言 2. 培训期限 3. 课程目标 4. 授课策略 5. 准备课程 6. 产品 7. 后勤 8. 课表 9. 课程安排	1. 课程定义文件完全符合课程要求吗 2. 在既定的时间内能够完成课程内容吗 3. 至少有30分钟用于学习风险管理吗 4. 课程采用案例教学吗 5. 课程有学员人数限制吗

虽然表6—1将描述产品特征的八个方面缩减为五个，但是通过对质量标准的详细描述能够使项目组合管理团队对该产品有足够的了解。

随着项目结构分解图、产品流向图、产品说明书的不断改进，应该不断更新计划。在这个过程中，可能添加新产品、现有产品的分解可能过细或过粗、一些产品可能变得多余。例如在绘制产品流向图时，可能会发现产品分解结构图中有的产品分解过粗。图6—7表示筹备一个新工厂项目的产品分解结构图。

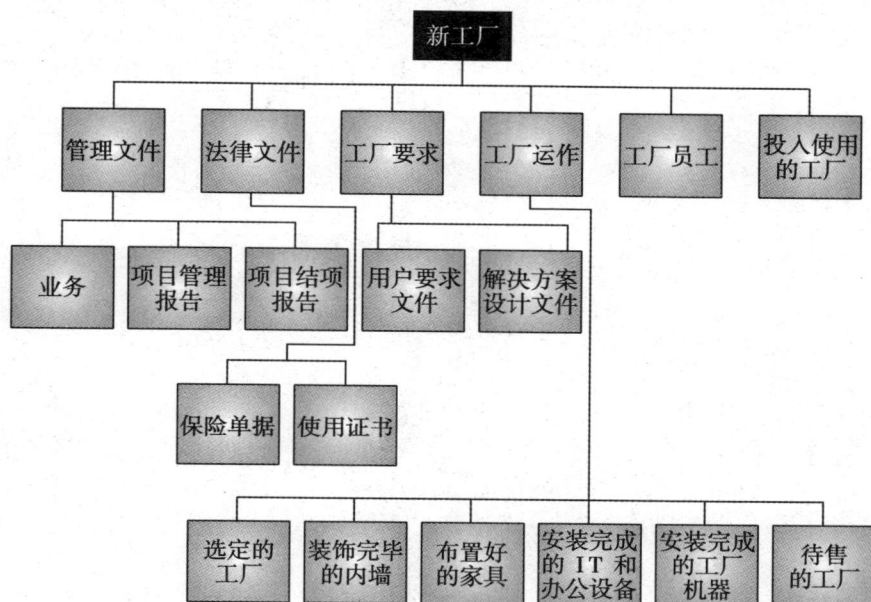

图6—7　筹备新工厂项目的产品分解结构图

其中，产品"工厂员工"的定义为"在工厂工作并领取工资的员工"，但是将该产品放入产品流向图中却反映出一种风险（如图6—8所示）。

出现的风险在于，在工厂安装完成之前，员工可能已经进厂，虽然他们没有进行任何生产活动，工厂却要向他们支付工资。如果工厂员工的实际含义是"公司内有一个职位的职员"，那么该计划就忽略了原定的一个产出，"在工厂工作并领取工资的员工"，而这是项目的一个重要产品。因此，在产品分解结构图中，需要对工厂员工进行进一步分解（如图6—9所示）。

图6—10是修改后的产品流向图。从图中可以看出对一种产品的修改会导致整个计划发生重大变化。

产品流向图中没有列出时间表和预算。这样就可以很快地制订初步计划，并提交给高级经理。因为在没有时间和成本压力的情况下，项目小组成员可以集中思考项目的内容。在产品和生产顺序确定之前，对时间和成本的期望基本上都是没有根据的。在没有提前占用过多资源的情况下，产品流向图对项目进行了描述。

如果在讨论中有人提到了时间表，那么可以将其加入到产品流向图中。可以将项目分为几个阶段，并规定每个阶段的完成时间和预算。这样做并不是确定日期和投资，但却能够表明我们需要在质量、成本和时间之间进行权衡并相互协调。通过图6—11，项目组合管理团队可以了解在一定期限内应该生产什么产品，反思后可能使他们意识到一些折中是必要的。

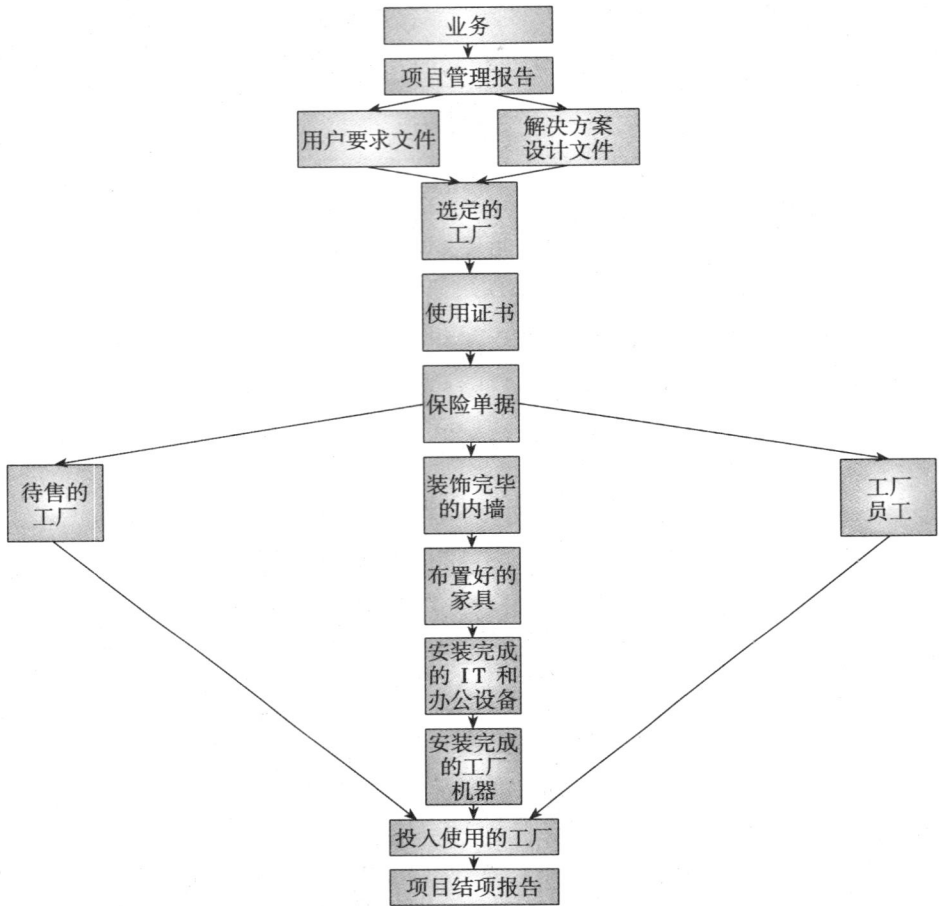

图6—8 将"工厂员工"这一产品放入产品流向图中反映出的风险

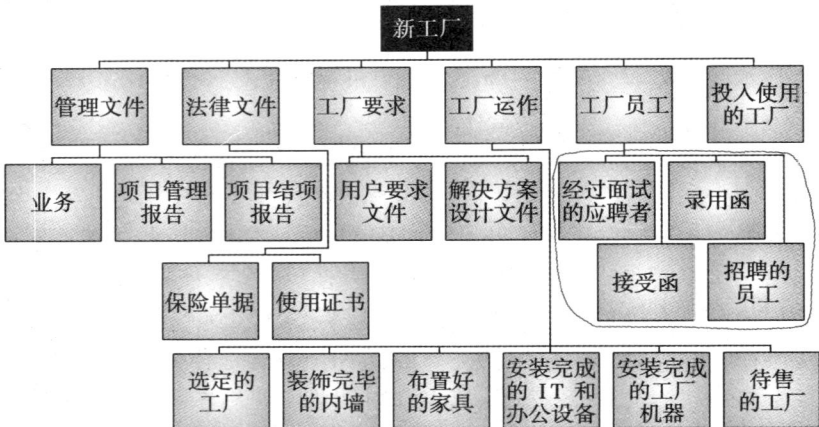

图6—9 在产品分解结构图中细分"工厂员工"

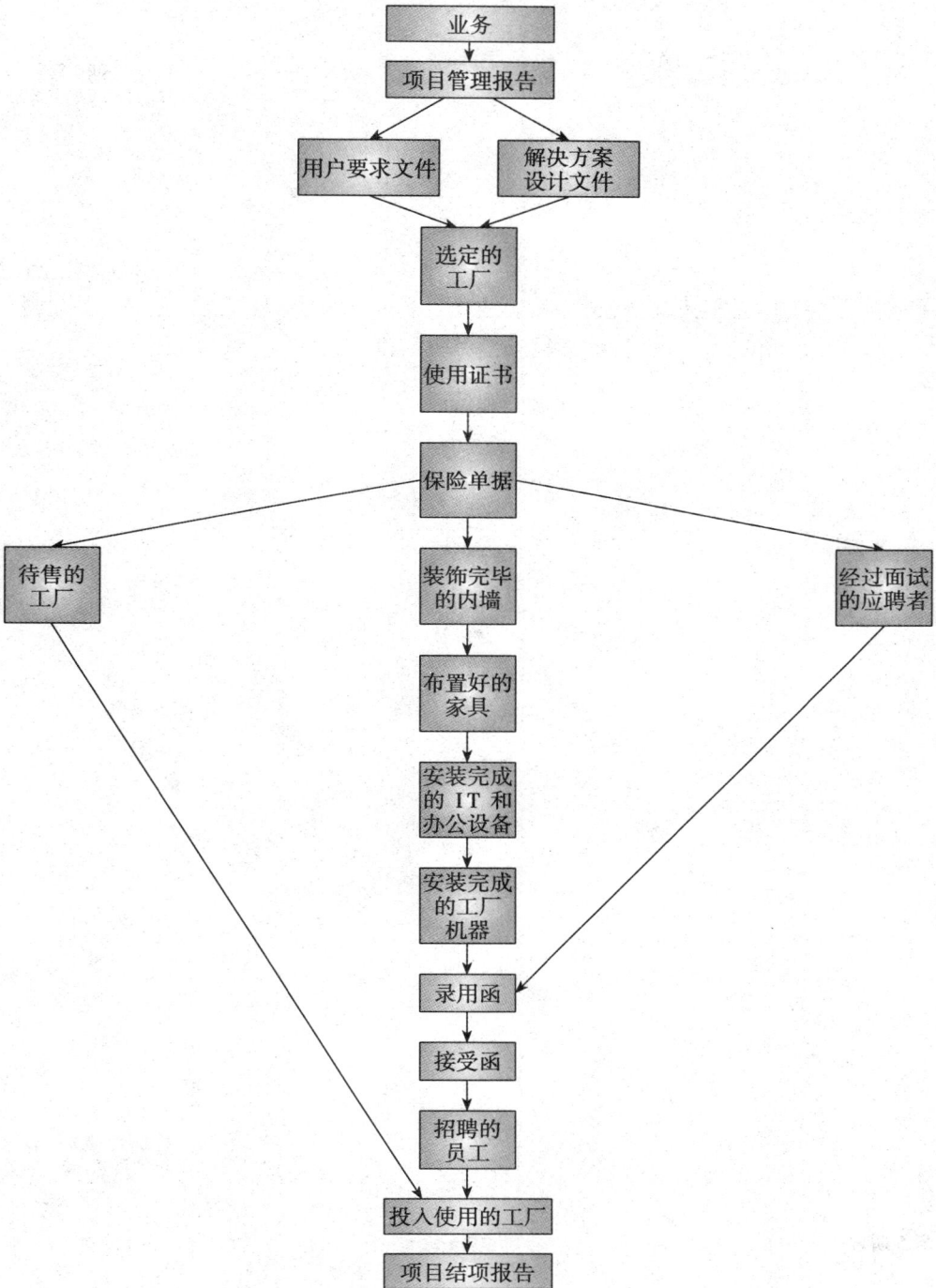

图 6—10 修改后的产品流向图

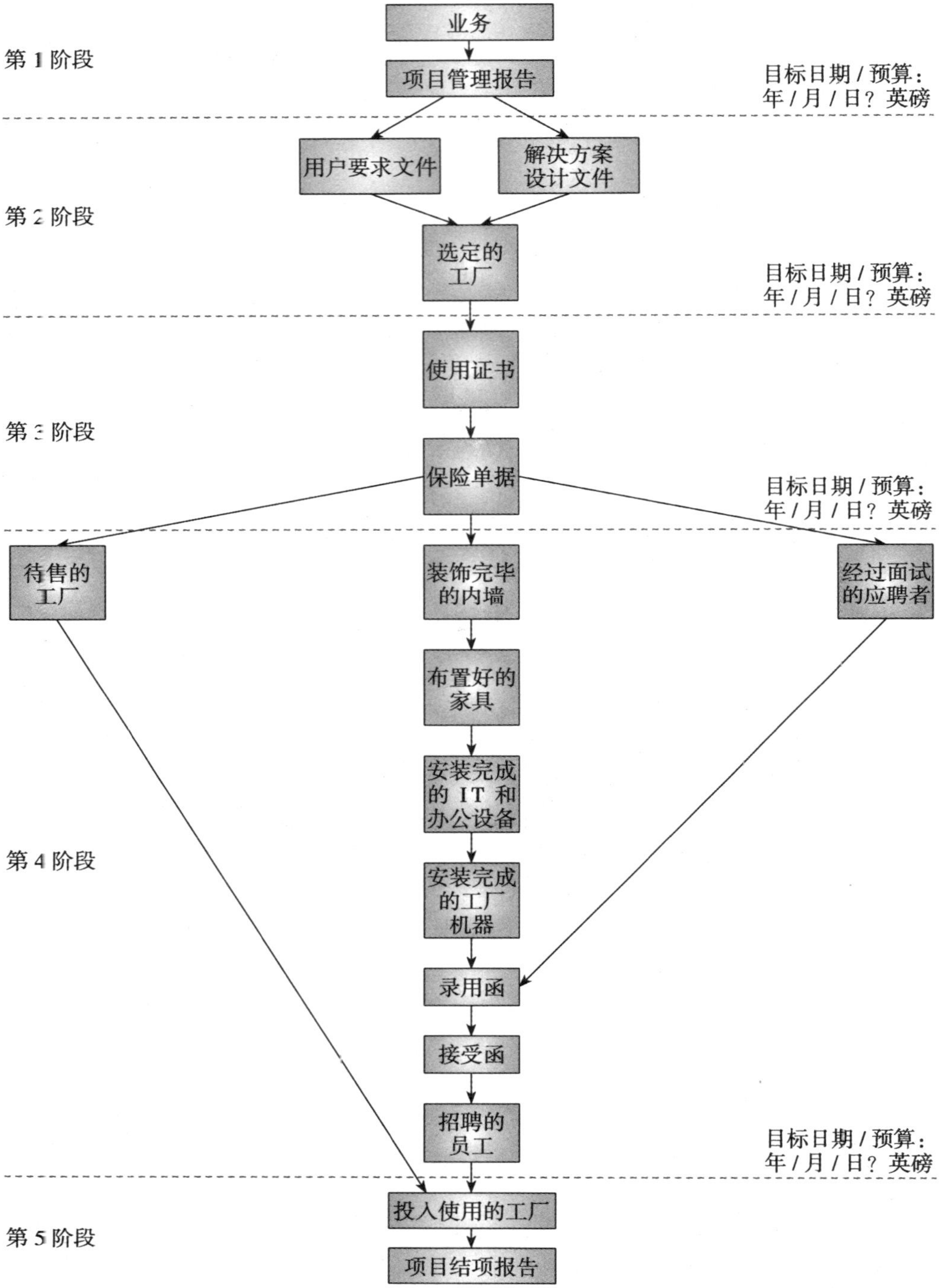

第1阶段

业务

项目管理报告

目标日期/预算：
年/月/日？英磅

第2阶段

用户要求文件

解决方案
设计文件

选定的
工厂

目标日期/预算：
年/月/日？英磅

使用证书

第3阶段

保险单据

目标日期/预算：
年/月/日？英磅

待售的
工厂

装饰完毕
的内墙

经过面试
的应聘者

布置好的
家具

安装完成
的IT和
办公设备

第4阶段

安装完成
的工厂
机器

录用函

接受函

招聘的
员工

目标日期/预算：
年/月/日？英磅

第5阶段

投入使用的工厂

项目结项报告

图6—11 分阶段的产品流向图

6.5　实现目标的途径

　　要成功地制订以产品为基础的计划，并非一定要使用这里介绍的方法。方法只是实现目标的一种途径。主要的利益相关者在项目上花费时间和金钱是希望获得某种东西，如果计划中包含了这种东西，那么计划就是可行的。但是，利益相关者的目的往往表达得不清楚，所以我们推荐使用以产品为基础的计划方法。

　　随着产品分解结构图、产品流向图和产品说明书的逐步完成，计划也在逐步完善。但是不可避免的问题依然存在：生产这些产品需要多长时间？完成项目需要花费多少成本？现在我们可以回答这两个问题了。

第 7 章

计划：时间和成本

7.1　产品和任务之间的关系

　　项目人员不仅要了解生产的产品，还需要估计生产产品的时间和成本。为此，需要了解生产每种产品所必须完成的任务。

　　许多产品都是先根据产品说明书生产一个雏形，雏形完成后通常要进行审核，这就是产品说明书中提供的质量方法之一。审核人员将产品与产品说明书进行对照，发现的问题请开发人员进行修改。开发人员修改后，将产品提交进行最后的检验批准。

　　这个过程总结如下：

- 生产产品雏形；
- 审核产品；
- 修改产品；
- 批准产品。

　　了解产品和任务之间的关系有助于制订计划。产品是上述任务的结果，因此，生产产品流向图中所有的产品，都需要按照一定的顺序完成一系列任务。项目的完成是由一系列事情组成的，在排列这些事情的时候，应该考虑产品流向图中各种有生命周期产品的顺序。这一系列事情包括：

第 1 种产品　　　　第 2 种产品

- 雏形　　　　　　 • 雏形
- 审核　　　　　　 • 审核
- 修改　　　　　　 • 修改
- 批准　　　　　　 • 批准

等等。

　　在制定时间表时，也要考虑这种重要的关系。但是在此之前，还需要了解一些方法来帮助我们评估生产这些产品所需要的时间和成本。

7.2　估计方法

估计是指根据技能和经验，对生产某种产品所需的时间和资源进行评定。在制订以产品为基础的计划时，应该已经充分地考察了该产品。对产品了解越多，就越容易估计其生产时间和成本。例如，生产一根绳（产品）需要多长时间？当我们了解到，这根绳必须能够绕一个大小为 1m×1m×1m 的箱子两周并打一个结时，这个问题就比较容易回答了。

估计时间和成本的方法很多，大致可以分为两种类型：

- 不使用储存数据和历史经验的方法，例如：

　　——从上到下和从下到上的方法；

　　——Delphi 方法；

　　——类推法。

- 根据以往项目估计数据的方法，例如：

　　——工作分配法；

　　——标准项目/产品法。

7.2.1　从上到下和从下到上的估计方法

从上到下和从下到上的估计方法可以在同一项目的不同阶段使用。从上到下的方法在项目刚开始时使用，对整个项目进行估计，估计项目整体的时间和成本，并按不同的阶段分配时间和成本。这种方法对时间和成本的估计并不细致，因为在项目刚开始时，无法获得长期的细节。尽管如此，相关人员仍然希望了解整个项目所需要的时间和成本。在运用这种方法对项目进行估计时，需要加入一些紧急事件，允许做出风险假设。从上到下的估计方法参见图 7—1。

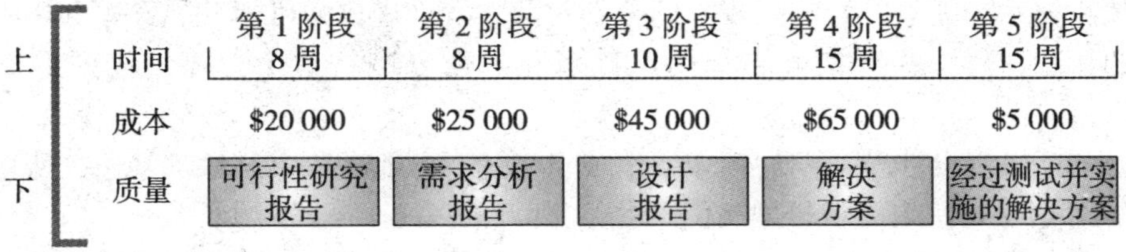

		第 1 阶段	第 2 阶段	第 3 阶段	第 4 阶段	第 5 阶段
上	时间	8 周	8 周	10 周	15 周	15 周
	成本	$20 000	$25 000	$45 000	$65 000	$5 000
下	质量	可行性研究报告	需求分析报告	设计报告	解决方案	经过测试并实施的解决方案

图 7—1　从上到下的估计方法

图 7—1 中包括项目的时间、成本和质量，此外还需要提供更多的信息，才能使项目监控组的成员同意该计划。例如，第一阶段可以制订更细致的计划（见图 7—2）。

在图 7—2 中，可行性研究报告（项目的第一个产品）被进一步分解为一组更小的产品，这样可以更好地估计完成这组产品所需要的时间和成本。把该组产品的生产时间和成本相加，应该正好等于运用从上到下估计方法中得出的可行性研究报告中的

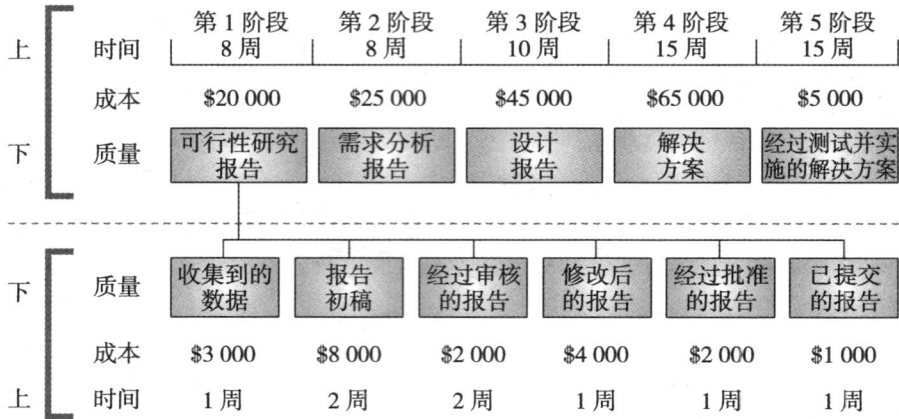

		第1阶段 8周	第2阶段 8周	第3阶段 10周	第4阶段 15周	第5阶段 15周
上	时间					
	成本	$20 000	$25 000	$45 000	$65 000	$5 000
下	质量	可行性研究报告	需求分析报告	设计报告	解决方案	经过测试并实施的解决方案

下	质量	收集到的数据	报告初稿	经过审核的报告	修改后的报告	经过批准的报告	已提交的报告
	成本	$3 000	$8 000	$2 000	$4 000	$2 000	$1 000
上	时间	1周	2周	2周	1周	1周	1周

图7—2 从上到下和从下到上的估计方法

生产时间和成本。如果不相等，项目经理应该向项目监控组提交修改过的从上到下的估计结果，并提交正式报告请求修改时间表和预算。这就是从下到上的估计方法，它是一种以产品为基础的计划支持方法。

在对项目的每一个阶段都按照这种方法进行估计后，我们获得了关于项目的更多信息，每一阶段所涉及的紧急事件进一步减少了，对整个计划的估计也更加准确。

从上到下和从下到上的估计方法使我们可以从整个计划和计划的各个阶段的角度出发分别制订计划，帮助我们克服未来的不确定性。

7.2.2 Delphi 法

这种方法是以 Oracle of Delphi 的名字来命名的，希腊人在采取任何重大行动前都要征求他的意见。这是一种采取会议、问卷和调查的方式了解大多数人对估计结果的意见的方法。它是 Rand 公司在 20 世纪 40 年代末提出来的，当时该公司采用这种方法来预测技术对战争的影响。专家们分别对敌军发动进攻的可能性、频率和影响表达他们的看法，另一些专家匿名提出反馈意见。重复进行这个程序，直到形成一致意见。

许多项目都会涉及不同的领域，而项目经理不可能在所有领域都精通，所以他们可以使用 Delphi 法来获得较准确的估计结果。

专家们帮助完成产品说明书后，项目经理请他们继续估计生产这些产品所需的时间和预算。专家的意见（通常是匿名的）得到反馈后，项目经理将根据反馈意见重新考虑自己最初的估计。此时，需要估计的产品数量减少了，因为专家们对某些产品的意见是一致的。如果最终都无法达成一致意见，那么取平均值得到的结果也是比较可靠的。

这个估计过程需要花费一定的时间，但是在项目经理不熟悉的领域应该采用此方法，在最初估计范围比较广的情况下采用也是比较合适的。

7.2.3　类推法

进行项目估计的另一种方法是类推法，即与类似的项目进行比较或者比较项目的某一方面。例如，一个大型的计算机企业希望确认其每天可以处理 100 万次交易，这就比演示时需要更多的处理器。公司演示时发现，一台处理器一天可以处理 10 万笔交易，两台处理器同时运行可以处理 20 万笔交易。当公司额外再增加 3 台处理器时，每天可以处理 5 万笔交易。通过这样的演示与比较，客户认为，再增加 5 台处理器，就可以每天处理 100 万笔交易。

类似的，我们可以通过物理和电脑模型来检测飞机的运行状况，而不必实际制造一架飞机。

7.2.4　工作分配法

像软件开发、建造办公楼等类型的项目在组织内部总是不断地重复进行，每次进行此类项目时都有许多活动是重复的，因此借鉴过去的经验对项目进行估计是十分明智的。工作分配法就是通过使用相似项目的历史数据，根据标准的项目周期，在各个阶段合理分配时间和预算的一种方法（如图 7—3 所示）。

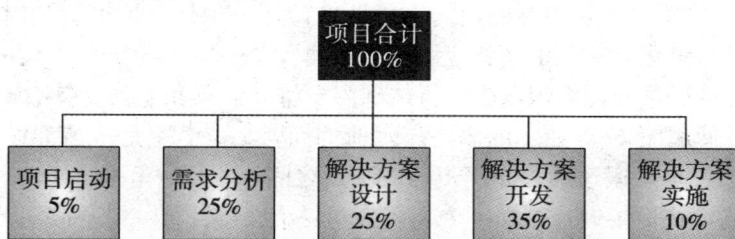

图 7—3　工作分配法

该方法成功与否取决于过去项目的数据是否准确以及项目之间的相似程度。如果此类数据能够保存和不断更新，这种方法就可以很灵活地使用。例如，如果预算已经做好，下一个任务就是在项目的不同阶段分配预算。如果项目的第一阶段已经完成，根据这一阶段使用的预算可以计算其余几个阶段的预算。

另一种方法是按照百分比分配项目的资源（如图 7—4 所示）。同样的，如果项目相似且数据可靠，这种方法也会行之有效。

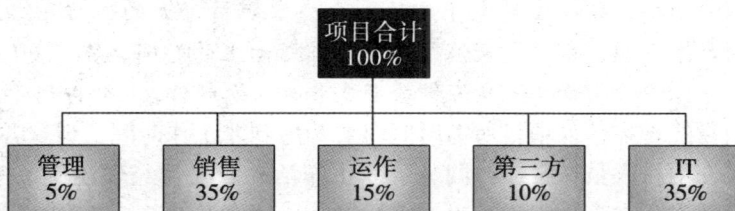

图 7—4　项目资源的分配

7.2.5　标准项目/产品法

标准项目法也依赖于过去项目的数据。使用这种方法时，需要制作一张表格，表格中包含两个变量，以便估计项目的时间和成本（如图7—5所示）。

大小＼复杂程度	低	中等	高
小	1	2	4
中	3	5	9
大	5	10	15

图7—5 标准项目/产品法

这种方法类似于销售人员使用的价格卡片。使用这种方法时，通过许多标准项目的经验制定的数字表示完成任务所需的天数，做出一个矩阵表示未来项目所需要的时间。

图7—5表明，这种方法不仅适用于项目，也适用于产品。许多人重复做的项目或日常业务生产的产品基本上是一样的，只是大小或复杂程度不同。通过比较相对大小和复杂程度，图7—5可以帮助他们方便地估计下一项任务所需要的时间。只要两个衡量标准可以量化，这个估计就应该相当准确。

例如，支持一个大型组织电脑运行的部门要将办公桌和电脑设备搬到新的办公地点，他们可以使用图7—5所示的表格。对他们而言，"小"是指需要搬迁的用户少于10人，"中"是指搬迁的人介于10到19人之间，"大"是指多于20人。复杂程度"低"是指用户需要搬迁到同一个大楼的同一个楼层，"中等"是指搬迁到另一个楼层。"高"指搬迁到另一个大楼。这样，当有人要求搬迁时，运用标准项目法就可以进行早期估计。

7.2.6 生产率

人通常被称为"人力资源"，但是人不是没有生命的机器人，忽略了这一点就有可能低估人给项目带来的风险。作为人力资源的人思想自由、情绪多变、不可预知，而且每个人都是不同的。在估计人的生产率时有以下几点准则：

● **人不可能具有100%的生产率**。最近的一项调查结果如下：

打情骂俏、闲聊、给朋友发电子邮件是办公室职员每天的工作中必不可少的内容。一项新的调查表明，白领每天浪费在非工作活动上的时间大概有90分钟，45分钟用于闲聊，16分钟打情骂俏，9分钟给朋友和家人发邮件，3分钟用于网上购物。

因此，项目经理在估计项目所需时间时要考虑到非工作时间，但这并不意味着项目经理应该允许项目人员在工作时间从事非工作活动。项目经理还应该考虑到病假、培训和年假等因素。大多数组织有生产率标准，一般介于65%到80%之间。

● **增加一项任务的参与人数，生产率并不一定能提高**。有时候项目参与人数与生产率的关系正好相反。比如，最好分配一个人起草文件，增加一个人只会增加他们的讨论时间。即使文件的质量可能提高，但它也只是一个结果。如果目标只是节约成本的话，那么最好的做法就是分配最适合的人全权处理这项工作。

- **人具有不同的生产效率。**总是选择最适合或最快的人从事某项工作往往是不可能的。由于人的生产效率不同，在进行估计时，人的经验和速度也要考虑。例如，生产某种特定的产品，一个小组的初级人员可能需要两天，而高级人员则可能只需要一天。在考虑生产某个产品所需的时间时，最好由参与生产的人来估计。"光环"效应假设每个人都是一样的，但事实上每个人的技能、知识、经验和能力都是不一样的，所以应该由生产产品的特定的人对所需的时间进行估计。工作生产率会受到一系列因素的影响。所以，在估计生产每种产品所需的时间之前，应该首先确定生产产品的人或者技能小组。
- **生产效率的提高只是暂时的。**美国心理学家 Frederick Herzberg 的研究表明，工人工资的提高会激励工人提高生产率，但只能维持较短的时间；随后生产率将逐渐下降到波特线（Potter Line）所确定的水平，此时生产率是正常的。

由于上述原因，项目经理根据以下准则提高估计的准确性：

- **请人们估计自己的工作。**"光环效应"在这里可以得到有效利用。让人们自己估计自己的工作，他们最清楚自己工作的速度，也了解在同样的时间里他们还必须完成别的什么工作。这样做的另一个好处在于，当项目成员估计了自己的工作后，就类似于与项目达成了一个协议，他们不能再说对工作速度或时间的估计是不合理或难以实现的。
- **清楚地说明项目的前提条件。**明确地项目前提条件公布后，还要接受人们对此提出的质疑。只有经过了这道程序，项目管理团队才可以确定对项目的估计是建立在可靠的前提条件下的。
- **统一产品说明书。**产品应该满足受众的要求。在开发产品前这一点就应该得到明确，这样做不仅能够保证顺利开发产品，还能保证委托人和代理人对产品的要求标准是一致的。而且，在对产品的标准达成一致意见后，任何关于时间表或预算的争论都会变得比较理性。
- **参考以前的工作矩阵。**如果小组成员认为 10 天可以生产某种产品，而其他人完成类似目标需要 20 天，那么项目经理有足够的证据修改估计以提高估计的准确性。
- **制定惩罚/奖励条款。**惩罚条款至少可以暂时地提高绩效和生产率标准而使估计变得更加可靠。奖励条款也会有类似的效应。但是这也取决于具体的人和小组，因为每个人对激励的反应是不一样的。

7.3　制订时间和预算计划

产品流向图是时间和成本计划的必要基础。它虽然不包括时间表，但却清楚地表示了产品的生产顺序。图 7—6 是一个简单的产品流向图，根据该图我们可以制定时间计划表和成本计划。

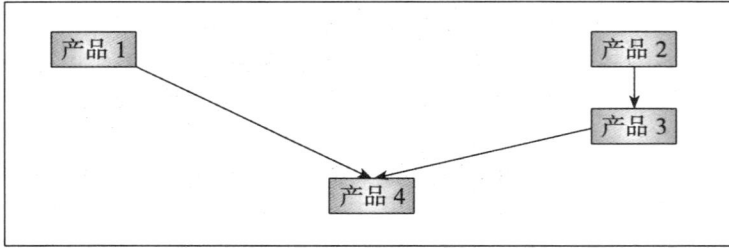

图 7—6 一个简单的产品流向图

因为项目组会花费大量的时间去绘制产品流向图，所以最终的产品流向图应该是比较准确的。如果产品流向图不够准确的话，那么依此制定的成本和时间计划表也将是无效的。

项目组必须估计每种产品的生产时间和成本。通常的做法是绘制一个估计表，表中的大部分内容是绘制 Gantt 表（如图 7—7 所示）和制订资源计划的基础。表 7—1 是一个简单的估计表。

表 7—1 　　　　　　　　　　　　　　估计表样本

产品	任务	资源	成本	假设
产品 1	开发	PR	0.8	PR 过去经常从事这项工作
	审核	ST/MW	0.5/0.5	限制为半天，已预订电话会议室
	修改	PR	0.25	PR 过去经常从事这项工作
	批准	PSG	0.1	假设 PSG 将通过电子邮件批准项目
产品 2	开发	AK	0.5	每件产品的成本为 0.1，共 4 件产品，应急成本为 0.1
	审核	PR/MW	0.1/0.1	根据 MW 的经验估计
	修改	AK	0.25	假设一半的产品需要返工
	批准	PSG	0.1	假设 PSG 将通过电子邮件批准项目
产品 3	开发	PR	0.8	PR 过去经常从事这项工作
	审核	ST/MW	0.5/0.5	限制为半天，已预订电话会议室
	修改	PR	0.25	假设 1/4 的产品需要返工，外加应急成本
	批准	PSG	0.1	假设 PSG 将通过电子邮件批准项目
产品 4	开发	AK 培训费	0.8 $100	AK 根据经验估计 参加贸易展览会的费用
	审核	ST/MW	0.25/0.25	ST 根据经验估计
	修改	AK	0.25	假设 1/4 的产品需要返工，外加应急成本
	批准	PSG	0.1	假设 PSG 将通过电子邮件批准项目

注：成本如果不是以货币表示的，即为人·天

估计表以产品为基础，由于生产产品的任务需要进行估计，所以将任务放在第二栏。第三栏是项目经理提出的完成任务的人选。因为项目计划尚未完成，所以项目监控组不会分配人手到项目组。因此，第三栏中提到的人是项目经理希望加入到项目组的人。如果无法提名，则说明需要什么技能的人即可，例如初级分析师或高级商业师。

人力资源并非完成项目唯一的成本。虽然人可能是最重要的投资，但是项目的其他成本也不容忽视，例如差旅费、食宿费、材料费和设备费。大型项目通常包括许多人力和非人力成本，所以为了准确地估计成本，预先了解所需要的人或资源的类型以及产品（产品说明书）是非常必要的。

在表 7—1 中，第四栏（计划的成本）有两种成本表示方法：以货币表示的成本（参加贸易展览的成本）和以人的努力表示的成本（其他数字）。因为项目监控组希望得到的是以货币表示的数字，所以这两种成本将统一以货币的形式表示。由于资源计划制订后就可以实现，项目组首先需要的是以人的努力表示的成本，因为他们将用这个数字来计算项目的持续时间。

持续时间表示的是一段时间，以小时数或天数来衡量。努力是一个人在没有其他工作以及不受打扰的情况下，以 100% 的生产率工作完成任务所需的时间。努力以人·小时衡量，但是人很难在一段时间内一直保持 100% 的生产率。而且，许多人同时进行多个任务，有时一个人甚至要同时参与几个项目和日常业务工作。所以，如果生产率为 80%，且该人员在没有其他任务的情况下，4 人·天的工作需要 5 天。

这样理解努力有利于在人们之间分配工作。例如，4 人·天的工作并不一定要让一个人来完成，为了减少任务的持续时间，可以将任务分配给几个人。

估计表的最后一栏是计划前提，项目经理应早已对这些前提熟记于心。计划（估计表是计划的一部分）必须清楚明了，不需要项目经理进行解释。阅读计划的人从计划中可以获得所有希望了解的信息。

现在我们已经获得了足够的信息，可以创建 Gantt 表（Gantt Chart），这也是我们最熟悉的项目计划的表达方式。Gantt 表是由 Henry L. Gantt 于 1910 年提出的用来说明项目的持续时间的一种表格，今天我们使用的 Gantt 表则是 1942 年改进过的。Gantt 发明了很多表格，改革了传递信息的方式。图 7—7 的 Gantt 表是以估计表为基础的。

在产品流向图和估计表中包含的产品和任务的信息由 Y 轴来表示，人力资源显示在任务的旁边，产品流向图中反映的产品间的关系在本图中以箭头表示（任务之间的关系在图中也以箭头表示，以便于反映任务之间的顺序）。产品流向图将帮助我们较好地完成这些有挑战性的任务。Gantt 表中反映的关系是以参加制订以产品为基础的计划的每个人的技能、知识和经验为基础的，它并不是项目经理的一个突然想法。

X 轴反映的信息在估计表中没有显示。时间表或持续时间是根据多种信息估计

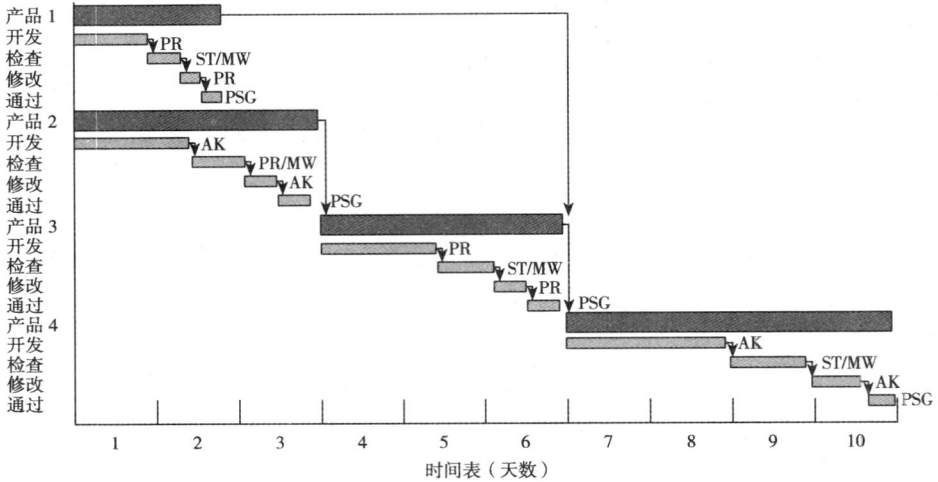

图 7—7　根据表 7—1 绘制的 Gantt 表

的。这些信息包括：

- 产品说明书；
- 人的知识或使用的其他资源；
- 获得这些资源的努力；
- 估计法以及使用估计法的经验。

图 7—8 说明了产品 4 的持续时间是如何确定的。

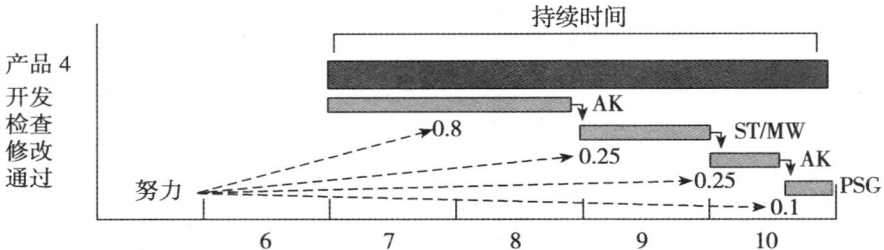

图 7—8　产品 4 的持续时间

　　根据估计表可知，AK 开发产品 4 需要 0.8 人·天。考虑到 AK 的生产率可能达不到 100%，同时他也许还有其他任务，分配给 AK 的时间是 2 天。ST 和 MW 需要 0.25 天的时间，无论他们是同时工作还是按顺序工作，他们都不能超出分配给他们的 0.25 天的预算，或者他们必须在第 9 天完成任务。验收产品是最后一项任务，需要项目监控组来完成，只需要 0.1 天的投入。然而，只分配给他们半天的时间是否合理？考虑到项目监控组的成员都比较忙，除非项目经理及时提醒他们，否则他们可能无法在第 10 天下午签字。因此，分配给项目监控组成员更多的时间（例如一个星期）来完成验收的任务可能更合理。

　　此时，计划还应包括质量标准、持续时间以及大致估计的成本。现在的任务是制订一致的、连贯的预算计划，从而使每个人都能够清楚地了解需要投入的金额。

现在我们拥有足够的信息制订资源计划（见表 7—2）。

表 7—2　　　　　　　　　　　　　　　　　**资源计划**

	第1天	第2天	第3天	第4天	第5天	第6天	第7天	第8天	第9天	第10天	合计
PR	0.80	0.35		0.80		0.25					2.20
ST		0.50			0.50				0.25		1.25
MW		0.60			0.50				0.25		1.35
AK	0.50	0.50	0.25				0.80			0.25	2.30
PSG	0.10	0.10				0.10				0.10	0.40
合计	1.30	2.05	0.35	0.80	1.00	0.35	0.80		0.50	0.35	7.50

这里所表示的项目对项目经理非常重要，因为他希望预测、管理和控制项目的成本。表中包含估计表中的以人·天表示的努力程度，这些数字以不同的方式汇总。如果第 5 天发生了一件重要的事件，例如正好是一个财务月份的结束，项目经理可以清楚地知道该月的估计成本为 5.5 人·天，下个月是 2.0 人·天。另外，项目经理还可以利用横向加总得到的数字与向项目提供人力的资源库经理进行谈判。例如，不需要占用 AK100% 的时间，但是他必须拿出 2～3 天参与项目。

但是资源计划没有说明财务信息，而且参加贸易展览的 100 美元成本也没有表示出来，更没有表明整个计划的最终成本。为了计算最终成本，项目经理需要了解参与项目的每一个人的工资率，将工资率乘以人·天即可以得到他们的成本（见表 7—3）。

表 7—3　　　　　　　　　　　　　　　　**含财务信息的资源计划**

人员	第1天	第2天	第3天	第4天	第5天	第6天	第7天	第8天	第9天	第10天	合计
PR	0.80	0.35		0.80		0.25					2.20
$300/天	$240	$105		$240		$75					$660
ST		0.50			0.50				0.25		1.25
$200/天		$100			$100				$50		$250
MW		0.60			0.50				0.25		1.35
$200/天		$120			$100				$50		$270
AK	0.50	0.50	0.25				0.80			0.25	2.30
$200/天	$100	$100	$50				$160			$50	$460
PSG	0.10	0.10				0.10				0.10	0.40
$400/天		$40	$40			$40				$40	$160
人力 总计	1.30 $340	2.05 $465	0.35 $90	0.80 $240	1.00 $200	0.35 $115	0.80 $160		0.50 $100	0.35 $90	7.50 $1 800
差旅费							$100				$100
总计	$340	$465	$90	$240	$200	$115	$160		$100	$90	$1 900

每个人的名字下面是他的工资率，例如，PR 的工资是每天 300 美元，他需要工

作 2.2 人·天，因此支付给 PR 的工资为 660 美元。汇总得出整个计划的成本为 1 900 美元，其中包括非人力成本。非人力成本表示在总人力成本的下方。

许多组织将其资源分为三种主要类型：

- 人力收入；
- 非人力收入；
- 资本。

前两种资源我们已经讨论过了，但是我们还没有讨论资本成本（例如买楼、买一台计算机的成本）。因此，许多组织将预算分为收入和资本。

计划现在说明了项目需要生产的产品以及生产产品的时间和成本，这是项目计划的核心所在。然而，为了确认计划是否可行，项目经理需要了解他所需要的资源是否能够得到满足，尤其是他是否明确地知道自己希望什么人参加项目。否则，项目计划仅仅就是一个期望。因为名义上是资源库经理"拥有"这些资源，所以项目经理应该与资源库经理进行谈判，从而保证他需要的人能够在项目计划制订的时间内参加项目。这样，资源库经理也需要一份计划，了解何种工作需要何种资源、在哪里工作以及工作多长时间。具体例子见图 7—9。

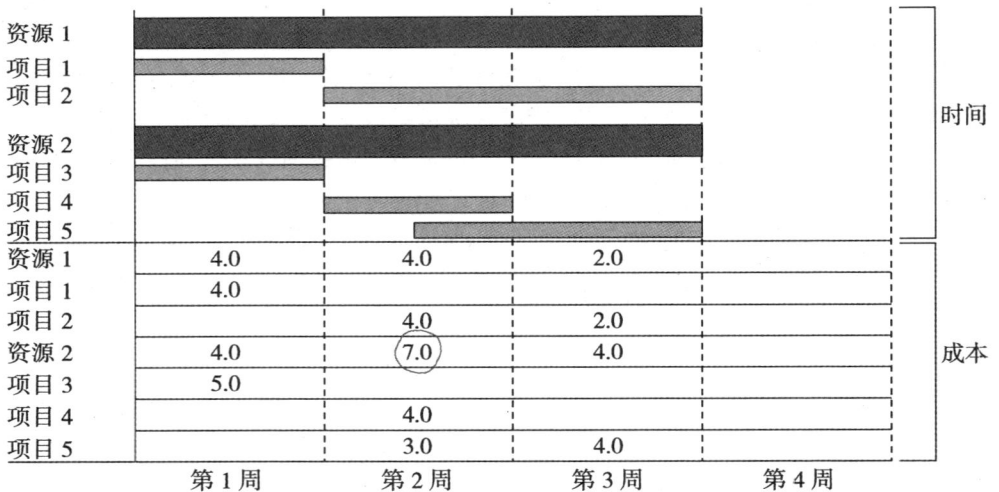

图 7—9　资源库经理的资源计划

图 7—9 表明，资源 1 和资源 2 两个人需要从事五个项目。此图的上半部分表明两个人何时应该从事哪个项目，下半部分表明所需要的人·天。根据图顶部的时间线，资源 2 在第 2 个星期需要参与两个项目。在不了解两个项目所需要的努力程度时，我们可以认为这是可以实现的。如果没有计划的下半部分，资源库经理可能鼓励资源 2 "尽最大努力"同时完成项目 4 和项目 5。但是，计划的下半部分表明，资源 2 需要在 5 天内付出 7 人·天的努力。这样，资源 2 要么需要加班，要么质量就会降低，否则他无法完成任务。这个问题以及图 7—9 所反映的其他问题需要反映给相关

的项目经理，使他们能够了解他们的项目计划中所需要的努力程度。

7.4　利用计划的弹性

　　大多数计划最初都具有一定的弹性。例如，一些任务的持续时间或者起止时间是可以改变的。任务所需要的人或者产品的质量也可以再协商。但是由于计划的任何一方面做出改变都会影响其他方面，所以利用一个计划的弹性并不总是可行的。活动网络说明了这一点。

　　这种方法通过项目的时间线来衡量改变任务或产品的影响。例如，图7—10是对图7—7所示的Gantt表的总结。

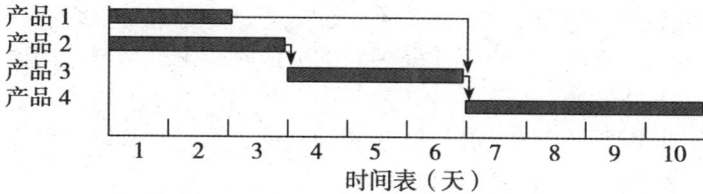

图7—10　图7—7Gantt表的总结

　　产品1的特点与其他产品略有不同。它可以在一定时间内改变生产时间而不影响项目的完成时间。如果产品1的完成时间推迟到第6天，那么产品4会受到影响，因为产品4的生产需要产品1的完成，因而也会推迟相同的时间。但是，只要保证产品1不影响产品4，那么其生产的弹性对整个项目的安排就会很有帮助。活动网络表可以帮助我们发现可以变化的任务和产品。这个表看起来有点儿像横过来的产品流向图（如图7—11所示）。

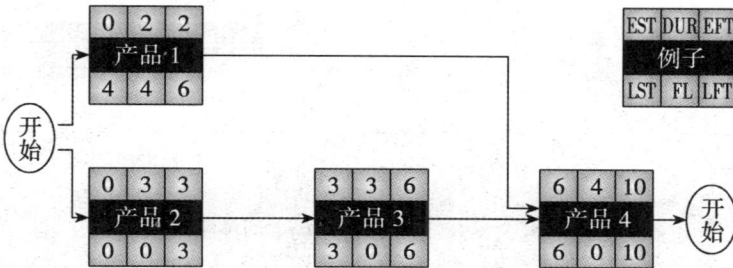

图7—11　活动网络

　　图7—11描述了每种产品与时间相关的特征，并用例子说明数字的含义：

- EST——最早开始时间。表示任务或产品开始的最早时间点。
- EFT——最早完成时间。表示任务或产品完成的最早时间点。
- LST——最晚开始时间。表示在不影响其他任务或产品的前提下，任务或产品开始的最晚时间点。

- LFT——最晚完成时间。表示在不影响其他任务或产品的前提下，任务或产品完成的最晚时间点。

- DUR——持续时间。表示 EST 和 EFT 之间或 LST 和 LFT 之间的工作天数。

- FL——浮动天数。表示 EST 与 LST 或 EFT 与 LFT 之间相差的天数。这是在不影响其他任务或产品的前提下，任务或产品可以变动的天数。

在这个例子中，产品 1 可以发生变动，因为它的浮动天数是 4，但是其他产品都无法发生变动。由于产品 2、3、4 的浮动天数为 0，所以它们必须在固定的时间内完成。如果未能按时完成，将影响整个计划的完成时间。

一个项目可能有不止一个关键路径，在项目进行过程中它们还可能发生变化。因此，关键路径是项目的风险之一。

产品 1 的可浮动性对项目经理可能有帮助。产品 1 推迟生产会有什么影响？

图 7—12 表明，推迟生产产品 1 对项目的完成时间没有影响。如果只考虑时间和质量两个方面，那么改变产品 1 的生产时间是可以的。但是，由于项目经理还需要考虑预算，所以此时需要考虑这一改变对资源计划的影响。这一改变破坏了原有的资源计划，此时 PR 要同时生产产品 1 和产品 3。

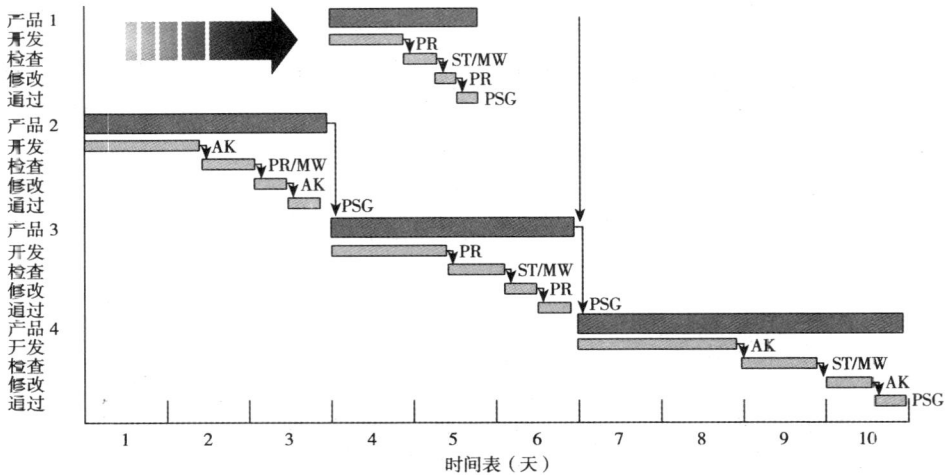

图 7—12　推迟生产产品 1 的影响

第 1 天和第 2 天的工作被转移到了第 4 天和第 5 天，PR 将在第 4 天超额工作。由此可能出现的结果是项目将延期完成，或者 PR 努力在规定时间内完成任务但产品 1 的质量将下降。

7.5　资源平衡

在项目计划中，时间、资源和质量是密切相关的，其中一个因素发生变化会影响另外两个因素。问题随时会出现，而且在对资源库经理提供的资源和项目经理需要的资源进行比较时，问题会更加明显。这类问题可以通过平衡资源来解决。

在表 7—4 所示的资源计划中出现了一个资源高峰，用圆圈画出。此时，项目要求参与人员付出的努力超过了他们的能力。另外，表中也有资源低谷，此时人们的生产能力没有得到充分利用。资源平衡的目标是抹平资源计划中的高峰和低谷，从而最有效率地利用资源。如果资源全职从事某个项目，那么资源更容易平衡，因为资源低谷说明人们的生产率有提高的空间，但这并不意味着他们此时可以从事其他的项目。同时，这还省去了项目经理与资源库经理进行讨价还价的环节。但是，如果资源只是兼职进行一个项目，那么要平衡资源计划就比较困难。

表 7—4　　　　　　　　推迟生产产品 1 对资源计划的影响

	第1天	第2天	第3天	第4天	第5天	第6天	第7天	第8天	第9天	第10天	合计
PR				(1.60)	0.35	0.25					2.20
ST		0.50			0.50				0.25		1.25
MW		0.60			0.50				0.25		1.35
AK	0.50	0.50	0.25				0.80			0.25	2.30
PSG		0.10	0.10			0.10				0.10	0.40
总计	0.50	1.70	0.35	1.60	1.35	0.35	0.80		0.50	0.35	7.50

改变任务的时间是将努力从计划的一部分转移到另一部分的一种方式，对项目有利，例如将高峰时期的任务转移到低谷时期。但是还有比这样做更好的方法，就是进行资源平衡。资源平衡可以在计划过程的后期使用，也可以在计划得到批准并开始实施时使用。平衡和控制计划的其他方法将在随后章节中讲述。

7.6　项目评估和审核方法

项目评估和审核方法（PERT 图）是表示项目持续时间的另一种方法。这种方法是美国国防部在 20 世纪 50 年代提出的，可以帮助项目人员识别关键路径，确定最早和最晚的起止时间、持续时间和浮动天数。上述例子中的产品流向图如图 7—13 所示。

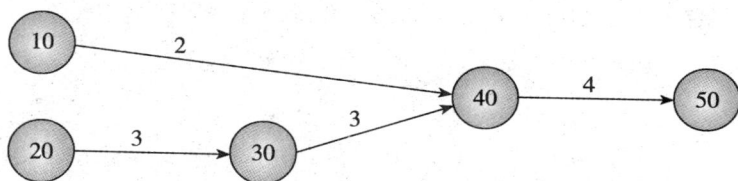

图 7—13　PERT 图

圆圈代表项目的阶段性成果，10、20、30、40 相当于产品 1、产品 2、产品 3 和产品 4。用两位数来表示的目的是，如果需要可以加入另外的阶段性成果。在这个例子中，50 代表项目结束。圆圈间的数字表示活动的持续时间。

PERT 图、产品流向图和 Gantt 表三者之间有重要的不同点，也各有局限性。例如，PERT 图中有五个阶段性成果，但产品流向图中只有四个。这是因为，根据项目评估和审核方法，每一个阶段性成果需要的时间表示在其后的线上。这样，阶段性成果 40 和项目的最终产品 50 之间的时间是 4 天。但从以产品为基础的角度看，阶段性成果 50 将受到质疑。其成功的标准是什么？它与阶段性成果 40 之间有何不同？如果两者是不一样的，还需要额外的时间来完成吗？

PERT 不是本章所讲述的方法的补充，而是另一种方法。这种方法将"产品"视为阶段性成果，对产品质量的重视程度要低得多。而且，PERT 主要是表达时间表，很少用于制定预算。

7.7 准备好了吗？

本章和第 6 章按照以下顺序讲述计划过程：
- 产品（P）
- 资源（R）
- 努力（E）
- 时间表（T）

制订项目计划这个过程应该以理解项目的结果（产品）为前提，然后才能确定项目所需要的资源以及努力和成本，在此基础上才能制定时间表。这是制订计划的合理方法，但是人们往往从 Gantt 表开始制订计划，忽略了产品、质量和资源。

完成上述步骤之后，计划应该说明产品的质量、预算和持续时间如何实现。这三者是一致的，因为如何使用一定的投资按照既定的时间表生产特定的产品是经过仔细计算过的。虽然计划有时无法实现某一个或某些方面的期望，但是对计划的某一方面做出修改通常会影响其他方面，所以计划过程还需要应对这些变化进行修改。这样，计划不断地进行修改，使尽可能多的利益相关者满意。当然理想状态是所有人满意。

上述四个词的英文首字母组合起来是 PRET，该词在法语中的意思是"准备就绪"。只有按照这些步骤制订计划后才算准备就绪，才可以提交审批。

第 8 章

启动项目

随着项目的不断展开，许多具体的项目角色会不断地涌现，但是项目组合管理团队除外，因为在组织承担起大量的项目之前项目组合管理团队通常就已经存在了。在项目监控组或项目经理应该正式到位时，组织希望制定管理规则，但是这也取决于相关人员是否能够到位以及项目在政治、战略、法律和商业上的优先权。

因此，启动项目时难免会出现差错，此时规则将仅仅在调控混乱的共性方面取得成功。我们建议，负责管理该过程的人比其他人更应该牢记，此时组织可能对计划的管理程度不满意，因此更需要加强项目管理方法的原则。

8.1 项目周期

大多数人都认为项目应该有明确的起止时间，而且在此期间发生的事情的结构也非常重要。图 8—1 说明本书描述主要成果和认同点的项目周期。

在详细地分析项目周期之前，有一个很重要的问题需要说明。图 8—1 显示了从项目大纲中描述的观点到收益实现报告说明的实现预期收益的整个过程。然而，只有启动、交付和结束阶段属于项目的发展进程。而且也恰恰是在启动阶段，项目组合管理团队（或当他们不在时，公司的高级管理团队）将项目的所有权交付给项目监控组。他们负责监督并保障项目的成功以及项目成果能够带来收益。在收益确认和实现期间，项目应牢牢地由公司掌控。事实上，项目启动意味着项目组合管理团队将项目移交给项目监控组，因此当管理的环境合并时，转型时期自然也就结束了。

一旦项目大纲获得批准，项目就被提上了日程，预算也被预留出来以备启动项目。理想的情况是，项目启动阶段的活动有严格的顺序，而且很多组织都有自己管理预算和资源以及做出决策的方法，因此考虑项目启动阶段的预期结果会更有好处。

项目启动期间最常见的问题是，在开展业务和制定项目管理报告方面有太多的不确定性。项目启动阶段的任务就是要解决这些不确定性。以上这两句话看似有些矛盾，其实不然。在制订计划的过程中应该尽可能地解决这些不确定的事件，因为只有这样，项目监控组才能够明确项目的风险。尽管这是一个艰难的阶段，但它也是建立有效的项目管理环境的最佳时机。

这一阶段的成功可以由以下标准来衡量：

前项目阶段	项目			后项目阶段
立项	启动	交付	结束	收益实现

项目概述

业务实例 原因?

维持不变的业务实例

收益实现报告

项目管理报告 谁? 什么? 何时? 怎样?

维持不变的计划

项目结束报告

风险与问题管理文件

变更管理文件

项目预测报告

经验总结报告

用户要求文件

有效的项目成果

解决方案设计文件

项目开始

项目组合管理团队负责提供启动阶段预算

商业决策

项目组合管理团队为整个项目提供资金，项目监控组取得全部所有权，倡议人接受业务实例

倡议人从商业角度考虑项目结束

客户决策

客户批准要求文件

客户从用户角度考虑项目结束

项目监控组授权项目结束

开发商决策

开发商批准设计文件

开发商从操作角度考虑项目结束

项目结束

项目组合管理团队评估收益是否能够成功实现

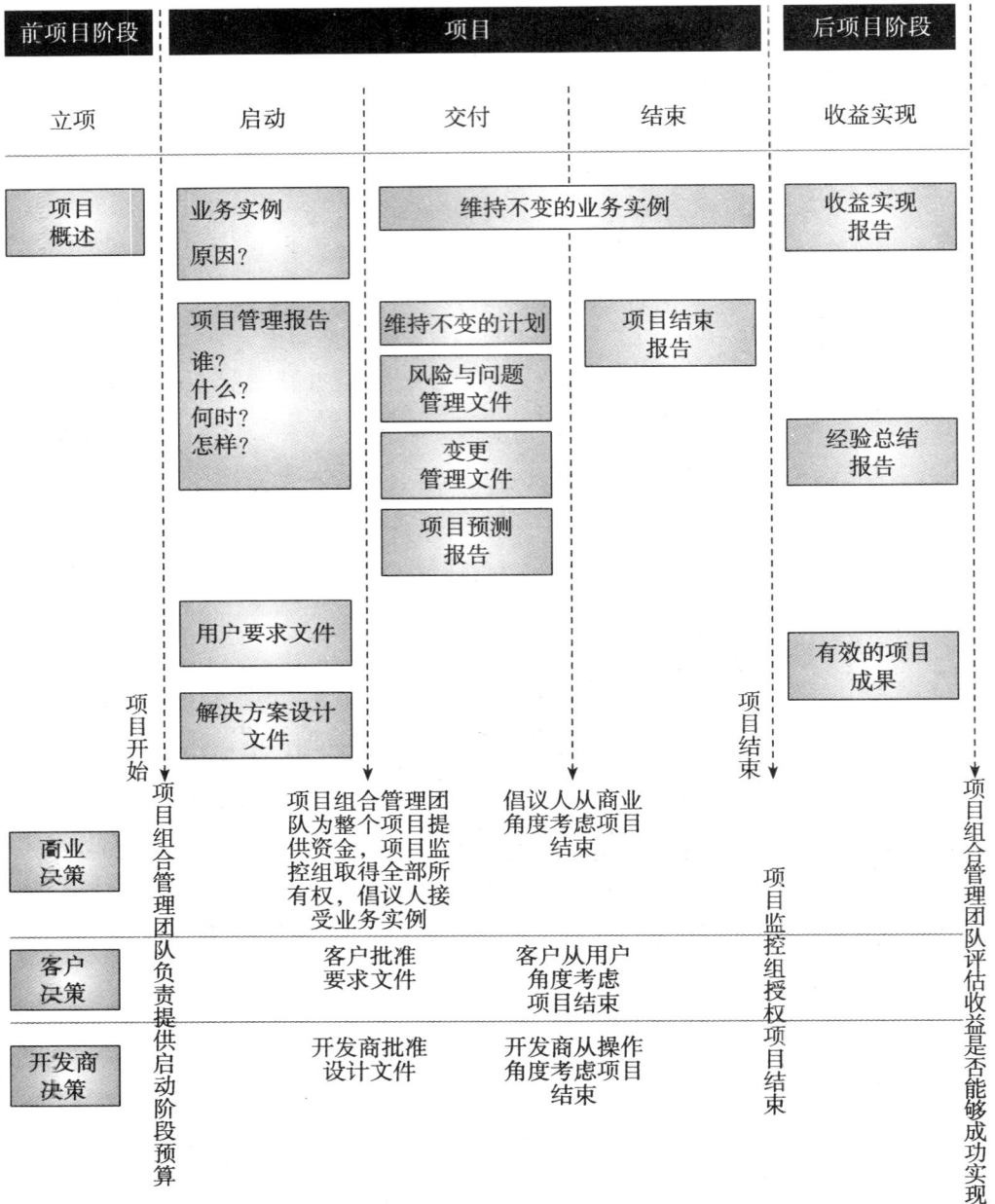

图 8—1 项目周期

- 是否有一个具有良好平衡性的项目监控组?
- 项目经理是否是公开招募的并已获得大家的认同?
- 权衡成本和收益之后的业务实例能否提供可接受的利润空间?
- 客户的要求是否得到了明确完整的表达?

- 解决方案设计文件是否能够满足客户的要求？
- 包括项目计划在内的项目管理报告是否表明了怎样实现目标？
- 这一阶段的所有产品是否得到了批准？

8.2　业务实例

　　业务实例是项目的基础，因为它以可计量的收益来确认成功。为了对收益进行预测需要考虑很多方面，而且预测结果要以业务实例为基础。倡议人将对业务的开展起到巨大的推动作用，因为倡议人负责实现项目的结果并为项目筹集资金。业务完成之后，项目组合管理团队将会对其进行评估。一旦评估通过，他们将按要求提供预算资金。

　　事实上，通常由项目经理（如果已经任命了项目经理的话）来帮助发展业务实例，这不仅仅是一个很好的熟悉项目的方式，而且可以帮助项目经理完成计划、监督和控制文件的工作。当然，这个文件不能由项目经理来控制或签署。一旦出现这种情况，就表明组织对项目缺乏兴趣，没有履行应有的职责。

　　业务实例的成功可以由以下的标准来衡量：

- 是否说明了不同时期项目的成本与预期收益之间的差额？
- 是否对所有已确定的风险制订了降低风险的计划？
- 存在备选解决方案的情况下，是否选择了最佳方案？
- 在确定优先权时，是否便于与其他业务实例相比较？
- 在考虑项目成本的同时是否也考虑了项目结束后仍会发生的成本？
- 业务实例能否获得批准？

　　表 8—1 列出了一项业务实例所包含的内容。

表 8—1　　　　　　　　　　　　　　　　　**业务实例**

机会或问题	对项目开展过程中遇到的机会和难题的描述
战略协调性	说明项目将对组织的战略决策做出哪些贡献
相关性	该项目与其他项目之间影响与被影响关系的分析
成功标准	描述项目是否成功的一套标准
可供选项	在分析的基础上，概述已选解决方案的替代方案，其中包括"无为"方案
选项	对选项的全面分析，包括以下几个方面：
——风险	该项目的风险是什么
——收益	该项目的优势是什么
——成本	该项目的总成本是多少
——成本收益分析	收益何时能超过成本，超过的比例有多大
——产出和时间表	项目的主要结果是什么，何时交付
——计划假设	在开展业务实例的过程中进行了哪些假设
——收益实现计划	如何衡量和交付收益
——目标管理	为了鼓励成功，在条件允许的情况下将给予哪些奖励

业务实例该如何发展主要取决于个人，但是应该事先描绘好它的发展形式。

8.2.1 机会或问题

机会包括也许能够获得商业利益的机会，例如开拓新的市场、开发和销售新产品或服务的机会。然而，业务实例经常提出一些问题，这些问题必须得到解决，否则组织将会面临风险。因此这一部分提供了对风险和收益环节的初步认识。101 页"选项"中的"风险和收益"对此描述得更详细。

8.2.2 战略协调性

这一部分说明项目将如何对组织的战略计划做出贡献，是描绘项目是否会对平衡计分卡的象限产生直接、间接或部分影响的一种方法，也是鉴定项目是否能为业务实例添加非商业化因素的方式。

8.2.3 相关性

项目也许是更广泛工作的一部分，因此说明项目和其他业务的原则相关性将会大有裨益。这不仅对即将处理这些相关性的人们有帮助，而且项目相关性的有关内容对项目的调整也将起到很大帮助。例如即使当前项目的收益十分微薄，但如果相关项目能够产生利润，也可以证明应该实施当前项目。

8.2.4 成功标准

这一部分将详细并清楚地列出衡量成功的标准，为管理层制定结束项目的决策提供帮助。成功标准的例子如下：

- 新电脑系统处理交易的数量是旧系统的两倍吗？
- 新办公室使 350 名员工平均有 36 平方英尺的办公面积吗？
- 6 月底前新员工的招聘工作能完成吗？
- 购买的新设备是否在预算范围内？
- 新的办公操作程序是否优先在东京分部使用？

最后一个例子说明，在可能的情况下，成功标准应该被优先考虑。决策的制定很可能要依赖它们。项目运行的过程中或许会产生以下这些情况：资金短缺、超过规定的期限或成果质量不令人满意。在这些情况发生之前，人们应该问这样一个问题："项目监控组准备如何在时间、成本和质量三者间折中？"这就是为什么项目监控组在业务实例中应该描述成功标准的优先性的原因。

为了达成一致意见，项目经理应该询问项目组每一位成员是否每个标准都符合以下特征：

- 重要；
- 合意；
- 正当；
- 低优先级。

这些要求可以被放到一起，然后由项目监控组来决定标准。所制定的标准将指导项目经理完成项目管理报告。

8.2.5　可供选择项

许多问题或机会都有一系列的解决或处理方法，其中也许不止一个是强制性的。业务实例必须明确标示出可能满足需要的解决方案，只有这样才能从中挑选出一个最佳方案。以下是可以考虑的选择的例子：

- 为公司调整办公楼的业务实例也许会考虑继续使用原有办公楼、搬到新的办公楼或者使用特殊办公楼的优势和风险。
- 通过引入新的电脑系统会克服操作方面的不足。随着现有系统缺点的不断出现，该项业务的负责人可以考虑外包软件或者内部制造系统是否能够弥补现有软件的缺点。

在这两个例子中，无为选项必须要起到主要作用。无为选项对业务实例非常重要。它不仅可以作为备选选项，而且为项目的展开提供有说服力的证据支持。在下面这些例子中，无为选项最终都达到了调整项目的目的：

- **自动化项目**。两个电脑系统之间无任何关联，却可以进行数据交流，因为每隔一个月都会有一个人将报告中的数据从一个系统拷贝到另一个系统之中。公司试图调整投资使这一过程自动化。考虑到这一举动对所有员工带来的成本之后，公司决定放弃连接这两个电脑系统的计划。因为这一调整需要花费很长时间，而且到项目完成时也许这两台电脑已经被更换。在这个例子中，无为选项起到了很好的作用。
- **规章和法律的变动**。银行这类公司需要遵守相关规定来规避货币信贷风险。银行会获知相关的法规变动，而且会了解如果不遵守这些规定将会受到何种相应的惩罚。银行没有其他选择，只能将这些规范纳入到体系和操作程序之中。对银行来说，唯一的选择就是何时对规定的变动做出相应的调整。
- **"千年虫"问题引起的数据变动**。20 世纪 90 年代末期，许多电脑系统记录日期的方式都需要得到改正，因为这些系统都仅仅使用年份的后两位数字来记录日期。所以，一件很令人烦恼的事就是这些电脑将无法对 1900 年和 2000 年进行区分。对这些系统所做的变更不是由利润所驱使的，而是为了弥补不更改日期系统所带来的损失。这也就是为什么全世界范围内花成千上亿的钱来避免飞机坠毁、工业污水泛滥和医疗器械失灵的原因。

8.2.6　选项

选项是项目本身提供的最有说服力的选择。"有说服力的"一词带有强烈的主观色彩。虽然业务实例的核心是成本和收益的权衡，但在项目开展的最初阶段许多争论都是带有主观色彩的。使项目既避免受到实际数值的驱使又避免被夸夸其谈的观点征服是非常重要的，所以用来表述选项的文字和数据必须能够强迫组织进行数据计算、估计面临可能的风险并预测投资的可能收益。因此，必须要重点分析成本、风险和收益这三个部分。

1）选项：风险

风险是将来有可能发生的带来不好结果的事情。业务实例应该在项目开始时就明确项目的风险和收益。虽然项目大纲包括了高标准的风险评估，而且倡议人也十分重视这一点，但是这是第一次合理地分析和评估风险。表 8—2 是风险记录表的早期例子。

表 8—2   一个风险记录表的例子

风险	可能性	影响程度	补救措施
预先写好的软件解决方案没有包含营销小组需要的关键销售信息，导致其无法有效地工作	大	中	1. 在使用新系统的同时，继续使用原来的销售和营销系统 2. 要求软件供应商修改软件
如果实时数据丢失，公司将遭受法律诉讼，对公司的声誉等造成不良影响	小	大	1. 确立该项目的优先地位，保证其获得关键性资源 2. 为防止延误，提前进行该项目

风险记录表识别出可能对项目引起不良反应的事情并且说明了补救措施。

根据定义，业务实例并不是一个计划，因此降低风险的成本（时间上的和金钱上的）不会被完全评估出来。当项目经理开始制订项目计划时会对这些风险（包括任何已确定的风险）做全面的评估并且会更加准确地评定它们对项目的时间、成本和质量的预期影响。当然，如果降低风险的成本有可能增加预计时间或明显地影响项目的成本与净收益之比，基础的评估还是必要的。

风险评估也表明了项目对其他任务的影响。表 8—2 中的第二个例子表明，在这一阶段所做的选择也许会影响其他项目的资源供应和持续时间。

2）选项：收益

这一部分将按顺序清楚地描述每笔收益，包括收益的衡量方式和在商业上的计量方法。

在进行成本收益分析之前，要清楚每年的收益情况（见表 8—3）。

表 8—3   年度收益   单位：美元

	第 0 年	第 1 年	第 2 年	第 3 年	第 4 年
增加的收入		5 000	60 000	60 000	70 000
提升的客户满意度		5 000	10 000	10 000	10 000
淘汰的竞争者			20 000	20 000	20 000
新市场带来的客户			30 000	30 000	40 000
节约的成本		8 000	10 000	11 000	11 000
节约的工资		5 000	5 000	5 000	5 000
节约的信息工具等成本		3 000	5 000	6 000	6 000
总额		13 000	70 000	71 000	81 000
累计总额		13 000	83 000	154 000	235 000

3）选项：成本

与项目有关的成本都应该被确认，只有这样才能够计量成本。成本应该不仅是项目结束之前所发生的费用，而且也应该包括对项目成果的操作、维护和支持所发生的费用。这样做的理由是因为只有在项目结束之后才有可能获得收益，为了获得收益必然会产生运营成本。因此，成本和收益必须在同一个时间段进行实际的配比。

预算可能用于：

- 公司的员工工资；
- 外部合同工工资；
- 咨询费用；
- 硬件设施；
- 软件设备；
- 许可；
- 资产；
- 费用（住宿、旅游等）；
- 维护合同；
- 环境和操作。

为了进行成本/收益分析，成本的表达方式应该与收益相同（见表8—4）。

表8—4　　　　　　　　　　　年度成本　　　　　　　　　　　单位：美元

	第0年	第1年	第2年	第3年	第4年
资源	1 300	12 250	16 820	12 600	19 850
易耗品				1 000	
硬件设施			28 000		
软件设备			17 000		
环境				11 000	
食宿	500	1 200	1 200	1 200	1 200
费用	700	2 400	1 600	1 600	3 200
总额	2 500	15 850	64 620	27 400	24 250
累计总额	2 500	18 350	82 970	110 370	134 620

4）选项：成本/收益分析

成本/收益分析从成本和收益的角度对项目进行分析。据此，我们可以预测项目是否会获得成功以及成功的时间（见表8—5）。

表8—5　　　　　　　　　　　成本和收益　　　　　　　　　　单位：美元

	第0年	第1年	第2年	第3年	第4年
收益	0	13 000	70 000	71 000	81 000
成本	2 500	15 850	64 620	27 400	24 250
总额	− 2 500	− 2 850	5 380	43 600	56 750
累计额	− 2 500	− 5 350	30	43 630	100 380

第二年将获得投资回报，但是需要利用贴现现金流量表来进行进一步说明（见

103

表8—6）。

表8—6   **贴现现金流量**   单位：美元

	第0年	第1年	第2年	第3年	第4年
收益	0.00	13 000.00	70 000.00	71 000.00	81 000.00
成本	2 500.00	15 850.00	64 620.00	27 400.00	24 250.00
净值	− 2 200.00	− 2 850.00	5 380.00	43 600.00	56 750.00
累计额	− 2 500.00	− 5 350.00	30.00	43 630.00	100 380.00
贴现率	1.00	0.94	0.89	0.84	0.79
贴现净值	− 2 500.00	− 2 688.68	4 788.18	36 607.40	44 951.32
净现值	− 2 500.00	− 5 188.68	− 400.50	36 206.90	81 158.22

注：所有数字均四舍五入。

如果项目是方案的一部分，则有必要制定一个财务相关性网络表明方案不同部分之间的关系并确认这一项目的特殊性，见第5章中的例子（如图8—2所示）。

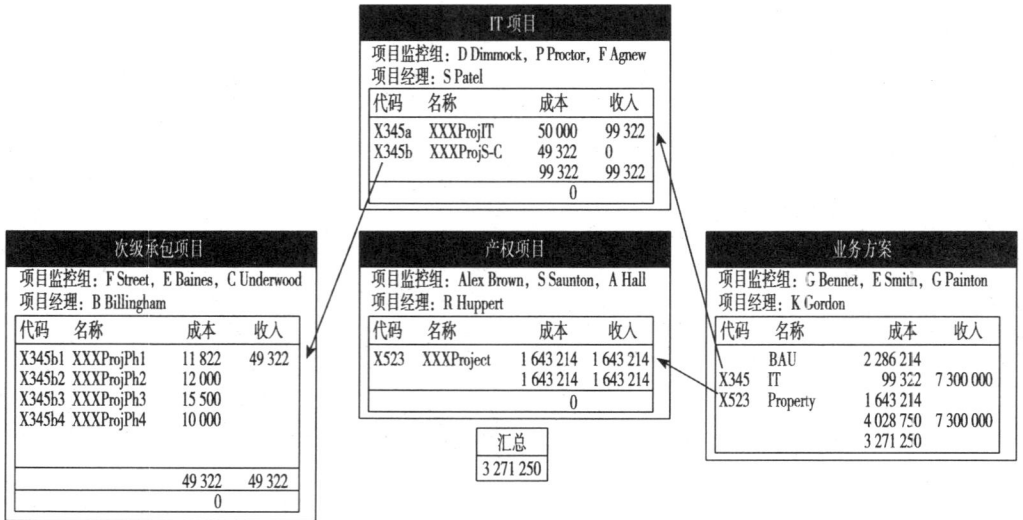

图8—2 财务相关性网络

5）选项：产出和时间表

业务实例还需要描述项目的结果。到目前为止，组织对机会或问题的回应仅仅是商业上的。这一部分将说明启动阶段项目的结果及完成时间，将从一个非商业化的角度确定阶段性成果应该完成的目标日期。

这不仅是计划，而且需要一份单独的资料来描述如何按时完成任务。在制订项目计划以前，结果和时间表仅仅是一种假定。它们虽然未经验证，但却对项目大纲的内容有所改进并从另一个角度描述了项目管理环境。表8—7形象地说明了这一环节需要做的内容。

表 8—7　　　　　　　　　　　　　结果和时间表

产品	目标完成日期	状态
项目大纲	年　月　日	完成
业务实例	年　月　日	正在进行中
项目管理报告	年　月　日	
用户要求文件	年　月　日	
解决方案设计文件	年　月　日	
解决方案	年　月　日	
经过测试的解决方案	年　月　日	
项目结项报告	年　月　日	
经验教训	年　月　日	
收益实现报告	年　月　日	

6）选项：计划假设

本章的例子中有很多数字和日期，但是到目前为止既没有对它们的来源加以解释，也没有对其产生和计算进行审查跟踪。虽然从本质上来讲进行假设是有风险的，但是计划是有根据的推断。考虑到有些人希望知道业务实例中数字和日期的来源，在此引进一个计划假设列表来全面地描述业务实例中的数字计算。

示例中的计划假设主要包括以下几个方面：

收益

- 通过节约的月租赁率来估计"多余工具"。
- "淘汰竞争者"的估值建立在这个假设的基础上：当公司最强大的竞争对手被击败时，公司每月将获得 30 位新顾客。

成本

- 参加项目的员工每天将有标准的 8 小时工作量。
- 以净成本率计算所有的内部资源使用成本。
- 以净成本率与收益的 30% 之和计算所有的外部资源成本。
- 每位员工都有 20 天的带薪假期。
- 在圣诞节和新年这 14 天期间不举办任何活动。

7）选项：收益实现计划

这一部分将描述预期收益的衡量、追踪和实现。详细的内容将在第 12 章加以讨论。

8）选项：目标管理

业务实例的最后一个部分认识到，大多数人都需要一些形式的激励来完成既定目标。业务实例本身由包括日期、预算和收益在内的一系列的目标组成。对于项目组成员而言，如果他们的薪酬与项目的成功息息相关，他们将会受到很大的激励。

将项目监控组尤其是项目倡议人的报酬与计划日期内完成项目挂钩是非常普遍的事情。然而，最终的利润仅仅有一部分是由项目经理控制的，因此当项目获得回报时才对项目经理加以奖励是不合理的。相比之下，项目经理应该就他们执行变革的能力而得到奖励。组织应该为他们提供激励来维护有效的变革控制程序、度量变革程度和进行"例外管理"。只有这样，正确的人们才能够在正确的时间里制定出正确的决策。

8.3 业务实例：一个总结

业务实例是项目中最重要的文件，因此对它的介绍要遵循完整、清晰和决定性的原则。虽然组织在业务实例上已花费精力，但它也许并不清楚在业务实例中确定目标的完成情况。在项目进入交付阶段之前可能有需要解答重要的疑问，这就是需要制定项目管理报告的原因（它包括所有重要的项目计划）。而且，在启动阶段结束之前项目管理报告必须是完整的。

8.4 项目管理报告

一旦启动阶段开始，有关项目将来的问题便产生了。商业案例试图解决这些问题：为什么这个项目的存在是必要的？还有另外四个问题需要回答：

- 谁将管理项目？
- 项目的结果是什么？
- 项目的结果将何时完成？
- 项目的成本是多少？

项目管理报告囊括了这些问题的答案。一旦这些有挑战的问题被提出，项目管理报告将包括关于项目的更多细节。这个阶段结束后，这些问题必须得到让项目高层管理团队满意的答案。只有这样，项目组合管理团队才能将项目转交给项目监控组。

一些组织试图规定项目管理报告的出发点。尽管在项目启动的最初阶段项目管理报告将存在许多缺口，但这并不是一件坏事。缺口指明了未知的事物，这样项目组和管理团队就会清楚地了解到在项目顺利地进展到交付阶段以前还有哪些问题需要解决。

表8—8列出了项目管理报告中应该包括的内容。

项目管理报告是否成功可以通过以下这些标准加以判断：

- 它是否明确地描述了项目管理小组成员的角色和职责？
- 它是否说明了将如何完成业务实例中确定的时间、成本及质量目标？

表 8—8　　　　　　　　　　　　　　**项目管理报告**

组织	
组织图	统属关系如何
角色和职责	在职者都有哪些人，他们的职责是什么
交流计划	项目的股东将如何参与交流活动
项目计划	
质量控制计划	项目的必要产出是什么
——结果	
——职责	
——标准	
计划假设	计划中有哪些注意事项和说明
时间表	项目将何时完成阶段性成果
资源计划	将使用哪些资源，何时投入
风险	项目有可能面临哪些风险，制定了哪些降低风险的措施
项目控制	如何保证项目按部就班地运行
——控制周期	已经策划了哪些干预方案
——升级管理	如何对现存和预期问题进行升级管理
——变革控制	怎样进行变革
——配置控制	如何维持对项目成果的控制
——质量控制	怎样测试成果
——风险和问题管理	如何对风险和问题进行管理

- 计划中的时间、成本以及质量目标是否相互一致？
- 是否说明了怎样保证项目正常进展？
- 是否制定了获得大家认可的决策？

因此，项目管理报告应该包括以下组成部分。

8.4.1　组织

1）组织图

组织图确定了项目中的角色以及各层次之间的从属关系。一旦确定每个人的角色，要把他们的名字正确地放进相应的盒子里。组织图非常简单，人们很容易了解相互之间的参与关系，因此描绘参与关系的示例是通知参与人与其他人角色的有效方法。将图 8—3 中的姓名更换成参与者的名字是非常必要的。

2）角色和职责

由于人们有可能对角色的名称产生误解，因此必须对组织图中每个角色的职责加以全面地描述。只有这样，所有的在职者才能够清楚地了解到他们自己和其他人的角色和职务。

3）沟通计划

沟通计划将说明以下内容：

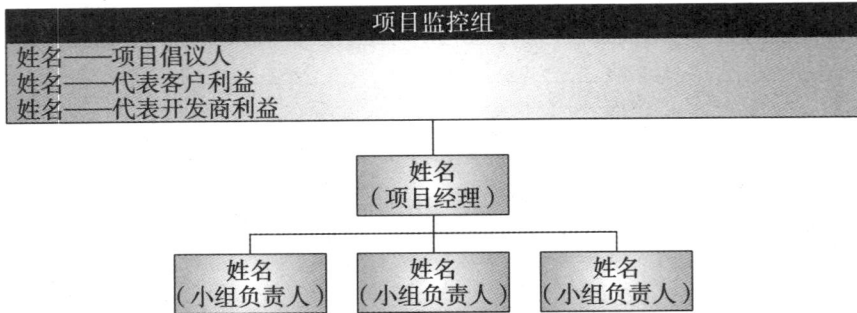

图8—3 组织大纲图

- 在项目进行中和项目之外的时间里应该沟通哪些内容？
- 谁是沟通信息的接收者？
- 沟通形式应该是怎样的？谁应该来制定它？
- 何时需要进行沟通？

计划注重必要的沟通，以保证项目的利益相关者充分地参与项目。原则上讲，这意味着同项目管理者和生产小组保持良好的沟通。然而，早期的分析可能已经甄别出直接项目环境之外的重要利益相关者，因此沟通计划也应该满足他们的沟通需要。

沟通计划可以被划分为以下两个部分：

- 说明所需信息和受众的表格。
- 沟通类型清单（内含日期或沟通频率信息），受众从中可以获得所需信息。

该表格与图8—4所描绘的表格可能十分相似。表8—9中的字母是沟通方式和沟通时间的解释。

受众 \ 所需信息	项目持续的可行性	管理环境的适应性	初始的时间、成本、质量及预期	当前的时间、成本及质量目标	通知报告	项目评审	计划实施
项目组合管理团队	A	B		E	H		
项目监控组	A	B	C	F	H		
项目经理		B	D	G	H		
生产小组			D	G		I	K
客户						J	L
开发商						J	L

PMT= 项目组合管理团队
PSG= 项目监控组
PM= 项目经理

图8—4 沟通计划表

表 8—9　　　　　　　　　　沟通计划表的解释

A. 在项目的各个阶段倡议人都将不断更新并公开业务实例
B. 启动阶段项目经理将起草并提交项目管理报告，报告中将描述项目管理环境
C. 项目管理报告中的项目计划将包含项目监控组对时间、成本和质量的预期
D. 项目经理将利用项目管理环境中的项目计划来向生产小组说明如何实现对时间、成本和质量的预期
E. 每两个月项目经理将使用项目预测报告与相关人员沟通项目进度并且修订预期
F. 每个月项目经理将使用项目预测报告与相关人员沟通项目进度并且修订预期
G. 每星期项目经理将使用项目预测报告与相关人员沟通项目进度并且修订预期
H. 一旦预计项目的时间和预算将超出浮动范围，项目经理应该立即撰写情况报告
I. 在启动阶段的末期，项目经理将以幻灯片的形式向生产小组演示项目评审情况
J. 在启动阶段末期，项目监控组以幻灯片的形式向客户和开发商利益相关者演示项目评审情况
K. 在产品交付阶段的初期，项目经理将制订详细的实施计划以保证生产小组执行现有的策略
L. 在项目实施期间，项目经理将以幻灯片的形式向客户和开发商利益相关者演示实施计划，以保证他们了解日常业务的含义

8.5　项目管理报告——项目计划

　　这份文件说明如何实现业务实例中设定的目标。项目管理报告所包含的项目计划是在启动阶段将要结束时完成的，项目监控组通过项目计划确认计划中的时间预测、预算、质量标准以及表达从项目组合管理团队那里接管项目的自信。该计划将被用来当作测量进展情况的标准。项目计划不应该被改变，因为这样将低估项目经理应对变革的能力。要用项目计划来记录进程和变革并且表明他们在达成时间、成本和质量的预期上所做出的努力。

　　项目计划必须清楚地解释如何实现对时间、成本和质量的期望，也可能会暗示在项目周期中无法实现这些期望。无论是哪种结果，项目计划都对其提供了证据。计划为项目监控组和项目经理之间的争论提供依据，并防止项目被感情因素困扰。

　　项目计划以下列四个部分为基础：

- 质量管理和结果；
- 成本（资源和预算）；
- 时间表；
- 控制。

8.5.1　质量控制计划

这一部分说明如何在预算内按照可接受的标准按期开发最终产品并交付给客户。

1）质量控制计划：结果

这一部分将描述项目的结果，结果不仅包括楼房、计算机系统或操作准则等最终产品，还包括项目周期内所有其他的产出和中间产品。这是描述项目范围的一种方法，第6章中的产品分解结构图（如图8—5所示）对其进行了详细的说明。

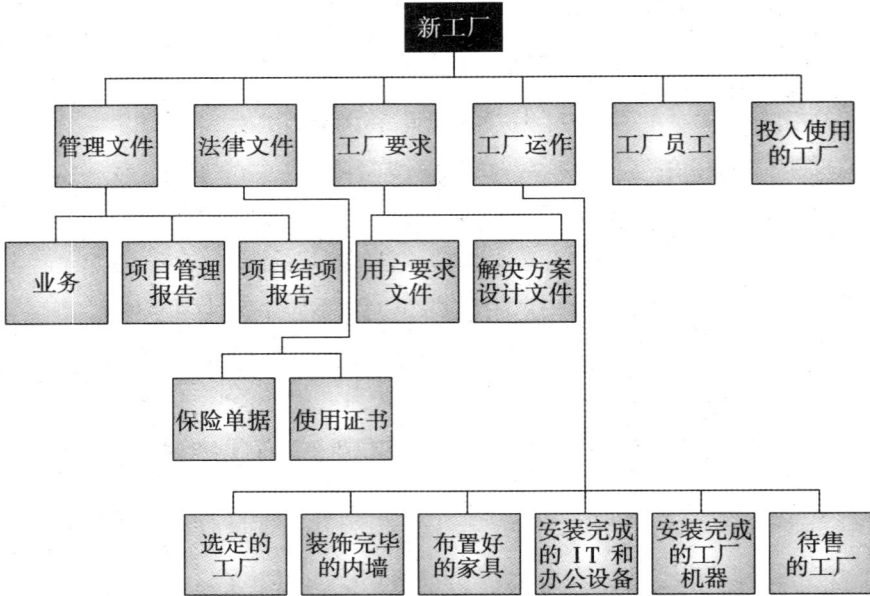

图8—5　筹备新工厂项目的产品分解结构图

项目计划必须对每项结果都进行描述。只有这样，项目投资者才能够清楚地看到他们的投资收益。产品说明书可以很好地描述结果。因为产品说明书的数量很多，把它们放在附录中，或者做成平面文件将是更好的选择（见表8—10）。

表8—10　　　　　　　　　　　　　　　　**产品结果**

名称	目的	组成部分	质量标准
项目大纲	描述项目构想并据此决定是否为启动阶段提供资金	倡议人 标题 目标 收益 范围 主要产品 时间表 下阶段需要的投资 计划假设 风险	文件是否为制定资金分配决策提供了足够的信息 是否用商业术语对收益进行量化 时间和成本是否一致 上文引用的估计结果是否以计划假设为基础 是否已包括下阶段所需资金的详细数据

名称	目的	组成部分	质量标准
业务实例	确定项目的商业价值，并据此决定是否为项目的继续开展提供资金	机会或问题 战略协调性 相关性 成功标准 可供选项 选项 ——风险 ——收益 ——成本 ——成本/收益分析 ——结果和时间表 ——计划假设 ——收益实现计划 ——目标管理	文件是否为制定开展项目/不开展项目的决策提供了足够的信息 是否清楚认识到成本与收益之间的差额 所有的计算是否是基于贴现的现金流量分析 成功的标准是否可以测量 是否解释了为何要对选项加以贴现 是否估计了每项风险发生的可能性和影响 上文引用的估计结果是否以计划假设为基础 是否有明确的证据支持为何选择某个选项
项目管理报告	描述项目的管理环境，保证按计划进行管理	组织 ——组织大纲图 ——角色和责任 ——沟通计划 项目计划 ——质量控制计划 ——结果 ——责任 ——标准 ——计划假设 ——时间表 ——资源计划 ——风险 项目控制 ——控制周期 ——浮动管理 ——变革控制 ——配置控制 ——质量控制 ——风险和问题管理	文件是否清楚地说明能否完成业务实例中设定的时间、成本和质量目标 如何完成这些目标 是否对所有风险制定了降低风险的措施 是否已经估计了降低风险措施对项目计划的影响 是否以产品说明书的形式对主要结果加以描述 在"组织"环节中确定的人员是否清楚各自的责任 计划中的时间、成本和质量目标是否一致 项目控制是否与项目的类型、规模和风险程度相符合

在这一部分表明产出的顺序对项目开展将是很有帮助的。虽然它不包括时间表，但是它却表明了项目的内外相关性。第 6 章的产品流向图很好地描述了产出顺序（如图 8—6 所示）。

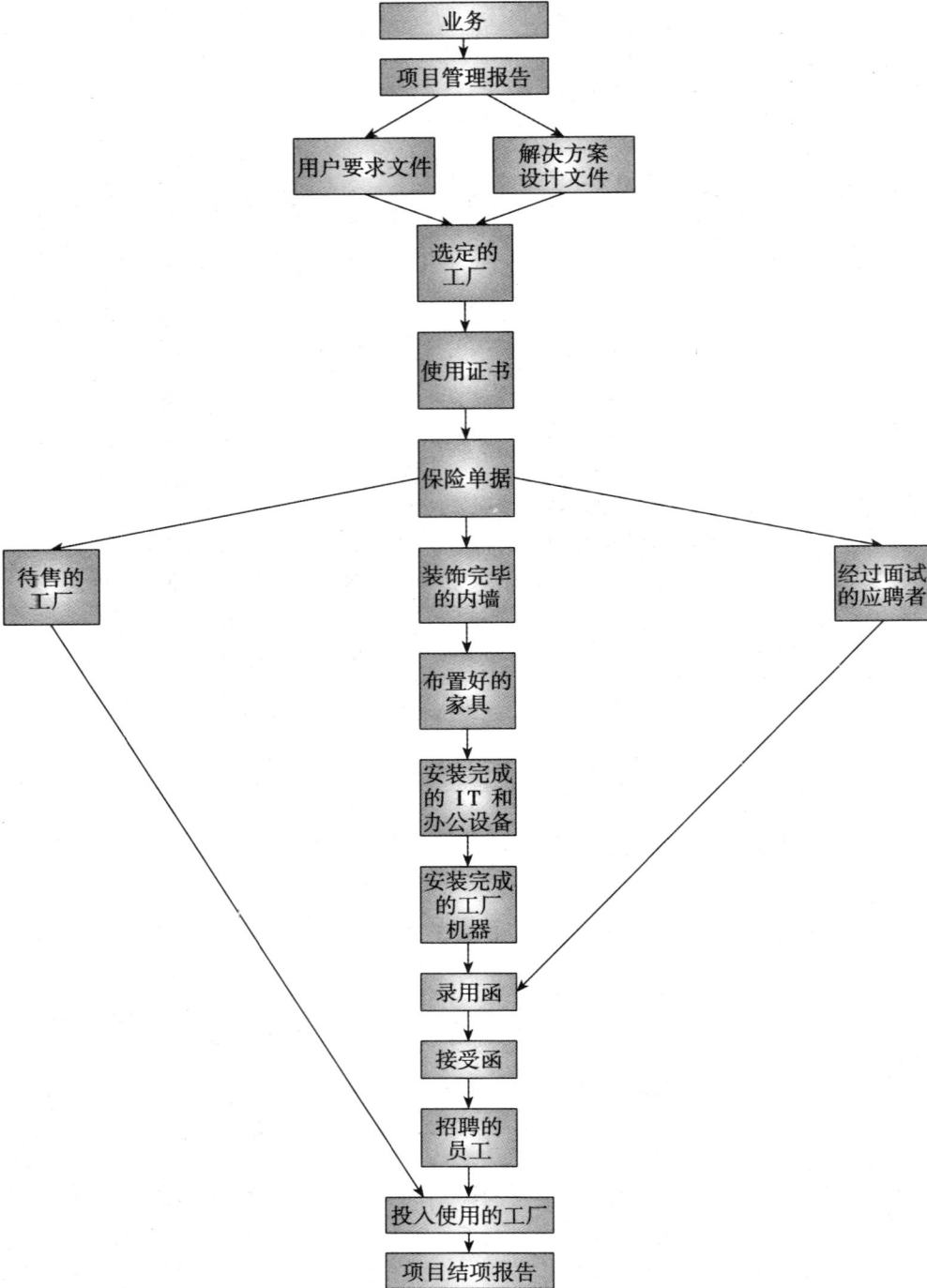

图 8—6 修改后的产品流向图

2）质量控制计划：职责

这一部分将说明谁将对项目质量管理的各方面负责。这并不是对"角色和职责"部分的重复，而是再次强调相关人员必须做的事情以确保质量：

- 符合规定要求；
- 符合计划；
- 达到测试要求；
- 被接受。

这一部分可能包括如下陈述：

- 项目监控组将批准一套成功标准，并从中推导出质量指标。
- 在整个项目持续期内，倡议人将批准时间、成本和收益预期。
- 客户代表将代表所有主要产品的最终客户批准用户需求文件。
- 项目开发小组代表将代表所有小组批准解决方案设计文件。
- 项目经理将确认产品说明书描述了所有主要的产出。
- 项目监控组在开发工作启动之前批准所有的产品说明书。
- 考虑到需要达到所有的质量标准，项目经理要根据计划来协调工作。
- 项目经理将保证根据产品说明书中确定的方法，按照质量标准测试所有主要产出的质量。
- 一旦产品质量满意，项目监控组将批准通过所有的核心产品。
- 客户和开发商的代表将决定产品应该经过多少道检测程序。
- 项目经理将遵守项目计划中要求的测试标准。
- 开发商代表将批准专家测试的结果。
- 客户代表将批准客户使用测试的结果。
- 项目监控组将批准项目完成，并将其运用到操作环境中。

3）品质控制计划：标准

任何项目都会有事先确定的标准，可能包括以下几个方面的文件或程序标准：

- 制定产出
- 设计产出
- 生产产出
- 测试产出
- 操作产出
- 管理项目

这一部分必须描述项目必须达到的标准。

8.5.2　计划假设

此处应该列出所有的计划假设，其中包括在第 7 章使用的估计表（见表 8—11）。

表 8—11   估计表样本

产品	任务	资源	成本	假设
产品 1	开发	PR	0.8	PR 过去经常从事这项工作
	检查	ST/MW	0.5/0.5	限制为半天，已预订电话会议室
	修改	PR	0.25	PR 过去经常从事这项工作
	通过	PSG	0.1	假设 PSG 将通过电子邮件批准项目通过
产品 2	开发	AK	0.5	每件产品的成本为 0.1，共四件产品，或然成本 0.1
	检查	PR/MW	0.1/0.1	根据 MW 的经验估计
	修改	AK	0.25	假设一半的产品需要返工
	通过	PSG	0.1	假设 PSG 将通过电子邮件批准项目通过
产品 3	开发	PR	0.8	PR 过去经常从事这项工作
	检查	ST/MW	0.5/0.5	限制为半天，已预订电话会议室
	修改	PR	0.25	假设 1/4 的产品需要返工，外加或然成本
	通过	PSG	0.1	假设 PSG 将通过电子邮件批准项目通过
产品 4	开发	AK	0.8	AK 根据经验估计
	培训费		$100	参加贸易展览会的费用
	检查	ST/MW	0.25/0.25	ST 根据经验估计
	修改	AK	0.25	假设 1/4 的产品需要返工，外加或然成本
	通过	PSG	0.1	假设 PSG 将通过电子邮件批准项目通过

注：成本如果不是以货币表示的，即为人·天

8.5.3 时间表

时间表不是项目计划，因为它没有说明如何实现成本或质量预期。这一部分应该包括第 7 章中的 Gantt 表（如图 8—7 所示）。

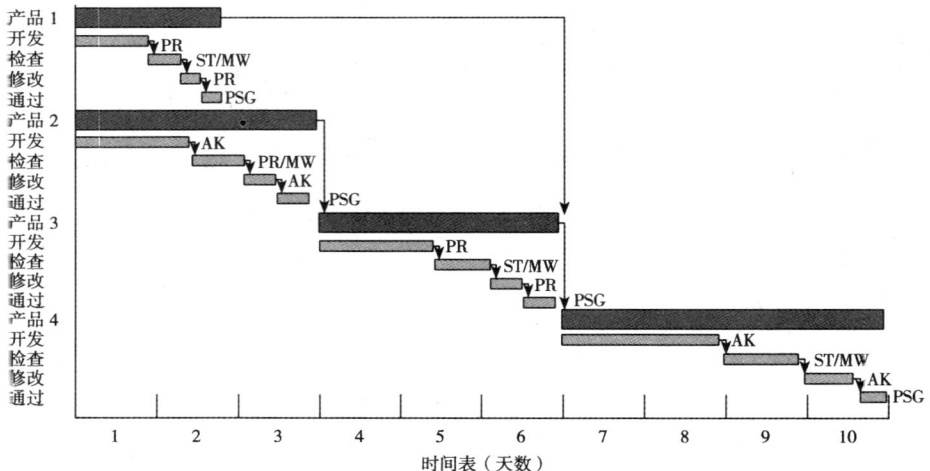

图 8—7 根据表 7—1 绘制的 Gantt 表

该图的另一种形式可以说明项目的时间安排。例如，产品流向图可以表达和 Gantt 表相同的信息（如图 8—8 所示）。

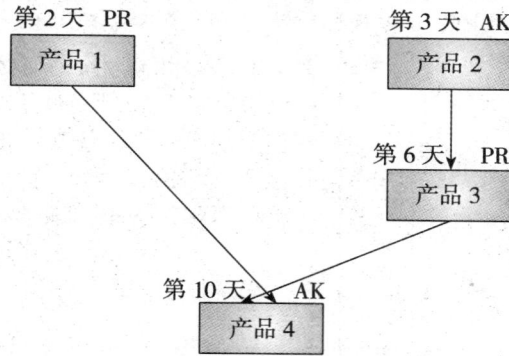

图 8—8　产品流向图

8.5.4　资源计划

这一部分表明项目何时发生成本以及如何发生成本（见表 8—12），我们曾在第 7 章讲述过这个例子。

表 8—12　　　　　　　　　　含财务信息的资源计划

人员	第1天	第2天	第3天	第4天	第5天	第6天	第7天	第8天	第9天	第10天	合计
PR	0.80	0.35		0.80		0.25					2.20
$300/天	$240	$105		$240		$75					$660
ST		0.50			0.50				0.25		1.25
$200/天		$100			$100				$50		$250
MW		0.60			0.50				0.25		1.35
$200/天		$120			$100				$50		$270
AK	0.50	0.50	0.25			0.80			0.25		2.30
$200/天	$100	$100	$50			$160			$50		$460
PSG		0.10	0.10			0.10			0.10		0.40
$400/天		$40	$40			$40			$40		$160
人力	1.30	2.05	0.35	0.80	1.00	0.35	0.80		0.50	0.35	7.50
总计	$340	$465	$90	$240	$200	$115	$160		$100	$90	$1 800
差旅费							$100				$100
总计	$340	$465	$90	$240	$200	$115	$260		$100	$90	$1 900

8.5.5　风险

这一部分将进一步讨论在项目大纲和业务实例中确定的风险，其中应该包含表

8—13 所示的风险记录表，我们在第 5 章讨论过该表。

表 8—13   风险记录表

风险	可能性	影响	系数	降低风险的措施	成本
预先写好的软件解决方案没有包含营销小组需要的关键销售信息，导致其无法有效地工作	10	3	30	1. 在使用新系统的同时，继续使用原来的销售和营销系统 行动：JP 建议营销小组准备同时使用两套系统 2. 要求软件供应商修改软件 行动：项目组从供应商处获得具体报价	每月需要两天协调两个系统＝800 美元 15 天的额外费用＝6 000 美元
如果实时数据丢失，公司将受到法律指控，对公司的声誉等造成不良影响	2	11	22	1. 确立该项目的优先地位，保证其获得关键性资源 行动：倡议人在下一次项目组合管理团队会议中提出这个问题 2. 为防止延误，提前进行该项目 行动：倡议人在下一次项目组合管理团队会议中提出这个问题	项目组合管理团队考虑这个行动对其他项目的影响 项目组合管理团队考虑这个行动对其他项目的影响
根据供应商以前的表现判断，设备的到货安装时间将推迟，这会推迟我们向客户交货的时间	6	9	54	1. 寻找替代的供应商 行动：SS 征求采购部门的建议 2. 在合同中加入奖惩条款 行动：JP 征求法律部门的意见	10 000 美元的额外费用 5 000 美元的奖励
因为要参与其他项目的工作，法律部的关键人员夏天无法工作，导致无法做出关键的采购决策	6	9	54	1. 由外部法律机构提供服务 行动：征求法律部门的意见 2. 征得项目组合管理团队的同意，请法律部门员工在夏天优先为本项目工作 行动：倡议人在下一次项目组合管理团队会议中提出这个问题	1 500 美元的额外费用 风险预算总额最高 23 300 美元

8.5.6 项目控制

需要有明确的控制来保证项目按部就班地进行，只有这样才能更好地实现股东们的期望。项目控制包括以下手段：

1）项目控制：会议和报告

这一部分讲述如何利用多种控制机制来保证项目的进程和预测信息得到良好的沟通，在必要的时候会采取正确的行动。

沟通计划已经确认会议和报告的必要性，这一部分内容将讲述会议和报告将如何使项目按部就班地进行。

这一部分通常包括一个表格（见表8—14）。

表 8—14 会议和报告

控制内容	参与人	时间	投入	产出
项目启动会议	项目组合管理团队、项目监控组、项目经理	启动阶段末期	议程、业务实例、项目管理报告、用户需求文件、解决方案设计文件、下阶段计划	行动和决策记录，包括对继续开展项目的审批
小组会议	项目经理、小组负责人	每星期	议程、时间表或进程记录、项目预测报告草稿	行动和决策记录、项目预测报告
项目监控小组例会	项目监控组、项目经理	在项目每阶段开始之前	议程、业务实例、项目更新计划、下阶段计划	行动和决策记录，包括对继续开展项目的审批
项目监控组临时会议	项目监控组、项目经理	特殊情况出现时	议程、业务实例、通知报告、项目修正计划、阶段修正计划	行动和决策记录，包括对继续开展项目的审批
项目结束会议	项目监控组、项目经理	结束阶段末期	议程、业务实例、项目结项报告	行动和决策记录，包括对项目结束的审批
经验教训讨论会	不确定	项目结束后	议程、项目结项报告	经验教训汇报、行动计划
收益实现审查	项目组合管理团队、项目监控组、倡议人	按照业务实例中规定的时间	议程、收益实现报告草稿	行动和决策记录、收益实现报告

2）项目控制：浮动管理

这一部分讨论什么是重要问题以及出现重要问题时应该采取什么行动，并对时间、成本和利润的浮动条件进行描述（参见下面的例子）。

浮动条件

项目监控组受下列浮动条件约束：

- 时间 +/− 4 周
- 成本 +/− 50 000
- 利润 +/− 100 000

如果预测实际情况将超出上述浮动条件，项目监控组必须立刻通知项目组合管理团队，并提交通知报告，在通知报告的基础上制定正确决策。

项目经理受下列浮动条件约束：

- 时间 ＋／－ 2 周
- 成本 ＋／－ 20 000

如果预测实际情况将超出上述浮动条件，项目经理必须立刻通知项目监控组，并提交通知报告，在通知报告的基础上制定正确决策。

小组负责人受下列浮动条件约束：

- 时间 ＋／－ 1 周
- 成本 ＋／－ 5 000

如果预测实际情况将超出上述浮动条件，小组负责人必须立刻通知项目经理，并提交行动计划，在行动计划的基础上制定正确决策。

通知报告应该包括以下内容：

- 造成预测项目将超出浮动条件的情况；
- 应对变化的可能选择；
- 各种可能选择对项目计划/业务实例的影响；
- 最佳的可选方案。

3）项目控制：变更控制

这一部分讨论应该如何应对可能发生的变更（参见下面的例子）。

变更控制

基准

对要求或功能的变更要求是以下列文件作为基础评估的：

- 业务实例 v1.0
- 项目管理报告 v1.0
- 用户要求文件 v1.0
- 解决方案设计文件 v1.0

应急

应急资金包括以下方面：

降低风险	23 300[a]
变更管理	1 000[b]
批准的变更	52 000[c]
总额	76 300

a 该数值根据风险记录表确认。

b 假定在项目周期之内需要 3 天来评估变更的影响。

c 根据以前相似的项目变更估计值。

4）过程

如果每个人都认为在考虑变更问题时，需要参考上述基准，问题将通过变更管理过程来解决。对已经产生的同样的问题以同样的方式进行处理。在周会上，项目经理和小组负责人将对现有的和新的变更要求进行审核。

利用对甄别、评估、影响和结论的估测指标，组织将会采取以下这四个步骤来管理变革：

- 提出变革要求。项目内外的每个人都可以提出变革要求。
- 分析变革要求。变革要求的提出者将对其进行全面的分析。如果需要更深层次的论证信息，应该由开发商、客户和/或项目经理来提供这些信息。
- 评估变革要求的影响。根据基准对变革要求加以计量并以此来确认它是否会有偏差，由此产生的测评费用将由应急费用管理基金支付。
- 得出结论并制定决策。结论必须清晰明了地阐明以下内容：

——变革要求是否符合基准的要求；

——结论是否表明项目将超出浮动条件。

如果认为应该进行变更，而且变革不会使项目超出浮动条件，可以使用应急基金，项目经理可以批准变更。

如果认为应该进行变更，但变革导致项目超出浮动条件，项目监控组可以批准变更，并启动事先获批的变更应急费用资金。

如果认为应该进行变更，但由此导致项目超出项目监控组的浮动条件，那么必须将问题提交项目组合管理团队。

5）职责

变革管理过程将由项目经理来督促。其他职责在上述内容中已详细说明。

项目控制：配置控制

这部分讨论如何控制项目的产品，包括下列问题：

- 应该控制哪些产品？
- 谁是这些产品的所有者？
- 在哪里保存这些产品？
- 怎样制作备份？
- 怎样保证安全？
- 怎样进行产品的分配和再分配？
- 不同的版本如何控制？
- 哪个版本将构成基准？
- 如何进行检查并保证所有产品各就各位？

项目控制：质量控制

这一部分讨论为了提高达到预期结果的可能性所应进行的测试。测试的类型分为以下两种：

● **产品质量测试**。这一部分讨论对特定产品进行的测试。例如，解决方案设计文件需要解决方案设计委员进行正式审查，以保证其符合组织的战略目标。对特殊测试的形式应该进行完整的描述。例如，首先应该列出正式质量检查程序的大纲，帮助高级管理人员在调拨必要的资金前了解其深度和价值。

● **项目质量测试**。这一部分讨论较大项目或涉及产品较多的项目进行的阶段测试。例如，一个新的计算机系统会接受系统测试、使用验收测试和用户验收测试。应该对测试方法加以描述并由项目监控组决定是否接纳这些质量控制并为其提供时间和金钱保障。

项目控制：风险和问题管理

这一部分讨论怎样对风险和问题进行管理，并解决以下问题：

● 怎样确定风险和问题并对其重要程度进行排序？
● 所有权的分配标准是什么？
● 怎样计划降低风险的措施？
● 怎样监控进程？
● 提取应急资金的程序是什么？

例子如下。

风险和问题管理

风险和问题的确认

风险是在制定项目大纲时确定，并在项目启动阶段举行第一次风险确认会议。会议的结果将以风险记录表的形式出现在即将形成的业务实例和项目管理报告中。

任何人任何时候都可能发现问题，问题的文件和处理程序与变更要求一样。

风险责任

根据风险系数对风险进行评级。风险系数为110的风险自动提交项目组合管理团队负责；风险系数在57和90之间的将由项目监控组负责；风险系数在21到56之间的将由项目经理负责；风险系数在20或20以下的将由项目小组负责。

降低风险

针对每项风险，都应有相应的降低风险的措施。根据每项措施所需的投资和时间对其所需成本进行评估。所有措施的成本之和构成应急预算。

风险管理

在每次的项目控制管理会议上都要重新评估风险记录表。新的评估将：

● 确认新的风险和问题；
● 重新估计现存的风险和问题。

应急资金的使用

应急预算为降低风险的措施提供资金，除非为某些风险已预留降低风险的资金。

8.5.7　用户要求文件

用户需求文件的作用是描述用户的需求，项目的结果必须满足这些需求。它的内容将取决于项目的性质。如果项目的产品是一套计算机系统，用户需求文件的内容将包括一系列功能性的和非功能性的要求。如果项目的产品是建造一栋新的办公楼，文件应该用图表的形式来描述用户的需求。

不论用户要求文件采取怎样的形式，它都必须准确地描述用户需要，只有这样才能够满足用户的需求。

8.5.8　解决方案设计文件

解决方案设计文件主要说明怎样满足用户的需求。它的内容也将取决于项目的性质。该文件可能描述计算机系统的设计方案，也可能是设计师的设计图纸。

无论解决方案设计文件采取怎样的形式，它必须为开发商描述解决方案提供充分的准备，为解决方案打下坚实的基础。

8.6　启动阶段的重要性

启动阶段为项目的成功交付与结束奠定基础。尽管已有上述的管理措施，但是在项目形成阶段的初期人们难免会感觉到有些混乱，在这一时期允许人们表达自己观点是非常重要的。而且，该阶段的末期形成的成功标准对于监督随后各阶段的进程是非常必要的。

第 9 章

项目交付

一旦计划并启动了项目，项目经理必须保证项目正常开展。图 9—1 是较为常见的控制周期图，与应用于日常业务的控制周期图没有区别。

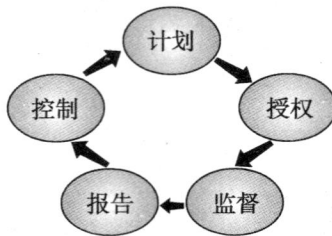

图 9—1　控制周期

由于计划中已经说明需要完成哪些任务以及由谁来完成，接下来必须要做的就是将任务委派出去。随着工作的不断展开，管理团队必须继续了解项目小组的表现并预期项目能否实现时间、成本、质量和收益目标。通常情况下，在监督的基础上会形成监督报告。监督报告不仅提供项目运行的信息，而且在必要的情况下要采取正确的措施以保证项目正常进行。只有在所有控制步骤都结束的时候，才能够根据具体的行动来更新项目计划，以保证控制周期的继续运行。

任何参与项目管理的人都应该对控制周期有所了解并且按照它的要求对自己负责的任务进行合理的控制。

保证控制因素有效运行的重要因素是有效的浮动管理。如果没有规则规定项目的负责人和其制定决策的权利，项目很快便会陷入混乱之中。因此，任何时候都必须存在决定项目控制权的有效方法。有关浮动管理的概念和具体内容在第 5 章进行了详细的讨论。

9.1　计划

计划是项目实现预期目标的路标，它说明项目的产出以及任务的分配。

9.2 授权

项目组合管理团队授权项目监控组负责项目在商业上和战略上的成功。项目监控组委托项目经理负责在时间、成本和其他具体的方面保证产品的生产。接下来，项目经理通常都会将开发产品的主要责任授权给负责项目工作的小组。

在委派任务的时候要注意，不仅要说明需要完成的工作内容，而且要说明工作面临的约束。委托人与被委托人之间的关系是建立在了解主要产出的情况和被委托人的权利范围基础之上的。因此，在进行委托工作的时候要考虑上述两方面情况并达成（正式或非正式的）协议。

委托人和被委托人双方必须就下列问题达成一致：

- 产品说明书——描述委托的期望。
- 计划的开始/结束时间——保证项目在规定的日期开始和结束。
- 努力/成本计划——说明产品开发需要的条件以及可供使用的预算。
- 相关性——保证被委托人了解与产品相关的人与事，以及生产产品所需的准备（产品流向图在这里将大有帮助）。
- 先决条件产品——使被委托人了解先前开发的产品，他们也许需要以这些产品为基础来开发另外一种新产品（例如，制定课程定义文件时，开发商将需要"课程要求"文件）。

这个列表重点强调被委托人的工作结果。然而，由于委托人对正在进行的工作的成败依然负有责任，所以委托人必须注意要更深层次地说明怎样对委托出去的工作加以控制，并在该条款上与被委托人达成一致：

- 工作日志代码——允许被委托人根据合理的项目数量来设定必要的时间或成本，这样被委托人便能够对支出进行监督。
- 需要的技能/经验——保证被委托人充分了解该任务所需的个人素质与能力（例如，某项任务可能适合被培训者）。
- 职能——明确地说明各方的责任，这样人们才不会对谁应该对工作负责感到困惑。虽然委托人已经将有限的一些权利交给了被委托人，委托人仍然负有责任。
- 报告安排——说明委托人和被委托人之间何时以及如何进行监督和报告。
- 浮动条件——确认了时间或预算上的风险，保证被委托人了解了浮动的标准，并保证委托人能够在预测无法实现目标时进行有效的干预。
- 技术、过程和程序——说明被委托人应该遵守的方法或标准。

一些项目需要进行结构性的、有组织的委托，特别是在外部供应商参与的时候。在这种情况下，应该以合同的形式说明委托人（客户）和被委托人（供应商）之间的职权范围，该合同要覆盖上述所有要点。当不使用外部供应商时，某些组织可以利用职权范围说明书来说明委托部门和供应部门之间的关系和承诺。尤其是在大公司中，这些文件使项目经理能够对项目工作进行监督和控制。

9.3　监督和报告

监督是指管理团队成员通过观察和监管了解他们所负责的项目的进展情况。在监督项目或项目组合时需要利用报告。管理层次中的每个级别都需要定期了解信息，并在不侵犯其他层级权利的情况下实施监督。最坏的情况是，所有管理层级都参与到每个决策的制定过程之中。

利用报告表明项目预期目标的完成情况是非常重要的，这使得人们能够对项目计划中设定的目标进行修订。

必须设计出能够满足每个管理阶层需要的报告，为他们制定决策和采取必要行动提供及时和准确的信息。

9.3.1　项目组合管理团队

项目组合管理团队管理非常广泛的项目组合。随着本年度项目组合的不断发展，旧项目完成，新项目被提出，还有些项目在某些方面发生了变化。项目组合管理团队主要负责管理项目组合的状态，因此团队必须经常对项目组合的健康情况进行评估并且回答以下问题：项目组合能否实现商业与战略目标？

对项目组合管理团队来说，每月召开一次会议是非常正常的，但是也需要制定应急程序来保证及时地处理突发事件。例会应该有一个标准的议程，这个议程将考虑以下问题：

- 前景——提交项目大纲，指出潜在的机会。项目组合管理团队必须确定是否具备足够的预算来开发业务实例和完成项目管理报告。
- 启动的项目——通过审核刚刚完成的业务实例和项目管理报告，决定项目是否应该继续进展到交付阶段，项目监控组将拥有交付阶段的所有权。
- 通知——项目亮起红灯（表示项目的某个关键参数无法实现）。
- 完成——项目已经完成但尚未产生任何收益。
- 实现——提交收益实现报告，总结预期收益的实现情况。

例会应该采用项目记录表的报告，以便项目人员随时了解项目组合的状态。虽然项目记录表没有标准格式，但大致类似于表 9—1。

项目记录表中的关键数据如下：

背景

- 代码——项目的标识码。
- 上一次评估日期——项目上一次接受检查或审核的日期。
- 评估人——对项目进行审核的人员。
- 项目起始日期——项目正式开始的日期。

利益相关者

倡议人——负责项目产生成功的商业结果。

表 9—1　　　　　　　　　　　　　　　项目记录表

	项目	第一个项目	第二个项目
背景	代码	1	2
	上一次评估日期	2006 年 1 月 12 日	
	评估人	Pete Robbins	Maggie Jones
	项目起始日期	2005 年 12 月 10 日	2005 年 9 月 10 日
项目监控组	倡议人	Brad Somerville	Mark Knowles
	客户代表	Kevin Quinn	Helen Smith
	开发商代表	Mark Johnson	Bupinda Patel
项目经理	项目经理	Will Stevens	Harry King
时间	基准结束日期	2006 年 5 月 31 日	2006 年 6 月 10 日
	预测结束日期	2006 年 5 月 31 日	2006 年 9 月 30 日
	差异（以周计算）	0	− 16
	浮动条件（以周计算）	2	2
	在浮动条件内？	是	否
成本	基准预算	$ 2 206 971	$ 101 923
	预测预算	$ 2 206 971	$ 115 000
	差异	0	− $ 13 077
	浮动条件（%）	10	10
	在浮动条件内？	是	否
收益	基准收益	$ 2 703 836	$ 200 101
	预测收益	$ 2 703 836	$ 200 101
	差异	0	0
	浮动条件（%）	10	10
	在浮动条件内？	是	是
业务实例	基准利润	$ 676 865	$ 98 178
	预测利润	$ 676 865	$ 85 101
	差异	0	− $ 13 077
	浮动条件（%）	10	10
	在浮动条件内？	是	否

客户代表——从用户的角度评定项目成果的定义与可接受性。

开发商代表——负责设计与开发能够满足用户需要的重要方案。

项目经理——负责对阶段性成果进行计划、监督和控制并保证督促项目实现时间、成本和质量预期。

时间

基准结束日期——项目管理报告中规定的项目结束日期。

预测结束日期——考虑到所有实际的和预期的变化，在当前的计划中重新确定的项目结束日期。

差异（以周计算）——基准结束日期和预测结束日期相差的天数。

浮动条件（以周计算）——差异数值的度量标准，据此决定是否需要向项目组合管理团队进行报告。

在浮动条件内？——答案为是或否。

预算

基准预算——项目管理报告中陈述的项目预算。

预测预算——考虑到所有实际的和预期的变化，在当前的项目计划中重新确定的项目预算。

差异——基准预算和预测预算之间的差额。

浮动条件（以周计算）——差异数值的度量标准，据此决定是否需要向项目组合管理团队进行报告。

在浮动条件内？——答案为是或否。

收益

基准收益——业务实例中陈述的项目预期收益。

预测收益——考虑到所有实际的和预期的变化，根据目前情况估计的项目收益。

差异——基准收益和预测收益之间的差额。

浮动条件（以周计算）——差异数值的度量标准，据此决定是否需要向项目组合管理团队进行报告。

在浮动条件内？——答案为是或否。

业务实例

基准利润——在业务实例中达成一致的项目利润期望值（在规定的时期内项目/操作成本与收益的差额）

预测利润——考虑到所有实际的和预期的成本与收益的变化，当前的业务实例确定的利润。

差异——基准利润和预测利润之间的差额。

浮动条件（以周计算）——差异数值的度量标准，据此决定是否需要向项目组合管理团队进行报告。

在浮动条件内？——答案为是或否。

表9—1表明，项目1运行良好，没有任何差异，但是项目2在时间和成本上都存在超出浮动条件的差异。虽然收益没有改变，预测预算的预期差异暗示期望利润也许无法获得。这些预测差异为项目组合管理团队提供预警，提醒他们需要对项目进行适当干预。

对那些同时开展几个项目的组织而言，项目记录表中的细节可以进一步总结在"公司仪表板"（如图9—2所示）中，为项目组合管理团队提供项目组合的概述。报告清楚地表明何时采取什么修正行动是很重要的，公司仪表板也表明，项目的哪一项指标超出了浮动条件。人们可以从项目记录表中获得进一步的细节。

项目成本	基准预算	$ 2 128 894	项目数量	2
	预测预算	$ 2 141 971	超出时间浮动条件	1
	差异	– $ 13 077	超出成本浮动条件	1
项目收益	基准收益	$ 2 903 937	超出收益浮动条件	0
	预测收益	$ 2 903 937	超出利润浮动条件	1
	差异	$ 0		
业务实例	基准利润	$ 775 043		
	预测利润	$ 761 966		
	差异	– $ 13 077		

图 9—2　公司仪表板

　　这种方法的另外一个好处是，它能够说明项目组合对实现组织战略目标的贡献。图 9—3 中的柱形图说明项目将如何实现平衡记分卡的目标。纵轴表示所有项目对平衡记分卡的各个部分所做贡献的百分比。因此，四个柱条的总和应该是 100%。理想的情况是，这四个柱条是均衡的，说明项目对这四个部分的贡献是平均的。在这个例子中，我们可以看出人们更关注大规模项目的财务情况，这并不是一个偶然的情况。通过提高客户的满意度、提高过程管理的手段和能力增长也许会成功地解决这一问题。项目组合的贡献通常每季度考核一次。

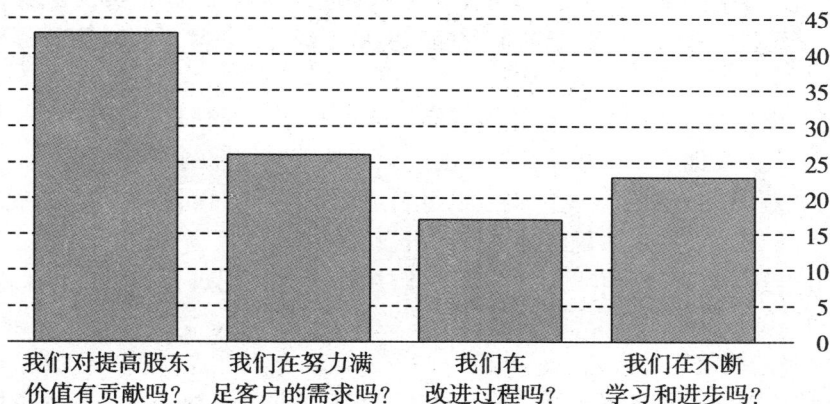

图 9—3　业务平衡

9.3.2　项目监控组

　　每个项目监控组指挥一个单独的项目。为了指挥项目，需要一个控制周期来说明项目的状态。项目监控组成员也必须保证一旦项目偏离预期目标，项目经理能够立刻提醒他们。

　　为了保持一定的控制等级，既给予项目经理支持，又授予项目经理一定的权利，项目监控组可以通过以下方式加以干预：

- 项目启动和结束；
- 在项目的不同阶段召开会议；
- 不定期地举行会议；
- 项目预测报告。

1）项目启动和结束

见第 8 章和第 11 章。

2）阶段会议

项目监控组负责保障项目结果的成功，项目的成功情况可以通过项目收益与实际成本的差额来衡量。由此可以得出这样的结论：由于预测支出与实际支出都在不断地变动，整个项目周期内预期成本与收益之间的平衡也在不断地改变。因此，项目监控组应该在项目各阶段开始时召开例会来确定计划的可行性。同时，项目监控组还可以对项目前一阶段的进展情况进行审核并对下一阶段的计划进行批准。

阶段会议的典型议程如下：

- 对前一阶段的审核。在此项目经理将说明，与计划相比较，前一阶段的项目进展情况。据此，项目监控组正式批准这一阶段结束。
- 对项目计划的审核。在此项目经理将呈递一份更新过的计划来说明变更和差异的影响，并说明是否会完成项目监控组的预期。如果看起来项目已经超出浮动条件，则提醒项目组合管理团队加以关注。
- 对业务实例的审核。在此项目监控组将考察更新过的业务实例并依此来决定项目实现可获益结果的可能性。如果看起来项目已经超出浮动条件，则提醒项目组合管理团队加以关注。
- 对下阶段计划的审核。在此项目经理将提交下一阶段的计划。只有这样，项目监控组才能正式批准项目经理在规定的约束条件下继续控制项目。
- 对控制的审批。在此项目监控组将确定适用于下一阶段的浮动条件。这项程序提供了一个削减或增加项目经理职权的机会。
- 对继续开展项目的审批。在此项目监控组将对计划进行审批，保证项目经理继续控制项目。

3）项目监控组临时会议

只有在预期到项目将超出浮动条件时，才有必要举行临时会议。浮动条件包括时间、成本、质量和收益的浮动条件。在两次例会间的任何时候发生极端事件时，通过召开临时会议，项目监控组能够获得警示。临时会议的议程同项目阶段会议很相似，唯一的不同之处就是以"项目经理陈述"环节取代了"上一阶段审核"环节。"项目经理陈述"的主要内容包括：

- 哪些事情的发生需要告知项目监控组；
- 这些事情对计划的影响；

- 为了改正或适应这些问题可以采取哪些措施；
- 推荐的解决办法和该办法对计划的影响。

4）项目监控组例会

某些经理不喜欢"例外管理"这一概念。对他们而言，没有消息常常并不意味着是好消息。因此需要每个月都举行一次项目监控组会议，会议的召开频率取决于项目的周期和项目管理团队同项目经理之间的需要。如果这些会议的召开并不是基于某些事件，会议的议程通常围绕项目经理最近呈递的项目预测报告展开，会上将对其进行审核与批准。

9.3.3 项目经理

项目经理的任务是计划、监督和控制项目的时间、成本和质量。在项目周期内项目经理很可能会承受来自股东的压力。股东们会根据自己的期望或需求的变更来对项目的一个或几个方面进行修改。项目经理也将会承担不间断的风险责任——对已经发现或尚未发现的潜在问题负责。项目经理还必须对项目小组的成员进行激励，以期达到时间、预算和质量标准。

监督和报告机制对项目经理非常重要。

1）项目小组进展会议

通常情况下，项目经理将负责管理一组员工，这些员工负责各种有规律的且不断重复的授权、监督、报告和控制工作。虽然每月都会举行一次项目监控组会议，项目小组仍然希望每两个星期审核一次进展报告。图 9—4 说明了怎样搜集、加工、报告和执行进展数据。

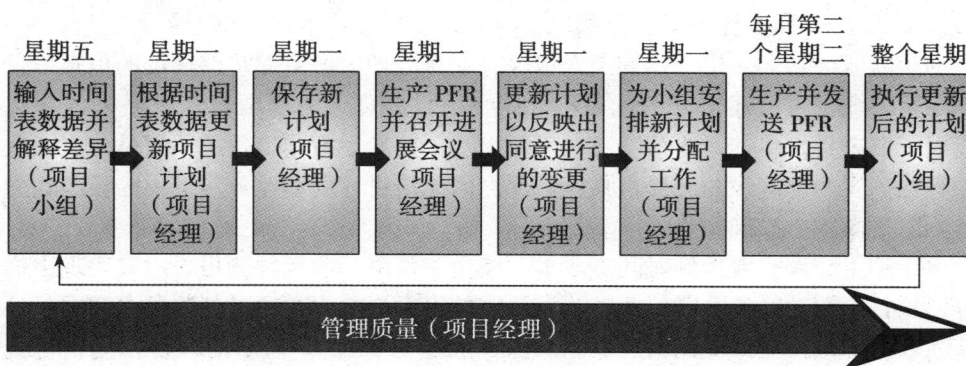

图 9—4 进展管理

每周召开的进展会议的议程如下：

- 前一阶段产出的成绩——确定新开发的产品和已经完成的成品。
- 下一阶段产出的成绩——确定下一个阶段预计开发和完成的产品。
- 时间表——仔细检查项目进展并根据时间计划确认差异，弄清这些差异存在的原因以便于考虑采取正确的行动。

● 预算——仔细检查项目进展并根据成本计划确认差异，弄清这些差异存在的原因以便于考虑采取正确的行动。

● 质量——仔细检查项目进展并根据质量计划确认差异（尤其是交付不符合质量标准的产品时），以便于人们采取正确的行动。

● 风险和问题：

——相关性——审核已知的该项目同其他项目或外方的相关性，探讨遵循这些相关性将带来哪些风险，并在必要时制订降低风险的计划。

——风险降低过程——监督已确立的降低风险行动的进展情况，以便采取进一步行动。

——已结束的风险——确认已经不重要的风险，可以视为已结束。（如果这类风险发生的可能性与影响的程度发生改变，将其保留在风险记录表中是非常合理的。）

——新风险——确认、考核并评价所有新的风险和前一阶段遗留的风险。

● 行动和决策——在会议的过程中审核并分配行动和决策。

为了提高会议的效率，搜集可靠和真实的项目管理信息是非常必要的。通常在项目预测报告中可以查询到这些信息。

2）项目预测报告

项目预测报告是项目经理同管理层利益相关者、项目监控组和项目组合管理团队进行交流的一种重要方式。在项目周期内每隔一定时期就要考察一次项目现状，帮助所有项目的经理了解项目的进展以及项目预期的实现情况。

大多数项目管理小组成员都希望获得充分的项目管理信息，以便在必要的时候进行查询。图9—5所描述的项目预测报告概述通常可以为他们提供充足的信息。

为了监督项目团队中个体的工作情况，项目经理应该掌握足够详细的信息。仅仅了解项目预测报告概述中的信息是不够的，项目经理还需要项目预测报告的基础报告，以了解差异发生的具体情况、在何处出现了差异、差异出现的原因是什么。项目计划和业务实例都应该为此提供具体情况，因此项目计划和业务实例中的核心数据必须是不断更新的、准确的。

由于项目经理需要控制时间、成本、质量和风险，项目预测报告应该表现出这些部分同项目计划的详细关联。此外，项目监控组也许希望在项目各阶段之间项目经理能够代表他们维持业务实例的进展。结果，除了图9—5中显示的项目预测报告概述之外，项目经理最好能够每星期或每两个星期进行一次更加详细的报告。

以下是图9—6至图9—13中所使用的一些术语。

基准。这是由经过认可的权威机构所批准的一套原始数据，应该以这些数据为基础来追踪差异。在启动阶段末期的业务实例和项目管理报告中也许会存在基准结束日期、基准预算和基准收益。基准不应该被随意更改，只有这样才能够准确地计量变更的影响。然而，在极少数情况下确实需要修改基准，我们将在后面的分析中讨论这些情况。

项目名称：公司年度讨论会
项目监控组：
倡议人：　　　　Howard Smith
客户代表：　　　Annie Ownes
开发商代表：　　Rafiq Shamsal
项目经理：　　　Danny Frost
报告日期：　　　2007 年 2 月 12 日，星期一

成绩
按时完成各项任务。项目大纲、业务实例和项目管理报告已经完成。
用户要求文件将以预期计划的完成情况为开头。
制定会场费与聘请发言人预算，并保证获得开展活动所需的重要资源。

不足
由于日常记录的冲突，规划草案的完成与发言人邀请函的发送延误。
这不会继续引起其他事项的延误。
由于有关人员正在重新设计标志，会场标致完成的日期将推迟。

时间表概述
22 个已确认的产出或阶段性成果。
19 个绿色阶段性成果。
3 个琥珀色阶段性成果。项目经理应该继续对其进行管理，但是项目监控组需要了解差异。
0 个红色阶段性成果，需要由项目监控组对其进行管理。
期望结束日期为 2007 年 4 月 20 日
预测结束日期为 2007 年 4 月 20 日
差异为　　　　　　　　　　0 天　　　绿色

收益概述
期望收益为　　$ 100 000
预测收益为　　$ 100 000
差异为 0%　　　　　$ 0　　　绿色

预算概述
期望预算为　　$ 72 250
预测预算为　　$ 73 000
差异为 – 1%　　 – $ 750　　　琥珀色

业务实例概述
期望毛利润为　$ 27 750
预测毛利润为　$ 27 000
差异为 – 1%　　 – $ 750　　　琥珀色

质量概述
0 个绿色质量检测方法。
0 个琥珀色质量检测方法，需要由项目经理对其进行管理。
5 个红色质量检测方法，需要由项目监控组对其进行管理。

风险概述
4 项已确认的风险。
2 项绿色风险，需要由项目小组对其进行管理。
2 项琥珀色风险，需要由项目经理对其进行管理。
2 项红色风险，需要由项目监控组对其进行管理。

图 9—5　项目预测报告概述

迄今为止的实际数额（actual to date，ATD）。该数值随着项目的开展而不断增加。例如，如果基准预算是 500 美元，到现在为止已经花费了 300 美元，那么 ATD 为 300 美元。

预计完成项目还需要的数额（estimate to complete，ETC）。这是在任何的项目报告中都十分重要的一组信息，因为它是最新的实际数据和最新的估算数值。这个数据是在 ATD 的基础之上进行变更的数值。例如，如果 ATD 是 300 美元，基准是 500 美元，不能够由此得出结论说 ETC 是 200 美元。虽然基准是获得大家认可的数值，但是成本也许会增加并且项目预测报告必须记录这部分内容。如果 ETC 的值为 400 美元，那么新的总额是 700 美元。

预测完成项目所需总额（forecast at completion，FAC）。ATD 与 ETC 之和，上述例子中的 FAC 为 700 美元。

差异。差异即基准与 FAC 之间的差额。在上述例子中，差异的数值是 - 200 美元（基准 500 美元减去 FAC700 美元）。与统一的浮动标准进行比较后，这些数字被分别标记上红色、琥珀色和绿色的警示记号。

盒子颜色。在项目预测报告的形成阶段必须完成灰盒测试。

3）项目预测报告：时间预测

时间预测（如图 9—6 所示）列出计划中的各项产品或阶段性成果，并说明实现目标的过程以及在预计结束日期前完成项目的可能性。

项目名称	公司年度讨论会
项目经理	Danny Frost

		浮动条件	从	到
偏离轨道，需要由项目监控组干预	红色 =		6	100
偏离轨道，但是仍在项目经理的控制范围之内	琥珀色 =		1	5
一切正常，能够按照预定日期交付项目成果	绿色 =		0	0

代码	阶段性成果	小组负责人	时间				差异 红/琥珀/绿	原因
			基准		预测/实际			
			开始	结束	开始	结束		
1	完成并获得内部批准的项目大纲与业务实例	PR	2007 - 02 - 03	2007 - 02 - 09	2007 - 02 - 03	2007 - 02 - 09	0	
2	完成的项目管理报告	JK	2007 - 02 - 10	2007 - 02 - 10	2007 - 02 - 10	2007 - 02 - 10	0	
3	完成的用户要求文件	JK	2007 - 02 - 11	2007 - 02 - 14	2007 - 02 - 11	2007 - 02 - 14	0	

代码	阶段性成果	小组负责人	时间				差异 红/琥珀/绿	原因
			基准		预测/实际			
			开始	结束	开始	结束		
4	议程草案与话题	JK, PR	2007 – 02 – 15	2007 – 02 – 15	2007 – 02 – 15	2007 – 02 – 15	0	
5	选定的会场	SP	2007 – 02 – 15	2007 – 02 – 15	2007 – 02 – 15	2007 – 02 – 15	0	
6	预定的会场	LA	2007 – 02 – 11	2007 – 02 – 19	2007 – 02 – 11	2007 – 02 – 19	0	
7	营销计划	LA	2007 – 02 – 15	2007 – 02 – 19	2007 – 02 – 15	2007 – 02 – 19	0	
8	确定的日期	DK	2007 – 02 – 19	2007 – 02 – 19	2007 – 02 – 19	2007 – 02 – 19	0	
9	协商决定的发言人	LA	2007 – 02 – 10	2007 – 02 – 19	2007 – 02 – 10	2007 – 02 – 19	0	
10	方案草稿	PR	2007 – 02 – 10	2007 – 03 – 01	2007 – 02 – 10	2007 – 03 – 03	2	日常记录冲突
11	获得批准的发言人邀请函	JK	2007 – 03 – 01	2007 – 03 – 05	2007 – 03 – 01	2007 – 03 – 08	3	日常记录冲突
12	已送达的发言人邀请函	LA	2007 – 02 – 19	2007 – 02 – 21	2007 – 02 – 19	2007 – 02 – 21	0	
13	已经完成的发言人确认	DK	2007 – 02 – 21	2007 – 03 – 10	2007 – 02 – 21	2007 – 03 – 10	0	
14	收到的会场标志	SP	2007 – 02 – 15	2007 – 03 – 15	2007 – 02 – 15	2007 – 03 – 19	4	标志正在被重新设计
15	预定并已付费的场所	PR	2007 – 02 – 15	2007 – 03 – 20	2007 – 02 – 15	2007 – 03 – 20	0	
16	完成的委托包装	LA	2007 – 02 – 15	2007 – 03 – 25	2007 – 02 – 15	2007 – 03 – 25	0	
17	获得批准的营销材料	LA	2007 – 02 – 15	2007 – 03 – 25	2007 – 02 – 15	2007 – 03 – 25	0	
18	印刷并发送完毕的营销材料与邀请函	DK	2007 – 03 – 25	2007 – 04 – 04	2007 – 03 – 25	2007 – 04 – 04	0	
19	收到的发言人的发言稿	PR	2007 – 03 – 10	2007 – 04 – 04	2007 – 03 – 10	2007 – 04 – 04	0	
20	制订并发送完毕的运营计划	SP	2007 – 04 – 04	2007 – 04 – 15	2007 – 04 – 04	2007 – 04 – 15	0	
21	最终审批会议	LA	2007 – 04 – 16	2007 – 04 – 16	2007 – 04 – 16	2007 – 04 – 16	0	
22	重大事件	ALL	2007 – 04 – 20	2007 – 04 – 20	2007 – 04 – 20	2007 – 04 – 20	0	

图 9—6　项目预测报告：时间预测

项目的起始日期有时不包括在内，但是它们仍有价值：如果生产产品的起始日期推迟，那么它的完成日期也很有可能会推迟。

可以利用同样的表格来解释实际日期同预测日期的区别：如果该日期是在项目报告完成的日期之前，就是实际日期；如果该日期是在项目报告完成日期之后，就是预期日期。一旦实际日期被输入到系统之中，就不应该再修改它。

4）项目预测报告：成本预测

有许多报告项目成本的方法，图9—7和图9—8列出了表达同一组数据的两种不同的方法。成本预测表（如图9—7所示）根据资源的种类列出了各部分成本，包括所有的人力和非人力成本。

项目名称	公司年度讨论会
项目经理	Danny Frost
差异汇总	− $750.00

	浮动条件	从	到
偏离轨道，需要由项目监控组干预	红色 =	− 3 000	− 1 000 000
偏离轨道，但是仍在项目经理的控制范围之内	琥珀色 =	− 1	− 3 000
一切正常，能够按预定日期交付项目成果	绿色 =	0	0

代码	资源	成本									预测	差异 红/琥珀/绿	原因
		基准			ATD			ETC					
		数量	单价	金额	数量	单价	金额	数量	单价	金额			
1	营销团队（10个工作日，每日成本为$300）	10.00	$300	$3 000	10.00	$300	$3 000	0.00	0	0	$3 000	0	
2	技术团队（5个工作日，每日成本为$300）	5.00	$350	$1 750	4.00	$350	$1 400	2.00	$350	$700	$2 100	− $350	还需要额外的一天来获得设备
3	营销材料	1.00	$5 000	$5 000	1.00	$5 000	$5 000	1.00		0	$5 000	0	
4	广告费	1.00	$3 000	$3 000	1.00	$3 000	$3 000	1.00		0	$3 000	0	
5	内部编辑费用	1.00	$3 000	$3 000	1.00	$3 000	$3 000	1.00		0	$3 000	0	
6	实现费用	1.00	$1 500	$1 500	1.00	$1 500	$1 500	1.00		0	$1 500	0	
7	交通费	1.00	$500	$500	1.00	$800	$800	1.00		0	$800	− $300	没有预计到供应商提升价格
8	办公文具用品	1.00	$1 200	$1 200	1.00	$1 300	$1 300	1.00		0	$1 300	− $100	以上一年数据为基础的估算有误
9	标志	1.00	$300	$300	1.00	$300	$300	1.00		0	$300	0	
10	机票	5.00	$600	$3 000	0.00	$600	0	5.00	$600	$3 000	$3 000	0	
11	会场	1.00	$20 000	$20 000	0.00	$20 000	0	1.00	$20 000	$20 000	$20 000	0	
12	住宿费	60.00	$400	$24 000	0.00	$400	0	60.00	$400	$24000	$24 000	0	
13	视听系统	1.00	$3 000	$3 000	0.00	$3 000	0	1.00	$3 000	$3 000	$3 000	0	
14	饮食	60.00	$50	$3 000	0.00	$50	0	60.00	$50	$3 000	$3 000	0	
	总额			$72 250			$19 300			$53 700	$73 000	− $750	

图9—7 项目预测报告：根据资源种类衡量的成本预测

项目名称	公司年度讨论会
项目经理	Danny Frost
差异汇总	− $750.00

	浮动条件	从	到
偏离轨道，需要项目监控组干预	红色 =	− 3 000	− 1 000 000
偏离轨道，但是仍在项目经理的控制范围之内	琥珀色 =	− 1	− 3 000
一切正常，能够按预定日期交付项目成果	绿色 =	0	0

代码	阶段性成果	小组负责人	时间					原因
			基准	ATD	ETC	FAC	差异红/琥珀/绿	
1	完成并获得内部批准的项目大纲与业务实例	PR	$1 200	$1 200	0	$1 200	0	
2	完成的项目管理报告	JK	$300	$300	0	$300	0	
3	完成的用户要求文件	JK	$700	$700	0	$700	0	
4	议程草案与话题	JK, PR	$700	0	$700	$700	0	
5	选定的场所	SP	$760	0	$760	$760	0	
6	预订的会场	LA	$10 000	$1 000	$350	$10 350	− $350	还需要额外的一天来获得设备
7	营销计划	LA	$1 200	0	$1 200	$1 200	0	
8	确定的日期	DK	$300	0	$300	$300	0	
9	协商决定的发言人	LA	$3 790	$3 790	$0	$3 790	0	
10	规划草案	PR	$3 500	$3 310	$190	$3 500	0	
11	获得批准的发言人邀请函	JK	$700	0	$700	$700	0	
12	发送完毕的发言人邀请函	LA	$900	0	$900	$900	0	
13	已经完成的发言人确认	DK	$7 000	0	$7 000	$7 000	0	
14	收到的会场标志	SP	$400	0	$400	$400	0	
15	预订并已付费的会场	PR	$17 800	0	$17 800	$17 800	0	
16	完成的委托包装	LA	$12 300	0	$12 300	$12 300	0	
17	获得批准的营销材料	LA	$700	0	$700	$700	0	
18	印刷并发送完毕的营销材料与邀请函	DK	$8 900	0	$9 300	$9 300	− $400	供应商提高价格
19	已收到的发言人的发言	PR	$100	0	$100	$100	0	
20	制订并发送完毕的运营计划	SP	$300	0	$300	$300	0	
21	最终审批会议	LA	$700	0	$700	$700	0	
22	重大事件	ALL	0	0	0	0	0	
	总额		$72 250	$19 300	$53 700	$73 000	− $750	

图 9—8　项目预测报告：根据产品衡量的成本预测

图9—8列出了每个产品的成本。对产品的成本构成进行增值分析是非常必要的。这个例子确定了一件能够引起项目监控组注意的事情：虽然项目在不久之前才刚刚启动，但公司却已经在一些尚未生产出来的产品上花费了资金（预订会场、协商决定的发言人和规划草案）。

许多组织还利用其他的方法来分离资本成本和收益成本并将其呈现在同一表格的不同列中。然而，在试图分析差异存在的原因时也许会遇到一些困难。

5）项目预测报告：项目质量预测

项目预测报告（如图9—9所示）明确成功标准，并说明项目同这些预期目标的接近程度。项目预测报告对项目监控组而言非常重要，因为他们不仅仅想了解项目能否实现时间和预算目标，还想了解项目能否实现质量目标。所以他们设定了这些目标，而且他们也应该对监督目标的完成情况有浓厚的兴趣。当然，最终还是须根据项目经理在平衡、控制与完成项目监控组所设定的时间、成本与质量预期的能力来评价他们。因此，项目质量预测提供了一种了解项目预期的实现情况的方法，而且更重要的是它提出了处理差异的方法。

项目名称	公司年度讨论会
项目经理	Danny Frost

		浮动条件	从	到
偏离轨道，需要由项目监控组干预	红色 =		100%	100 000%
偏离轨道，但是仍在项目经理的控制范围之内	琥珀色 =		75%	99%
一切正常，能够按照预定日期交付项目成果	绿色 =		0	74%

编号	质量检测	度量指标			
		基准	ATD	成功/红/琥珀/绿	出现差异的原因
1	发言人接受邀请	7	2	29%	提前完成计划——在该阶段没有人预测到会出现这样的结果
2	员工登记	300	0	0	一切按计划进行——邀请函尚未发出
3	参与活动的外界媒体数量	3	0	0	事件尚未完成
4	无表演	30	0	0	事件尚未完成
5	评估表格完成	200	0	0	事件尚未完成

图9—9 项目预测报告：项目质量预测

6）项目预测报告：产品质量记录表

产品质量记录表（如图 9—10 所示）列出了主要的产出和阶段性成果，并根据其与项目目标的关联设定了地位等级。通过记录产品各项成功标准的实现情况，可以为项目管理层提供更加详细的监督和报告项目进展的方法。因此，如果一项产品的预计完成日期晚于计划日期，产品质量记录表也许能说明是不是由于产品质量上的疏忽导致了延期。

项目名称	公司年度讨论会
项目经理	Danny Frost

A 批准

ASTA 修正后批准

PAR1 修正产品并重新安排审核日程——产品尚未完成

PAR2 修正产品并重新安排审核日程——产品需进行重大变更

PAR3 修正产品并重新安排审核日程——审核人员人数不足

PAR4 修正产品并重新安排审核日程——审核人员资格不符

PAR5 修正产品并重新安排审核日程——审核人员准备不充分

代码	阶段性成果	质量审核人员	批准机构	度量指标										
				完成草稿	发送邀请函	基准审核	审核结束	结果	变更数量	完成变更	产品适应性测试	基准审批	差异RAG	观测
1	完成并获得内部批准的项目大纲与业务实例	PR, TC, US	项目监控组	2007年2月5日	2007年2月3日	2007年2月7日	2007年2月7日	ASTA	12	2007年2月8日	2007年2月9日	2007年2月9日	0	
2	完成的项目管理报告	PR, TC, MM	项目监控组	2007年2月10日	2007年2月5日	2007年2月10日	2007年2月10日	ASTA	8	2007年2月10日	2007年2月10日	2007年2月10日	0	
3	完成的用户要求文件	MM, SP, TC	项目监控组	2007年2月13日								2007年2月14日		
4	议程草案与话题	MM, SP, TC	项目监控组	2007年2月15日								2007年2月15日		
6	预订会场	PR, TC, MM	项目监控组	2007年2月18日								2007年2月19日		
7	营销计划	MM, SP, TC	项目监控组	2007年2月18日								2007年2月19日		
9	协商决定的发言人	MM, SP, TC	项目监控组	2007年2月18日								2007年2月19日		
10	规划草案	PR, TC, US	项目监控组	2007年3月2日								2007年3月1日		

代码	阶段性成果	度量指标												
		质量审核人员	批准机构	完成草稿	发送邀请函	基准	审核审核	审核结束	结果	变更数量	完成变更	产品适应性测试	基准审批	差异RAG	观测
11	获得批准的发言人邀请函	MM, SP, TC	项目监控组	2007年3月7日									2007年3月5日		
15	预订并已付费的会场	MM, SP, TC	项目监控组	2007年3月19日									2007年3月20日		
16	完成的委托包装	MM, SP, TC	项目监控组	2007年3月24日									2007年3月25日		
17	获得批准的营销材料	PR, TC, US	项目监控组	2007年3月24日									2007年3月25日		
18	印刷并发送完毕的营销材料与邀请函	MM, SP, TC	项目监控组	2007年4月3日									2007年4月4日		
19	已收到的发言人的发言稿	PR, TC, US	项目监控组	2007年4月3日									2007年4月4日		
20	制订并发送完毕的运营计划	PR, TC, MM	项目监控组	2007年4月14日									2007年4月15日		

图 9—10　项目预测报告：产品质量记录表

产品质量记录表是按照产品生命周期生成的简易报告，它说明了产品生产各个步骤的完成情况，这些步骤主要有：

- 完成草稿；
- 完成审核；
- 完成变更；
- 产品适应性测试（FFP）。

表中特定的一列数据列出了每个步骤的完成时间，方便有关人员更好地管理项目的进展。

7）项目预测报告：收益预测

大多数项目在收益实现之前就已经结束，因此，在项目周期内报告收益实现的进展的价值是非常小的。然而，有时评价项目周期内所取得的下列收益进展也是有用的（如图 9—11 所示）：

- 预测收益变更。基准预测有可能被高估或低估。例如，新市场中的潜在客户可能没有出现。
- 在项目开展期间获得的收益。例如，在项目存续期内而不是在项目结束之后处理掉多余的计算机设备将降低计算机的维护费用。

● 在项目开展的过程中需要动态地比较成本和收益。项目监控组负责交付在约定范围内超过成本的收益。为了在项目进展的过程中制定出最佳的决策，项目监控组必须协助搜集增加的和预期的成本与收益的管理信息。

项目名称	公司年度讨论会	
倡议人	Howard Smith	
差异汇总	0	0

	浮动条件	从	到
偏离轨道，需要由项目监控组干预	红色 =	− 50%	− 100 000%
偏离轨道，但是仍在项目经理的控制范围之内	琥珀色 =	− 1%	− 49%
一切正常，项目经理仍然保持控制	绿色 =	0	0

		基准	实际实现	预计完成	预期	差异（$）	%
1	员工满意度提高导致员工损耗减少	$100 000	0	$100 000	$100 000	0	0
2							
3							
4							
5							
6							
7							
	总额	$100 000	0	$100 000	$100 000	0	0

图 9—11　项目预测报告：收益预测

8）项目预测报告：风险记录表

风险记录表（如图 9—12 所示）将帮助项目经理对风险进行审核。"风险系数"一列提醒项目监控组有哪些风险和问题需要他们的干预。

项目名称	公司年度讨论会
项目经理	Howard Smith

	0 无	0 无	绿色	
	2 非常低	3 活动可能受影响	1	20
	4 低	5 产品可能受影响	琥珀色	
绿色——可将所有权分配给任何人	6 中	7 阶段可能受影响	21	56
琥珀色——可将所有权分配给项目经理	8 高	9 项目可能受影响	红色	
红色——可将所有权分配给项目监控组	10 确定	11 公司可能受影响	57	110

分担——允许同合作者分担风险

承受——承认风险有可能会转变为问题

避免——防止风险扩散

减轻——降低风险发生的可能性与影响

代码	风险	可能性	影响	风险系数	降低风险的方法
1	报名参加的员工数量不足，导致收益流失	4	9	36	倡议人向其发出个人邀请
2	去年的食物中毒事件再次发生，导致不良影响，并可能引起法律诉讼	2	9	18	重新联系一家餐厅提供饮食
3	会场被竞争者占用，我们不得不在最后一刻选择替代的会场	4	9	36	较往年提前预订会场并订定金，确保会场能够使用
4	发言人演讲的内容存在争议，导致公司的地位与形象受损	6	3	18	事先对发言稿进行审核

图 9—12　项目预测报告：风险记录表

9）时间表

FAC 和差异能够被自动计算出来，但是要保证事先获得 ATD 和 ETC 的数值。项目预测报告只有包括这些数据才有价值。这些信息来自于得到授权的工作人员，因此时间表是搜集数据的最佳方式。在图 9—13 中，完成表格的人在灰色的盒子中输入数据，其他的盒子里就包括了项目计划中的信息。

项目名称	公司年度讨论会
项目经理	Jackie King
日期	2007 年 1 月 12 日

代码	阶段性成果	时间					成本				
		初始		预测/实际			初始努力	ATC	ETC	预测	原因
		开始	结束	开始	结束	原因					
1	完成的项目管理报告	2007 年 2月 10 日	2007 年 2月 10 日	2007 年 2月 10 日	2007 年 2月 10 日		1.0	1.0	0.0	1.0	
2	完成的用户要求文件	2007 年 2月 11 日	2007 年 2月 14 日	2007 年 2月 11 日	2007 年 2月 14 日		1.0	0.0	1.0	1.0	
3											
4											
5											
6											
7											
8											
9											
10											
总额							2.0	1.0	1.0	2.0	

图 9—13　时间表

10）增值分析

利用报告来决定是否能够满足一系列的期望是有效管理的一个重要方面。它能够表明项目目前正在朝预期的方向进展并帮助人们增强自信心。增值分析客观地衡量了项目在时间、成本和质量目标上的完成情况。

增值分析需要获得详细的和不断更新的数据，以计算所有产品的完成情况为基础。因此，跟踪项目进展的计划必须以产品为基础，这是一个先决条件。

图 9—14 向项目经理反映的有关项目进展状态的信息是很少的。计划成本是对项目周期中每个阶段应该花费的成本进行的计量。例如，项目在第 6 阶段应该花费 50 000 美元，在第 8 阶段应该花费 75 000 美元，在第 10 阶段的末期应该花费掉所有预算。

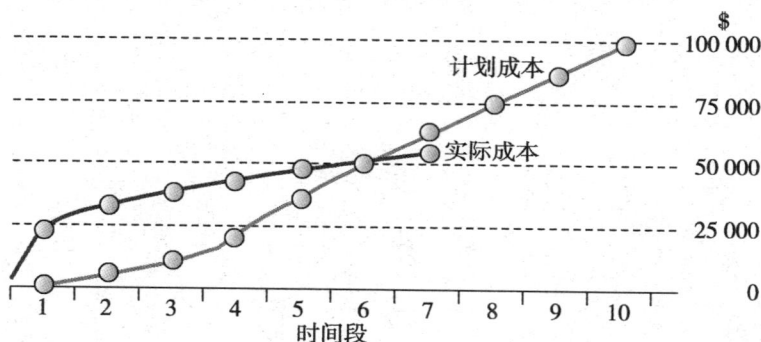

图 9—14　计划成本同实际成本的比较

如图 9—14 所示，在第 6 阶段时，实际成本超过了计划成本，但在此之后，累计实际成本看起来要少于计划成本。但此时庆祝为时尚早，因为图 9—14 的分析并没有考虑每个阶段的实际产出情况。如果项目在第 8 阶段突然结束，它的成本也许会在预算之内，但此时的产出却少于预期的产出。

假设项目经理在项目开始时已经拟定了一份以产品为基础的计划，根据计划确定每件产品的价值和它的生产总成本。从长期的范围来看，这就是计划价值。在每个项目阶段的末期，项目经理都要计算到目前为止已经生产出来的产品的价值，包括一部分半成品的价值，这就是现值价值。随着对产品进展的跟踪，产品的现值价值同预期的计划价值的比较代替了简单的计划成本同实际成本的比较（如图 9—15 所示）。

图 9—15 说明，在项目的开始时期，它的实际情况要优于计划的情况，但是从第 8 阶段开始实际情况落后于计划情况。然而，在使用现值价值同之前使用的实际成本数值进行比较的时候（如图 9—16 所示），现值价值仍是高于实际成本的，这说明到目前为止，已经生产出来的产品价值要超过生产产品的支出。因此，同之前说明的状态相比，项目正处于明显的佳境之中。

为了强调项目经理希望确认的产品成本和差异，"计划价值"和"现值价值"这两个术语可以更换为以下两种更加确切的表达方法：

- 计划工作的预算成本（BCWS）——测量阶段内计划工作的预算成本；

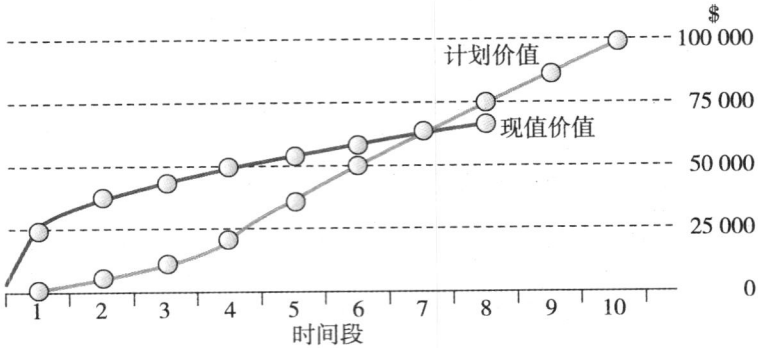

图9—15　现值价值同计划价值的比较

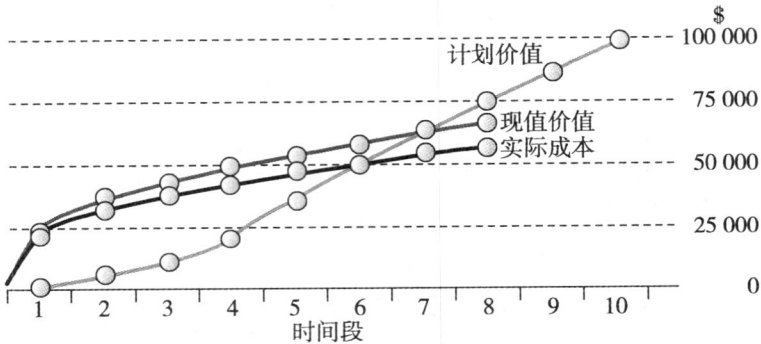

图9—16　现值价值与实际成本的比较

● 已完成工作的预算成本（BCWP）——测量阶段内已经完成的工作的计划成本。

为了使这种方法更加实用，我们需要第三个指标：

● 已完成工作的实际成本（ACWP）——到目前为止已经完成的工作的成本。

现在可以进行以下计算：

● 成本差异——计划工作的预算成本与已完成工作的实际成本之差（到目前为止应该花费多少钱，以当前获得的数值减去实际花费的数值为基础）；

● 进度差异——已完成工作的预算成本与计划工作的预算成本之差（到目前为止应该花费多少钱，以当前获得的数值减去计划花费的数值为基础）；

● 进度延迟——计划工作的预算成本同已完成工作的预算成本相等的时点同数据采集日期相差的天数。

因此，上述例子可以扩展。图9—17表明项目：

● 低于预算——已完成工作的实际成本少于已完成工作的预算成本，成本差异的值为正；

● 进度落后——计划工作的预算成本高于已完成工作的预算成本。预算差异值为负。

在对每件产品进行估值以后，增值分析提供的项目数据分析方法能够明显地增强管理小组对项目状态的理解。

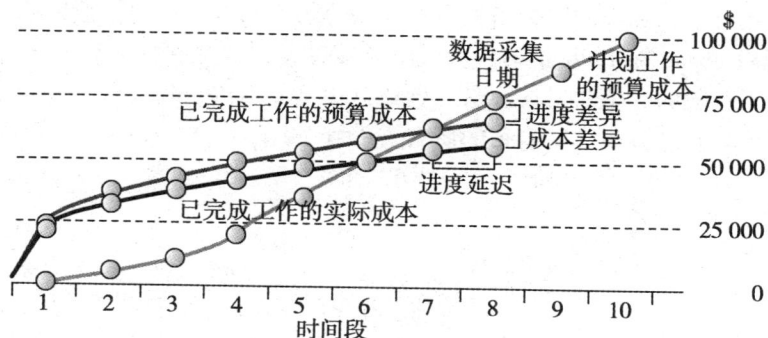

图9—17　现值价值汇总

11）质量审核

增值分析依赖于对产品完成情况的测量。如果不进行质量审核，那么只能够以一定时期内所花费的成本来衡量项目的进展情况（在此暂不考虑是否将增值管理作为监督和控制的方法和手段）。计划的成功执行不仅依赖于对时间和成本的管理，还依赖于对质量的管理。那么，接下来应该根据目标对产品进行测试。

产品质量记录表可以追踪项目阶段性成果的完成情况，但它仅仅记录了所有主要的结果都应该遵循的、比较实质性的产品审核过程。只有根据目标对产品进行测试后，有关人员才能够正式批准项目结束。

对于正在开发的产品，人们应该利用产品说明书来对成功的结果进行大致的描述。特别地，质量标准展现了特定的质量预期以保证开发商能够按照这些标准来生产产品。例如，如果在质量标准中有这样一个问题：能否将项目文件的内容控制在30页以内？作者便能够清楚地了解并满足这个要求。

考虑到产品说明书的复杂性而且经常会被人们误解的情况，产品审核人员需要制定一个质量审核表，将产品雏形同产品说明书相比较，以此来判定产品的完成情况与程度。

以下是一些质量审核形式，每种形式都适用于一种特殊类型的产品：

● 测试——需要进行物理测试。例如，对轮胎进行压力测试来确定它在哪种压力情况下会发生爆炸。

● 检验——检查产品和服务的适用性。例如，通过对办公楼的检验来评价它们能否满足健康和安全标准。

● 演示——通过陈列和演示发现潜在的错误。例如，在轨道上演示一辆车。

● 正式的质量审核——邀请经过认真选拔的审核专家来评定项目达到预设成功标准的能力。正式的质量审核能够帮助人们发现并改正错误。例如，由专家们来对营销计划进行审核。

● 非正式的质量审核——正式质量审核的非结构化模式，在此将通过信件或电子邮件来进行产品的流通并以此来鉴别并改正错误。

在很多项目中，标准的质量审核是对大部分的产品进行适应性监督和报告的有效方法。Michael Fagan 在 1976 年第一次提出了该过程，并且在接下来的十年当中又对此过程进行了不断的完善和发展。最开始该过程主要适用于软件行业，但现在它能够很好地应用于与产品说明定义有关的所有文件（如图 9—18 所示）。

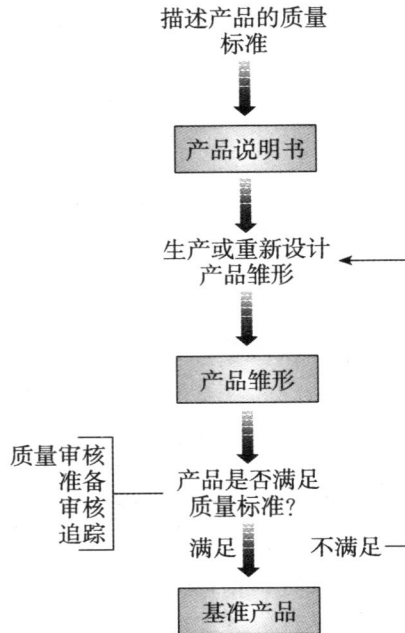

图 9—18　质量审核过程

质量审核：准备阶段。准备工作开始于启动阶段，即用于展开产品适应性测试的产品说明书的形成及被项目监控组批准纳入项目计划的时期。质量计划（项目计划的一部分）将包括所有的产品说明书和一系列质量责任清单，该清单将确认每件产品的审核和批准负责人。

要认真地挑选审核人员，他们主要担任以下职能：

- 负责人——保证能够从审核报告中获得清晰的结论；
- 记录人员——记录审核过程中的行动和决策；
- 设计者——洞察产品及其结构；
- 审核者——鉴定失误。

项目经理和小组负责人也应该做好参与审核的准备，因为审核的结果将在一定程度上影响项目计划。

为了保证审核结果的公平性，应该从商业、客户、开发商等具有不同背景的人中选择审核人员。应该向所有的审核人员发出邀请函，以便于他们了解各自的职能和责任。邀请函的内容应该包括：

- 用于记录审核人员已发现的错误的清单；
- 提供衡量代表产品基础指标的产品说明书复印件；
- 即将接受审核的产品雏形。

记录人员们还应该收到一份任务表格用于记录审核过程中采取的措施和制定的决策。所有的审核人员都应该参与会议，会议期间要以产品说明书为标准来评价产品雏形，并在清单中记录已发现的错误。

另外，还要为审核人员提供足够的时间与空间。

质量审核：审核。在会议开始的时候要介绍每一个参与会议的人的情况，同时要对审核的目的加以解释。假定产品是一份文件，可以通过以下这些方式来对其进行审核：

- 优先确认关键错误。如果已经发现产品存在严重的缺陷，在审核工作继续进行前提出重新生产的建议。
- 审核人员轮流呈递并描述错误清单。这种方式允许每一位审核人员发表他对于产品的特殊关注。这种方式的缺点是：轮到最后一位审核人员发表意见时，他的表单上所呈现的错误已经被别人鉴定并且阐述过了，使他感觉到自己好像未对审核工作出贡献。
- 按照顺序检查文件的每一页。每位审核人员都有平等的贡献机会。此外，如果要中断或者延长审核期限，每位审核人员都将面临同样多的工作时间。
- 按照顺序考察产品说明书中的每项质量标准。这就要求用来测量产品适应性的质量标准必须可靠，而且产品说明书必须具有较高的标准。

在审核的过程中：

- 参与者应该做好充分的准备；
- 每个人都应该在规定的期限内完成工作；
- 应该尊重负责人的权威；
- 所有的参与者都应该具有一定的策略和外交技巧；
- 如果参与者较少或者参与者不具备资格，负责人应该准备好重新安排审核日程；
- 要对产品（文件）进行审核，而不针对创作人；
- 依照产品说明书进行客观的产品适用性审核，不掺杂任何个人主观的观点；
- 在审核的过程中，要记录出现的问题而不是解决问题的方法；
- 避免不相关的争辩；
- 每一位参与者都要关注产品有可能出现的小问题，例如拼写错误等。

随着审核工作的不断进行，记录人员应该对任务表格中的决策和行动加以记录，以保证将各个任务分配到每位合适的参与者手中。事实上，大部分的任务最终都落到了创作人的手中，由他来进行必要的修改。在审核结束时，记录人员应该重述并核实任务表格中的条目来保证该记录反映争论的实质以及行动负责人了解各自的职责。记录人员应该搜集带有拼写和语法错误的产品以及错误清单的复印件。

负责人要保证项目得出确切的结论。以下是一些结论的选项：

- 批准——产品符合标准；
- 修订后批准——采取任务表格中的措施对产品进行修改，改进后的产品将符合标准；
- 修正产品并重新安排审核日程（产品尚未完成）——产品未完成或未达到审核指定的标准；
- 修正产品并重新安排审核日程（产品需进行重大变更）——产品存在重大缺陷，需要从根本上进行重新生产；
- 修正产品并重新安排审核日程（审核人员数量不足）——没有足够的审核人员参与；
- 修正产品并重新安排审核日程（审核人员资格不符）——审核人员不具备审核资格；
- 修正产品并重新安排审核日程（审核人员准备不充分）——审核人员准备不够充分。

质量审核：追踪。如果审核的结果表明产品有待修正，记录人员应该向每个人发放任务表格，还应该向设计者发放产品注释的复印件。

设计者应该考虑进行必要的变更来决定是否能够在该产品可获得的时间和预算的范围内进行适当调整。设计者应通知项目经理变更可能带来的影响。接下来，项目经理应该更新产品质量记录表，在考虑时间和成本等指标后决定设计者是否应该做出这些变更。

假定可以根据计划不断地调整变更，设计者可以以任务表格和注释复印件为向导来修正产品。修订后的版本要发放给审核人员，以便于他们考察已发现的错误是否得到了改正以及其他要求是否得到满足。只要审核人员能够提供审批的依据，负责人便能够宣布产品符合标准。这说明产品能够满足计划的预期质量目标和适用性标准。

非正式质量审核。这是一种常见的产品评估方式，在管理得当的情况下，它将具备许多正式质量审核所不具备的优势，而且执行的成本也比较低。正式的质量审核需要将审核人员召集在一起，而非正式的审核只需通过信件或电子邮件向他们发放产品。首先由审核人员鉴定审核并指出产品的错误，接下来由设计者进行修正和更新产品。

虽然非正式的质量审核项目的方法速度较快且成本较低，但是这种方法的严密程度较低而且有时无法在数量上及质量上确认出足够的错误。

为了尽可能地保证非正式质量审核的有效性，设计者应该：

- 确定审核人员选择范围的平衡性，审核结果要代表商业、客户和开发商的不同观点；
- 设定审核人员须提交审查结果的时间；
- 设定审核人员的工资预算和包括所有支出与时间在内的成本代码；
- 提供用于审核的产品说明书，或至少提供一份质量标准清单来缩小审核的范围（这将从主观方面而非客观方面减少错误的出现）。

正式的和非正式的质量审核都能够提升产品的适用性。生产高适用性的产品需要花费更多的时间和成本，因此项目经理必须要准备好在质量上进行投资。

9.4　控制

没有控制，监督和报告都将无法发挥作用。在考虑了所有形式的报告之后，控制周期向前进展到了最后阶段，在此阶段项目经理将采取正确的决策与措施来调整项目，使其在正常的轨道上运行。项目经理在此期间需要对项目进行严密的管理，因为任何错误的和不恰当的决策都会使得项目偏离正常轨道。

在报告中某些变更是无法预料的，风险管理也无法预料到所有会对项目产生影响的事情。所以，项目在执行过程中往往会出现完成日期超过预期时限、实际花费超过预期成本以及不能满足质量预期的情形。它们就是项目必须要处理的"问题"。而且，除此之外还存在既非风险也非问题的潜在变更。由于项目处于不断变化的环境之中，在时间、成本、质量、范围、风险和收益等方面必然存在持续的压力，因此就会存在对项目的"变更要求"——对项目参数的适当修改。

处理问题和变更要求的过程非常相似，它能够为合适的决策者制定正确的决策提供最佳的信息。通过这个过程，决策者可以保证，如果项目参数必须变更，那么变更过程将会是一个有意识的控制管理过程。只要这些变更被控制在事先商定的管理范畴之内，在财务资金运转正常的前提下，就允许出现项目期限延长、项目预算增加及项目成果与原来的计划不相符的情况。图 9—19 详细地说明了整个控制过程。

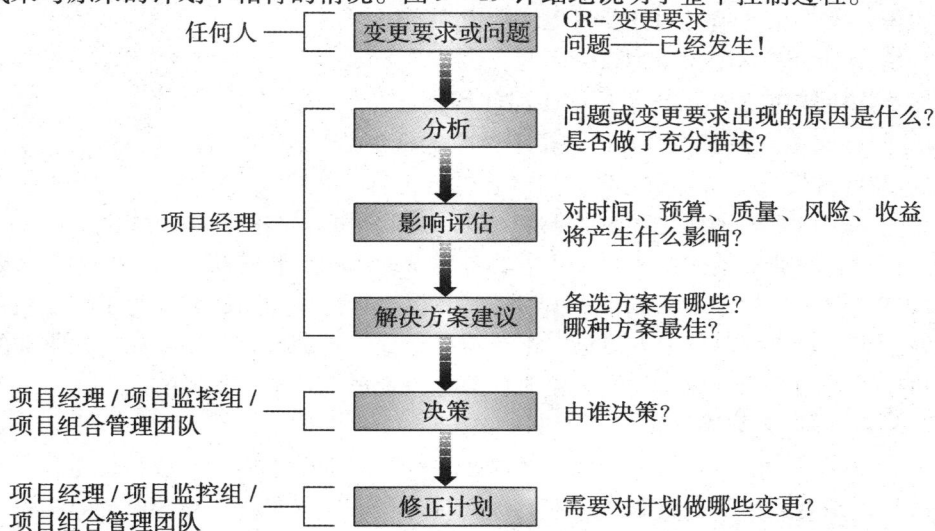

任何人	**变更要求或问题**	CR– 变更要求 问题——已经发生！
项目经理	**分析**	问题或变更要求出现的原因是什么？ 是否做了充分描述？
	影响评估	对时间、预算、质量、风险、收益 将产生什么影响？
	解决方案建议	备选方案有哪些？ 哪种方案最佳？
项目经理 / 项目监控组 / 项目组合管理团队	**决策**	由谁决策？
项目经理 / 项目监控组 / 项目组合管理团队	**修正计划**	需要对计划做哪些变更？

图 9—19　控制过程

9.4.1　变更要求或问题

项目经理必须对变更进行管理。任何人都可以提出变更要求和问题（通常在变更记录表中对提出的所有变更需求和问题加以概括的目的是追踪项目的进展情况）。不需要进行控制的变更是最佳的选择。

9.4.2　分析

变更要求和所提问题的所有方面都应该被包括在记录表格中。问题出现的原因也会包含在项目预测报告的"原因"栏目中。导致问题出现的原因也许会很复杂，所以项目经理必须对分析的过程进行监督以保证能够清楚地解释问题产生的背景。

9.4.3　影响评估

现实的与潜在的变更对项目产生的影响是非常重大的，因此我们需要评估变更对项目的影响。项目经理必须保证能够获得基准评定文件及对变更的影响进行准确地评估。以下是一些重要的基准文件：

- 业务实例——评估对收益的影响；
- 用户要求文件——评估对范围的影响；
- 解决方案设计文件——评估对方案稳定性的影响；
- 项目计划——评估对时间表、成本和质量的影响；
- 风险记录表——评估对项目风险的影响。

如果几个变更要求和问题同时出现，则需要由一组人员来评估它们的影响。由于评估结果将影响项目的成本，所以变更控制必须与应急预算相关联。即使变更要求或问题对项目的影响不需要由一组人员进行评估，在项目很复杂的时候，评估的费用也会非常高。所以，很难对所需的预算进行准确地估测，但是如果经理们曾记录前期类似的投资额，未来的项目预算就可以该数值为参照。

评估变更的影响需要回答以下问题：

- 解决问题或变更要求需要多少时间和金钱？
- 问题或变更要求将对设计的稳定性产生哪些影响？
- 问题或变更要求将对方案的可操作性产生哪些影响？

为了寻求恰当的平衡方案，关于变更要求或问题的影响的评估过程必须涉及以下这些人：具备商业头脑的商业人士、需要考虑设计影响的开发商和需要鉴定方案受影响程度的客户。项目经理应该管理项目进展并提出具体意见。然而，为了体现利益的均衡性，也应该参考其他人的意见。不过项目经理优先考虑对时间、成本和收益的影响是可以理解的，因为获得商业利益对利益相关者来说是至关重要的。

9.4.4　解决方案建议

备选方案可能会有很多种，项目经理必须对它们进行清晰的汇总和概述并提出意见。而且无论有多少种备选方案，它们都会对时间、成本和质量甚至项目的收益产生影响，因为时间、成本、质量和收益是息息相关的。例如，如果需要延长项目期限，就有可能会增加成本；如果要削减项目预算，产品的质量就可能会受到影响；如果需要增加产品的功能和内容，就会影响时间和成本目标的实现。所以在选择方案时还要考虑原始的预期。为了取得预期的成果，项目经理需要考虑下列折中因素：

- 调整方案，保证项目按期完成：
  - 需要使用更多的资源；
  - 提高资源使用效率；
  - 精简质量检查的流程；
  - 削减产品的范围；
  - 增加超时工作和周末加班的次数；
  - 取消休假。
- 调整方案，将成本控制在预算之内：
  - 使用价格低廉的资源；
  - 投入更少的资源；
  - 精简质量检查的流程；
  - 削减产品的范围；
  - 延长产品交付的期限；
  - 增加超时工作和周末加班的次数；
  - 取消休假。
- 调整方案，保证达成预期的质量和内容标准：
  - 需要使用更多的资源；
  - 需要使用更好的资源；
  - 提升质量检测（包括测试在内）水平；
  - 有效处理客户预期；
  - 延长产品交付的期限；
  - 提供现金折扣；
  - 延长某些组件的生产期限。

通过提高组织的描述、计划、构建和测试产品的能力，可以减少对项目控制的需求。我们可以通过以下方法来提高组织的能力：

- 邀请高级或权威的客户加入项目监控组；
- 通过用户论坛不断适应并满足用户的要求；
- 在项目开始时阐明要求并设定基准；
- 只有通过正式的变更控制才能够更改需求；
- 客户的参与要贯穿项目始终；
- 始终用商业分析人员作为客户的代表；
- 设定产品的原型；
- 设定明确的"质量门槛"，例如每个阶段的测试中允许出现的最高错误总量；
- 对测试人员进行培训；

- 为了避免削减测试强度，有效地管理对截止期限的预期；
- 不仅要为达到时间和成本目标提供激励，而且还要为达到质量目标提供激励。

在任何情况下，问题更为严重的情况包括：

- 非主观故意的延时交付；
- 非主观故意的超支；
- 非主观故意的降低质量或缩小范围；
- 如果业务实例失败，项目将被取消。

9.4.5 决策

一旦在启动阶段设定了时间、成本、质量、风险与收益的基准，那么评估过程就应该清晰地描述项目将如何受到变更要求和问题的影响，因为这不仅对于判定参数的受影响程度十分重要，而且对是否接受解决方案建议也十分重要。在一个组织中，自上而下地传达重要的决策命令是非常常见的。类似的，事先经过特殊安排的项目组织也赋予了每个管理阶层一定的权威，通过使用红色、琥珀色和绿色的浮动条件可以很容易地确定应该由谁来决定接受或拒绝项目参数变更。例如，在评价意外事件所产生的影响时，如果能够预测到变更将在项目经理的红色区域内完成，那么项目经理就必须咨询项目监控组关于下一步该如何运作的意见；如果预计项目的完成日期将落在项目监控组的红色区域范围内，决策的制定权将进一步上升到更高的项目组合管理团队的手中；如果浮动条件位于琥珀色的区域，仍然可以考虑将控制权交给当前的管理阶层，但是上一层级的管理人员应该提高警惕。

在本章所描述的所有报告中，红色、琥珀色和绿色的浮动条件都得到了清楚的确认，因此在项目实施过程中，我们应该能够明确各个变更或其他决策的负责人。

9.4.6 修正计划

决定行动步骤之后，控制周期就完全结束了，业务实例或项目计划就需要及时更新。

如果解决方案得到了项目经理的批准，更新的内容就应该包括遵照当前的解决方案修改的预期时间表、预算及质量预期。

如果变更要求或问题的影响非常大以至于引起了项目监控组或项目组合管理团队的高度重视，就需要对业务实例或项目计划做额外的变更。项目监控组或项目组合管理团队将对新的计划进行审批，确保它包括了影响评估过程中确认的所有修正参数。而这些新的参数很有可能会涉及修订的时间表、变动的预算或变化的质量预期。这些修订的参数将构成修订的项目基准以方便人们测量日后的差异。

如果变更的程度增加了项目主要管理人员的担心程度，他们将会制定更加苛刻的浮动条件。这样，项目负责人在制定是否接受解决变更要求和问题的方案时就需要更早地向上级请示或增加请示的次数。在此，只是给予了每个管理层级对下属层级的动态控制权力。

9.5　有效控制的重要性

　　控制过程是管理重大变更的重要基础。大部分有能力的项目经理都会理所当然地进行授权、监督、报告和控制，即使在其无法到位的时候也要定期制定决策。即便如此，过分的自信也可能会导致项目经理的失误。任何微小的变更都可能对项目产生重大而持续的影响，如果对这些影响进行加总，一定数目的微不足道的变更能够迅速地导致项目的失败。所以这些变更不仅需要向上一层级的管理者进行报告而且也会影响到项目接下来的进展。

　　通过以上分析可以看出，有效的控制能够降低项目失败的风险。

第10章
支持与保障

对于刚刚接触变更管理的人来说，从事项目管理工作是困难且富有挑战性的。即使是那些熟悉项目语言、过程和职责的人，有时候也需要别人的帮助。

一种较为常见的组织为项目提供帮助的方式就是使用支持/保障机构：

- 协助项目经理和项目小组；
- 使项目监控组确定项目管理环境适合特定目的，并能持续保持该状态；
- 协助项目组合管理团队对项目组合进行管理并尽可能地确保管理过程无误。

支持/保障机构有多种名称，例如：

- 项目办公室；
- 项目支持办公室；
- 项目管理办公室；
- 方案处。

支持/保障机构不存在特定的结构、地位与规章，因为它为一群需求数量较大且范围较广的特殊受众提供一套特制的产品和服务。

10.1 支持/保障机构的需求或收益

支持/保障机构并不经常处于重要的地位。该机构的重要性将主要取决于当前变更的规模、重要性和风险以及当前项目工作人员与组织的需求和经验。

解除项目经理的某些行政责任将减轻他的压力并能够增强管理的有效性。项目监控组希望项目正处于正常运行状态，如果没有制定重大决策所需的日常管理信息，项目组合管理团队的工作效率将受影响。

接受支持/保障机构服务的各类成员都认为该机构的作用是十分巨大的。图10—1所示的结构将为项目经理提供支持，为项目监控组提供保证。

但是需要注意的是，在向项目组合管理团队提供服务时，支持/保障机构应该处在单个项目之外（如图10—2所示）。

如果项目经理、项目监控组与项目组合管理团队同时需要支持与保障，则需要采用以上两种结构的组合形式（如图10—3所示）。

因此可以说，支持/保障机构所提供的帮助及其形式将取决于被服务者。基于以

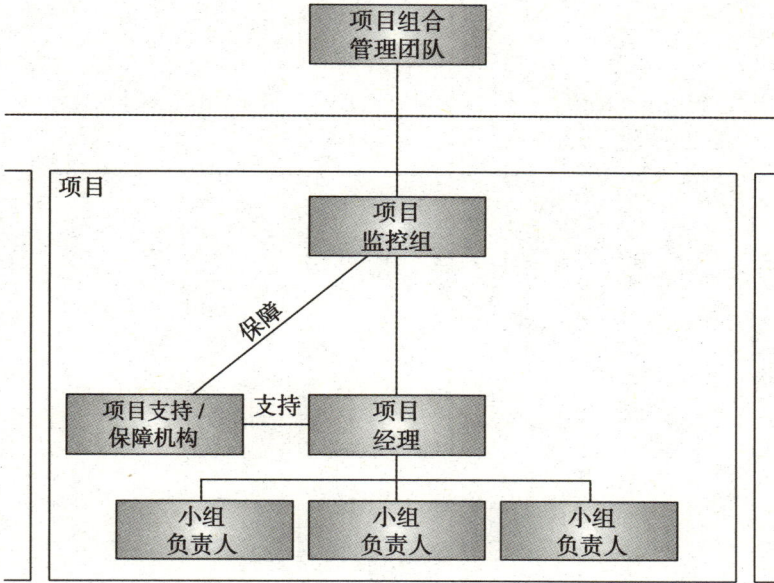

图 10—1　支持/保障结构

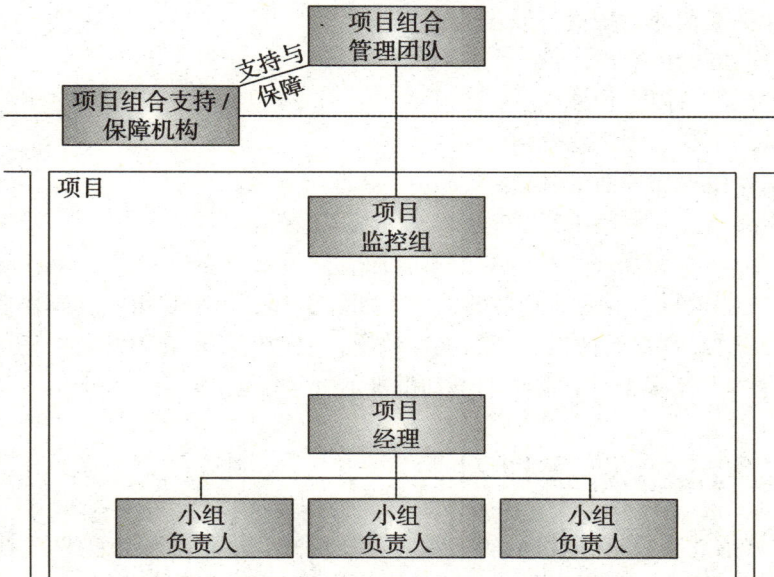

图 10—2　处于单个项目之外的支持/保障结构

上原因，建立高效率的支持/保障机构对一个项目甚至是一个组织都是很有好处的，它能够：

- 更好地利用稀缺技术；
- 开展项目管理技术竞赛；

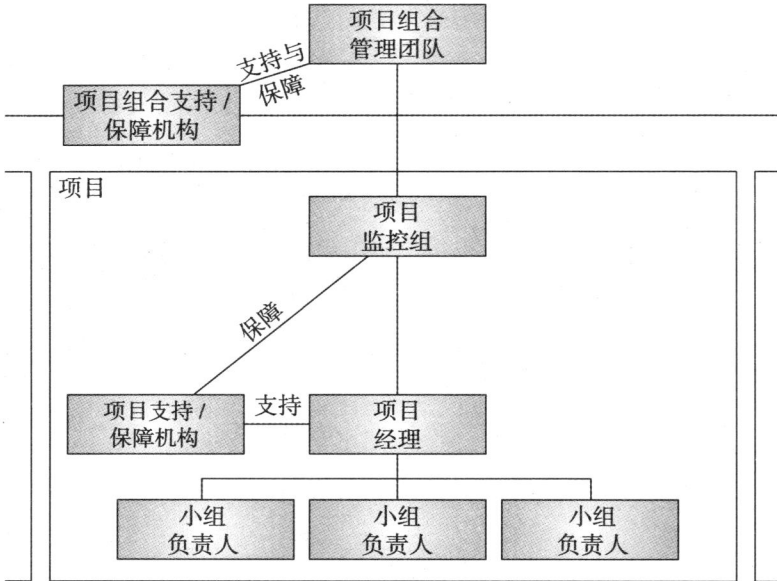

图 10—3　为所有部门提供服务的支持/保障机构

- 更快更准地评估变更与风险的影响；
- 推行共同的标准；
- 强力推行共同管理原则；
- 集中并单独管理信息资料库；
- 根据需要提供灵活的服务；
- 根据战略准则调整项目，提升人们的信心。

引入并运营支持/保障机构需要成本，而且除了日常开支以外，一群受众的满意通常是建立在牺牲另一群受众利益的基础上的。例如，为项目组合管理团队提供管理信息意味着项目经理需要搜集关键的项目数据，但他们却不会因此获得任何收益。因此，支持/保障工作必须具有清晰的得到批准的规章制度。

10.2　支持与保障提议报告

这个文件描述支持/保障机构的工作内容及形式，支持与保障工作成功与否可以通过回答下列问题进行判断：

- 是否为监督小组提供了充分的权限来保证其能够引导项目成功？
- 支持/保障机构的经理在进行项目计划、监督与控制方面是否有足够的经验？
- 解决方案是否针对当前存在的问题与机会？
- 是否已经了解了所有的潜在约束条件？
- 它在组织中的位置明确吗？

- 支持/保障机构的客户是特殊确定的吗？
- 为保证快速地实现收益，支持/保障机构所提供的产品或服务是否具有优先权？

支持与保障提议报告应该包括表 10—1 中所列的内容。

表 10—1　　　　　　　　　　**支持与保障提议报告**

背景	建立支持/保障机构的提议产生的背景概述，以便于人们全面地了解引进该机构的内部管理环境
问题与机会	详细解释为什么建立支持/保障机构是恰当的解决方案
约束条件	哪些因素将制约支持/保障机构的运营
管理	怎样构建支持/保障机构
产品与服务	支持/保障机构向哪些人提供何种产品，优先顺序如何

10.2.1　背景

关于支持/保障机构应该满足哪些需求，每个人都有自己的看法。本部分将讲述最重要的驱动因素，这些内容在业务实例中会得到更加全面的描述。到目前为止，该部分必须提供具备一定深度的背景以明确支持/保障机构存在的原因。

10.2.2　问题与机会

这部分将全面地讲述支持/保障机构的每位客户所面临的挑战和问题。可以以客户类型（项目经理、项目监控组、项目组合管理团队等）为标准对本部分进行分类。如果没有明确问题与机会，将会导致支持/保障成本高而实际收益低。

10.2.3　约束条件

许多因素都将对支持/保障工作的规章产生影响。这部分将考虑以下几个方面，当然并不是每个案例都会发生所有的问题：

- **谁是被服务者？** 这个问题的答案应该同"问题与机会"部分中所表述的需求一致。
- **客户预期。** 每一位被服务者将怎样判断支持/保障工作成功与否？不同的预期是否互相矛盾？如何对他们的预期进行优先权排序？
- **资源共享。** 支持/保障功能是否负责在项目组合的范围之内提供项目资源？例如，具备项目计划经验的人能否根据项目的需要参与项目？
- **组织范围。** 如何划分支持/保障机构与财务小组、资源供给/需求小组、信息管理小组和项目管理领导等部门之间的责任范围？
- **技术与经验的可获得性。** 在组织内部获得专家技能与经验的可能性有多大？需要从外部引进专家吗？
- **内部结构。** 什么样的内部组织结构是比较合理的？组织内的等级程度是高还是低？组织内部的报告结构是怎样的？
- **交付结构。** 支持/保障机构的专家组将提供哪些专业服务？所有的组员都将参与支持/保障工作吗？

- **专业发展**。支持/保障工作的参与者是否来自项目管理资源库？或者，他们是否试图加入到项目管理资源库中？支持/保障机构经理的下一个职业生涯目标是什么？
- **行政支持**。支持/保障机构是否需要部分地或完全地提供行政支持？
- **顾问**。支持与保障工作的"专业程度"如何？组员们是否精通项目管理？
- **文化**。为了构建支持/保障机构都进行了哪些努力工作？这个概念对组织来说是新的吗？组织准备好在这方面进行投资吗？
- **计划/成长/成熟**。该机构是暂时性的还是永久性的？如果预计到该机构存在的期限要短于所支持的项目，如何解散该机构？
- **位置**。需要为该机构配备一个特定的实际地理位置吗？它能够虚拟地运行吗？小组能够分散运行吗？如果能，将如何运行？
- **技术**。怎样利用技术来帮助提供产品和服务？有多少设备已经是自动化和集中的？将利用怎样的技术来保证有效地利用产品和服务？
- **系统化方法**。是否期望人们发展和/或执行组织的项目管理的方法？
- **公正性**。如何划分支持工作与备选的审计工作间的区别？支持/保障机构的工作人员们能够应付此类挑战吗？小组应提供哪种形式的保证：项目管理健康检测、内部项目审计还是外包的项目审计？
- **价值**。小组的服务收费吗？如果收费，怎样定价？怎样保证服务的质量？

不能克服这些约束条件将会增加项目陷入严重风险的可能性。例如，支持/保障机构可能：

- 被看作是象牙塔，从而失去应有的尊敬与荣誉；
- 没有带来实际价值，却为组织带来财政上的负担；
- 没有很快地产生效果，使人们怀疑该机构为组织提供支持的能力；
- 不再为组织成员提供清晰、符合客观期望的发展途径，导致组员们失去斗志。

10.2.4 管理

定义报告必须说明支持/保障机构的结构以及如何对其进行管理。在线形结构内成立一个小组或部门来生产必要的产品与服务是相对简单的，但是这也暗示了其长期存在的不合理性。如果小组将要支持与保障临时的管理环境（即项目），在类似直线的结构上建立支持/保障机构是合理的，因为它不会变成一个固定的机构，而是将与项目的生命周期具有持续的相关性。

在这种情况下，支持/保障机构的价值将：

- 经过业务实例证明；
- 由一组倡议人拥有并指挥；
- 由项目经理进行管理；
- 根据计划进行控制；
- 在生命周期的每个阶段都在不断产生价值，随着阶段的进展价值量也在不断增加；

  • 实现目的后能够随时撤销。

支持/保障机构的目的与价值经常遭到质疑，所以以对待项目的方式来对待该机构可以向客户表明支持/保障机构面临与项目相同的风险。运用本书所描述的原则与技巧将使支持/保障机构获益，组织对此的反应也表明这些原则与技巧是可行的。

因此，如果需要通过业务实例来证明支持/保障机构的价值，就必须要由一组倡议人对其价值进行清楚的概述和量化。这个由倡议人组成的小组是否叫做项目监控组取决于他们自己，称他们为支持/保障工作监控组也许更加合适。监控组的主要成员有：

  • **倡议人**。在商业上给予支持/保障机构支持的实体代表人，他可能是当前项目的倡议人、部门直线经理或者是项目组合管理团队的一名成员。

  • **开发商代表**。能够提供有关构建、管理与搞活支持/保障机构权威观点的人。他们也许是之前运营过类似机构或者是来自第三方的项目管理专家。

  • **客户代表**。客户代表也将起到非常重要的作用，他们将提供判定支持/保障工作是否成功的标准。考虑到接受服务者的不同，客户代表可能是项目经理、项目监控组成员、项目组合管理团队成员或者是以上三者的组合。

项目经理，或者更准确地说是支持/保障机构经理，将负责根据按照业务实例目标而设立的计划来实施与开展支持与保障工作。该计划必须表明，支持/保障机构如何快速地向客户输送价值以及如何在长期范围内保值与增值。

10.2.5　产品与服务

以下是支持/保障机构通常提供的产品与服务：

1）为项目组合管理团队提供支持和/或保障

  • 对项目组合计划的制订与持续管理做出贡献；

  • 开发并维持组织项目管理的系统化方法；

  • 根据组合项目计划监督所有的项目进程准备项目预测报告并为项目组合管理团队提出差异预警；

  • 保证项目组合产品的完整性，此时尤其要考虑：

　—范围，确保重复与遗漏的最小化；

　—价值，通过重视收益管理来控制项目成本；

　—能力，确保有效、充分地利用组织的技能；

　—时间表，确定项目关注时间目标并且遵照相关性；

　—战略协调性，向项目组合管理团队保证重点发展项目并保证其实现组织的战略目标；

　—服从，遵守相关的标准和程序。

  • 进行健康检查并提出解决方案；

  • 评估项目组合计划变更所带来的影响，并给出意见或建议；

- 利用合适的工具或方法对项目组合或项目进行管理；
- 确定并满足培训需要；
- 维护组织的项目资源与技术记录；
- 促进项目组合的协调与沟通环节顺利进行；
- 跟踪并测量项目的收益实现情况。

2）为项目监控组提供支持和/或保障

- 帮助维持项目同组织的战略协调性联系；
- 对启动程序提出意见或建议；
- 对业务实例中收益的确认与管理提出意见或建议；
- 帮助倡议人维护业务实例；
- 帮助准备项目监控组会议；
- 建议并/或进行项目健康检测；
- 对结束程序提供意见或建议；
- 在收益实现阶段对倡议人提供支持。

3）为项目经理提供支持

计划：

- 帮助项目经理准备项目计划；
- 促进并/或管理计划环节；
- 帮助开展评估；
- 当项目变动范围超出浮动条件时帮助项目经理准备计划的变更；
- 当项目变动范围超出浮动条件时提出补救措施。

控制：

- 确保使用时间记录程序与预测记录程序；
- 为项目经理制定项目预测报告并提醒他注意关键差异；
- 执行变更控制程序；
- 评估变更要求和问题的影响；
- 促进常规的风险确认活动；
- 维持并升级业务实例，重点考察项目成本；
- 通过维持产品记录确保利用了所有的质量控制方法；
- 参与质量审核，并在适当的情况下确保其准确性；
- 协助开展项目结束工作。

管理：

- 协调所有的质量控制活动；
- 检测或完善代表所有项目资源的时间表信息；
- 记录所有的项目会议；
- 执行项目结构管理；

- 确认培训需求并予以满足；
- 搜集项目管理系统性方法的进展情况。

咨询：

- 在项目管理的过程中为项目人员提供培训；
- 为制订项目计划提供服务并为所有的项目人员提供帮助；
- 指导涉及专业性问题的事件；
- 开发支持自动化的工具与方法；
- 为提高预测的准确性提供帮助。

当确认了期望的产品与服务之后，支持/保障机构应该对这些需求进行排序。只有这样，先导性实验才能够提供重要的开端产品，并随着时间的推移不断地增添其他内容。

10.3　定义、确认并开展支持/保障工作

图 10—4 所描述的产品流向图表明如何以开展项目的方式来开展支持/保障工作。

这种方法通过利用有效的项目管理原则来开发并实施支持/保障工作。然而为决定该支持/保障工作是否具有价值，其操作要受制于持续、定向的收益检查。

这种方法的关键产品如下：

- **业务实例**。解释支持/保障机构非常重要的原因并设定进展目标。
- **支持/保障功能定义报告**。见前文描述。
- **交流文件**。描述交流的受众、方式和他们需要向支持/保障机构提供的信息，以确保邀请了所有重要的利益相关者参与其中。
- **招募的支持/保障机构工作人员**。支持/保障机构的目的是开发一系列产品和服务。所以，最初可能会需要第三方专业人士的支持，但是最终将由组织内部员工开发。
- **开发的首批产品和服务**。支持/保障机构将提供一系列的受客户欢迎且能够给客户带来收益的产品与服务。首批产品必须满足最迫切的需求以确保组织对支持/保障机构的投资物有所值。
- **操作环境**。对支持/保障机构来说，操作环境可能是一个物理空间、一个虚拟的网络或者是一个可以操作的局域网环境。
- **日常数据存储库**。客户难免会向支持/保障机构询问或索要项目管理信息，因此需要搜集并保存核心数据。这些数据最初大多是一些电子表格，第 9 章所描述的一些报告就是根据这些表格制定的。然而，大部分组织都发展较快以至于超越了电子表格的存储空间和能力，因此需要引入更加精密的数据管理工具。下面这个列表反映了用于生产智能管理信息的数据范围：

－项目名称；

立项	项目概述
阶段 1	业务实例
	项目管理报告
阶段 2	支持与保障机构提议报告　交流文件
阶段 3	招聘的支持/保障机构工作人员
	开发的首批产品/服务　操作环境　日常数据存储库
	首批产品与服务
	项目结束报告
收益实现阶段 1	客户互动审查　收益实现报告
	开发的第二批产品/服务
	可操作的产品与服务
收益实现阶段 2	同收益实现阶段 1

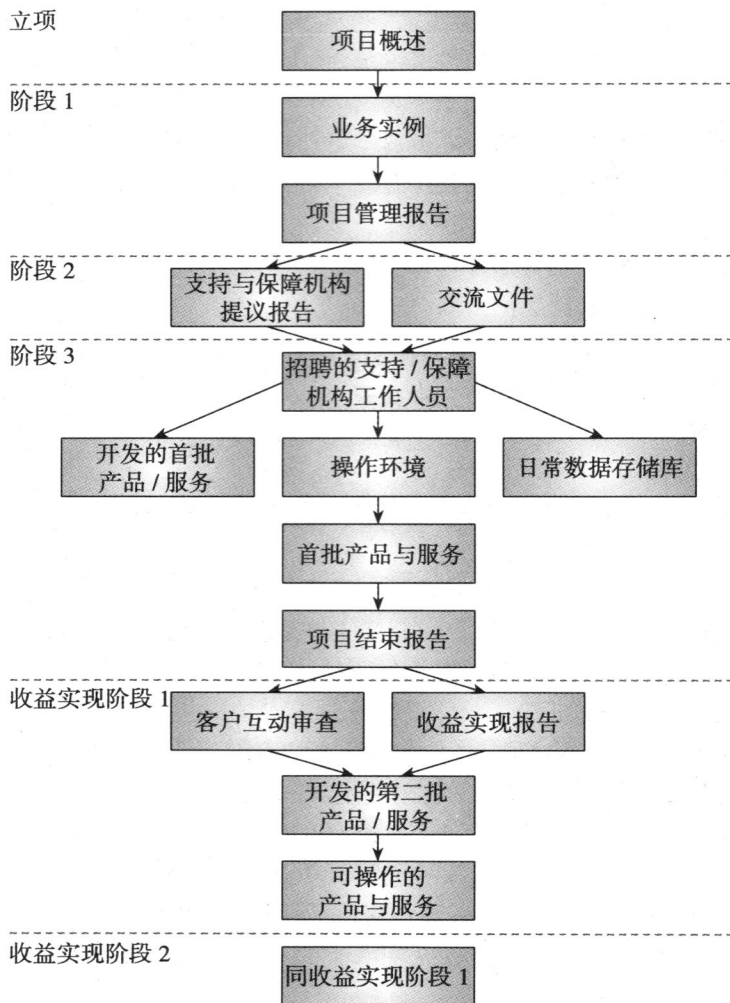

图 10—4　产品流向图

- 项目经理；
- 项目倡议人；
- 客户代表；
- 开发商代表；
- 相关项目；
- 阶段性成果/结果名称；
- 时间浮动条件——红色，范围；
- 时间浮动条件——琥珀色，范围；
- 时间浮动条件——绿色，范围；
- 阶段性成果/结果质量检测者；

- 批准机构；
- 基准开始日期；
- 基准结束日期；
- 预测或实际开始日期；
- 预测或实际结束日期；
- （经过计算的）开始日期差异；
- （经过计算的）结束日期差异；
- 时间指标是否满足浮动条件（需要经过实际计算）；
- 出现时间差异的原因；
- 结束日期草图；
- 质量审核"邀请发送"日期；
- 质量审核"基准审核"日期；
- 质量审核"审核结束"日期；
- 质量审核结果；
- 质量审核变更数量；
- 质量审核"变更结束"日期；
- 质量审核"适用性许可"日期；
- 资源名称；
- 资源浮动条件——红色，范围；
- 资源浮动条件——琥珀色，范围；
- 资源浮动条件——绿色，范围；
- 资源基准项目；
- 资源基准单位价值；
- （经过计算的）资源基准总额；
- 资源实际实现条目；
- 资源实际实现单位价值；
- （经过计算的）资源实际实现总额；
- 资源预计完成条目；
- 资源预计完成单位价值；
- （经过计算的）资源预计完成总额；
- （经过计算的）资源预测；
- （经过计算的）资源差异；
- 资源指标是否满足浮动条件（需要经过实际计算）；
- 产生资源差异的原因；
- 质量检测；
- 质量浮动条件——红色，范围；

- 质量浮动条件——琥珀色，范围；
- 质量浮动条件——绿色，范围；
- 基准质量检测；
- 实际实现质量检测；
- （经过计算的）质量检测成功百分比；
- 质量指标是否满足浮动条件（需要经过实际计算）；
- 出现质量检测差异的原因；
- 收益名称；
- 收益浮动条件——红色，范围；
- 收益浮动条件——琥珀色，范围；
- 收益浮动条件——绿色，范围；
- 基准收益；
- 实际实现收益；
- 预计完成收益；
- （经过计算的）收益预测；
- （经过计算的）收益差异（数值与百分比）；
- 收益指标是否满足浮动条件（需要经过实际计算）；
- 出现收益差异的原因；
- 风险描述；
- 风险浮动条件——红色，范围；
- 风险浮动条件——琥珀色，范围；
- 风险浮动条件——绿色，范围；
- 风险发生的可能性；
- 风险带来的影响；
- （经过计算的）风险因子；
- 降低风险；
- 风险应急费用数额。

- **开端产品与服务**。这是首批产品与服务首次被提供给支持/保障机构真正的客户。

- **项目结束报告**。结束项目并启动收益实现阶段。

- **客户互动审核**。这将决定客户对支持/保障机构所提供的产品与服务的形式与质量的满意程度。该环节不仅要确定他们对目前产出的满意程度，还应该探究他们未来的需求以便于提前做好准备。

- **业务实例再评价**。确保客户存在足够的激情、市场与资金来保证支持/保障机构的运营。

- **开发的第二批产品与服务**。第二批产品与服务必须能够满足支持/保障机构客户的更加成熟的需求。通常情况下，它们的数量与复杂程度都会有所增加，但是该机构也要做好需求低迷情况下的减产准备，甚至必要时的停产准备。

- **可操作的产品与服务**。同所有的收益实现进展类似，机构将提供更加精良的产品与服务。

10.4　一个灵活的机构

支持/保障机构应该时常关注客户的需求。由于其价值是由客户来决定的，所以它应该被看作是变化的管理环境中一个灵活的组成部分，而不是一个永远存在的机构。因此，支持/保障机构应该作为项目管理的产品。只有这样，才能够在项目进行的每个阶段持续地衡量其价值。

第11章
项目结束及结束之后

当项目人员试图摆脱现有的任务并为自己确定新的职能时，项目可能会结束得过快。此时，项目人员可能会认为继续留在项目中收获甚微，因为如果项目计划已经完成，还能从接下来的项目阶段中获益吗？

当项目以良好的运营方式结束时，它提供了一个学习经验的宝贵机会以保证项目按照预期的方式交付所有成果。更重要的是，项目结束后可以测量约定收益的完成情况。

为了做到这一点，可以将结束时期分为以下两个阶段：

- 项目结束——与启动阶段相同，在此阶段将采用严格的管理程序来结束项目；
- 收益实现——对业务实例中出现的收益监督与测量。在可能的情况下测量在哪个阶段项目的收益超过了项目的所有投资。

当项目成功结束后，项目就完全结束了。收益实现阶段是后项目阶段，由授权项目的组织负责（如图11—1所示）。

11.1　项目结束

只有当项目已经符合项目监控组的成功标准时，才能在这个阶段正式解除项目管理环境。项目监控组要对项目保持控制直到他们（而且只有他们才能够）同意解散该项目。

项目结束时期需要了解项目是否在可以接受的时间和成本范围内生产出高质量的产品并取得预期收益。因此，项目监控组必须从项目经理处了解时间、成本及质量的预期目标完成情况。

11.1.1　项目结束报告

项目经理会通过项目结束报告（见表11—1）为项目监控组提供可以量化项目完成情况的方法，以便于其制定是否结束项目的决策。

报告是否成功可以通过回答以下问题来判定：

- 是否为项目监控组圆满地结束项目提供了充分的信息？
- 所提供的信息是否准确而且是最新的？
- 所提供的信息在本质上是否一致？

前项目阶段	项目			后项目阶段
立项	启动	交付	结束	收益实现

项目概述	业务实例 原因?	维持不变的业务实例		收益实现报告
	项目管理报告 谁? 什么? 何时? 怎样?	维持不变的计划 风险与问题管理文件 变更管理文件 项目预测报告	项目结束报告	经验总结报告
	用户要求文件			有效的项目成果
	解决方案设计文件			

项目结束　　项目组合管理团队负责提供启动阶段预算

商业决策	项目组合管理团队为整个项目提供资金,项目监控组取得全部所有权,倡议人接受业务实例	倡议人从商业角度考虑项目结束	项目监控组授权项目结束	项目组合管理评估收益是否能够成功实现
客户决策	客户批准要求文件	客户从用户角度考虑项目结束		
开发商决策	开发商批准设计文件	开发商从操作角度考虑项目结束		

项目结束

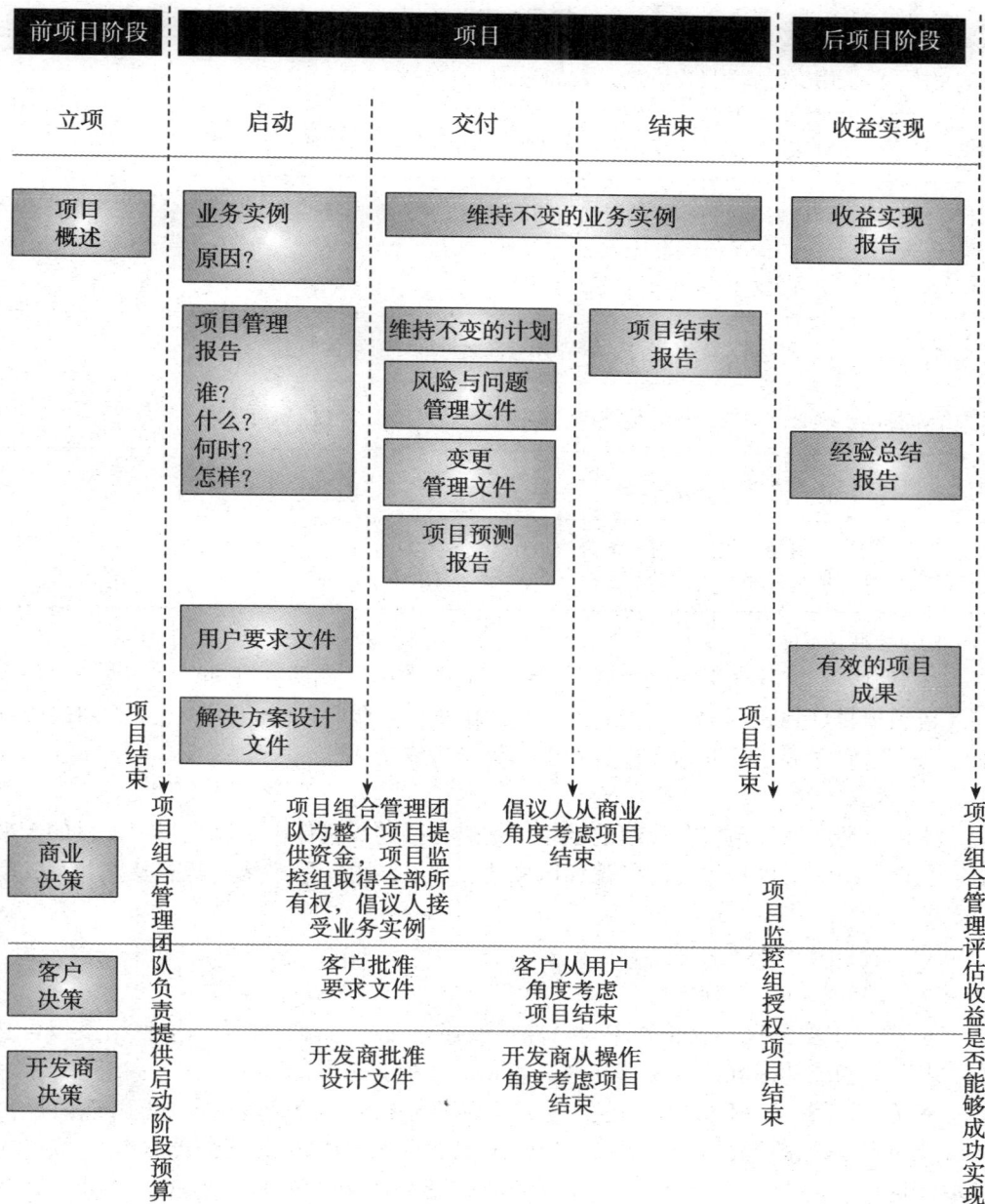

图 11—1　项目的生命周期

- 是否清楚地概括了收益实现阶段的行动方针?
- 是否全面地描述了收益实现阶段工作人员的职能与责任?
- 是否为项目监控组批准"后项目管理环境"提供了足够的有关收益实现阶段的管理信息?

表 11—1   **项目结束报告**

基准文档	用于衡量项目成功完成情况的文件
背景	对项目历史的概述，以便于人们了解项目的各个方面
项目小结	对计划与实际指标的详细回顾，以便于决定差异是否能够对项目的结束产生影响
遗留问题	所有仍未得到解决的问题
后项目管理	后项目阶段需要怎样的管理环境来测量最终实现的收益
其他结束标准	项目还需要额外满足哪些成功标准，项目监控组才能制定决策
建议	可以选择哪些方案来结束项目
行动建议	项目经理提出了哪些成果 将如何执行后项目管理

1）基准文档

通常情况下，基准文档包括以下文件：业务实例（成功标准部分）、项目管理报告（包括项目计划在内）、用户要求文件和解决方案设计文件。通常还需要列出版本编号以确保使用最新批准的文件版本来衡量是否成功。

2）背景

项目经理应该对项目监控组的组织结构进行描述以确保由一直在指挥项目的人来结束项目；应该对项目进展的步骤加以概述，并在结束阶段确认与状态及差异相关联的变更。

3）项目小结

这一部分将列出下列内容：

● 项目成功标准。在业务实例中曾对该部分内容进行过概述。项目结束报告必须要表明这些成功标准的实现情况（见表11—2中的例子）。

● 预算（见表11—3中的例子）。项目监控组希望了解所有差异出现的原因并对此进行详细的记录。在表11—3中出现的一个正500美元的差异甚至被列入琥珀色区域，项目监控组申请了该项资金却没有使用，必须返还给项目组合管理团队。

项目监控组还应该了解已花费但尚未记录的资金（通常是因为尚未收到发票）。即使项目已经结束，这部分成本仍然需计入项目。

● 时间表（见表11—4中的例子）。项目监控组必须了解所有差异出现的原因并对其进行详细的记录。

表 11—2　　　　　　　　　　　项目成功标准

基准项目成功标准	实际的项目成功情况	差　异	原　因
新电脑系统处理交易的数量是旧系统的两倍吗	旧系统每天能够处理 950 次交易。数据显示，新系统每天能够成功处理 1 900 次交易	0 绿色	
新办公室使 350 名员工平均有 36 平方英尺的办公面积吗	新办公室能够为 400 人中的每个人提供至少 36 平方英尺的办公面积	+50 人 琥珀色	为未来加入办公室的员工预留了办公面积
六月底前新员工的招聘工作能完成吗	所有新员工都在 8 月底招募完毕，但不会给项目带来风险	−2 个月 琥珀色	9 名新员工中有 3 名在 6 月底之前不能进入公司工作。但是，他们对项目的成功没有重大影响
购买的新设备是否在预算范围内	见下文的预算审核	见下文的预算审核	见下文的预算审核
新的办公操作程序是否优先在东京分部使用	东京分部的工作人员先于其他同事获得新的操作程序	0 绿色	

表 11—3　　　　　　　　　　　预　算

1	2	3	4	5	6	7
资源项目	初始基准	最新获批的基准	完工时的票据金额	预测总量	初始基准差异	最新获批的基准差异
人力资源	$32 000	$42 000	$42 000	$42 000	− $10 000 红色	0 绿色
非人力资源	$29 500	$29 500	$25 500	$29 000	$500 琥珀色	$500 琥珀色
资本成本	$4 000	$4 000	$4 000	$4 000	0 绿色	0 绿色
总计	$65 500	$75 500	$71 500	$75 000	− $9 500 红色	$500 琥珀色

注：

第 1 列：资源类型根据项目计划总结而来。

第 2 列：同项目管理报告相一致。

第 3 列：同（有关）通知相一致，日期格式为日/月/年。

第 4 列：同财务账簿内容相一致，日期格式为日/月/年。

第 5 列：考虑承诺与计划的支出而非已获收据的支出。

第 6 列：修订的基准没能够在××年××月××日获得项目监控组的审批而产生的差异。

第 7 列：差异来源于根据有关通知对项目计划所做的变更，日期格式为日/月/年。

表 11—4　　　　　　　　　　　　　时间表

1	2	3	4	5	6
产品/阶段性成果	初始基准	最新获批的基准	实际结束日期	初始基准差异	最新获批的基准差异
启动	10/04/05	01/05/05	01/05/05	−20 天 红色	0 天 绿色
交付阶段 1	30/07/05	28/08/05	28/08/05	−29 天 红色	0 天 绿色
交付阶段 2	28/09/05	30/10/05	30/10/05	−32 天 红色	0 天 绿色
结束	30/10/05	30/11/05	30/11/05	−31 天 红色	0 天 绿色

注：

第 1 列：关键成果或阶段根据项目计划总结而来。

第 2 列：同项目管理报告相一致。

第 3 列：同（有关）通知相一致，日期格式为日/月/年。

第 4 列：包含在最近更新的项目计划当中，日期格式为日/月/年。

第 5 列：修订的基准没能够在××年××月××日获得项目监控组的审批而产生的差异。

第 6 列：差异来源于根据有关通知对项目计划所做的变更，日期格式为日/月/年。

4）遗留问题

这一部分包括下列内容：

- 附加产品——没有包括在最初预期产品之内的产品。
- 未完成产品——计划生产但未生产的产品（例如"存档的操作说明书"）。
- 附加收益——业务实例中新增的收益或最初的业务实例批准后额外增加的收益。
- 未实现收益——业务实例中没有实现的收益或最初的业务实例批准后减少的收益。
- 变更要求与问题——变更记录将在项目结束时表明变更要求与问题的状态，有些变更可能被推迟到下期进行或者已被解决或者同项目一起结束。

5）后项目管理

收益实现阶段不属于项目管理的范畴。如果项目结束意味着项目管理环境的消失，那么就会增加不能全面地了解收益的可能性。

项目结束报告的这一部分必须包括以下内容：

- 收益实现阶段的预期结果——报告所要求的决定项目是否完成的内容与成功标准。

- 将要花费的时间。
- 谁将在该阶段负责监督、确认收益衡量负责人和在此期间增加的操作成本。
- 用来进行测量的数据与度量标准。每笔项目收益都应该确认数据与度量标准以及衡量收益的方式。
- 如何对收益进行监督、测量？何时进行监督、测量？怎样将其同计划的标准相比较？何时进行比较？（必要时）如何将其向成功的方向引导？何时需要引导？应该列出已安排好的活动，以便于用实际的成本与收益来更新业务实例。

6）其他结束标准

除了上述所列的标准之外，还存在着其他的几个结束标准。主要包括：

- 是否提出了合适的后项目管理方法？
- 所有参与"后项目管理"的人员是否适合并熟悉自己的职能与责任？
- 是否已准备好结束阶段的所有成本代码？

7）建议

这一部分描述项目结束的环境。这意味着也许需要按照计划制定直接的决策结束项目，或者提出建议将项目的某些部分推迟到附加阶段，例如项目的某一成果没有在规定的时间与成本预算内完成等。在出现更加特殊的情况例如产品没有达到质量标准时，甚至可能会提出在操作环境中不使用主要成果的建议。在任何情况下，项目监控组都会保持对项目进展过程的了解，因此这些决策的制定不会使他们感到意外。

缺少对项目结束的管理，收益实现阶段就很容易陷入无管制的状态，从而导致不能够准确地监控收益的实现情况，更重要的是无法准确了解项目是否取得成功。

8）行动建议

这一部分讲述制定项目结束决策必须采取的步骤，并将启动"后项目管理"部分中所描述的后项目收益实现阶段管理。

说明进行收益评估的时间是很重要的，以便于参与者们能够将该日期记录到自己的日程表当中。另外，必须明确交付与批准收益实现报告的责任，以避免利益相关者关于所有权方面的争议。

11.1.2　项目结束程序

项目结束程序（如图 11—2 所示）是相对直接的。由于项目结束对不同人的意义不同，因此它也必须满足各种不同的需要。

对项目监控组而言，项目结束意味着：

- 对项目所做的投资已完全结束；
- 一个新的阶段已经开始，在该阶段实现的收益必须超过实际的项目成本和不断增加的操作成本；
- 客户代表必须确保在日常业务环境中能够操作该项目产品；
- 开发商代表必须保证向客户提供支持。

对项目经理而言，项目结束意味着：

完成余下的项目任务并准备
项目结束报告（项目经理）

项目结束报告

审核报告（项目监控组）

经过审核的项目结束报告

对报告进行修订（项目经理）

经过修订的项目结束报告

项目结束会议程
项目介绍（倡仪人）
项目审核（项目经理）
建议（项目经理）
结束项目（项目监控组）
下一步方案（倡仪人）

结束项目（项目监控组）

是   否

通知项目组合管理团队并结束项目

除授权活动外，关闭项目所有费用代码

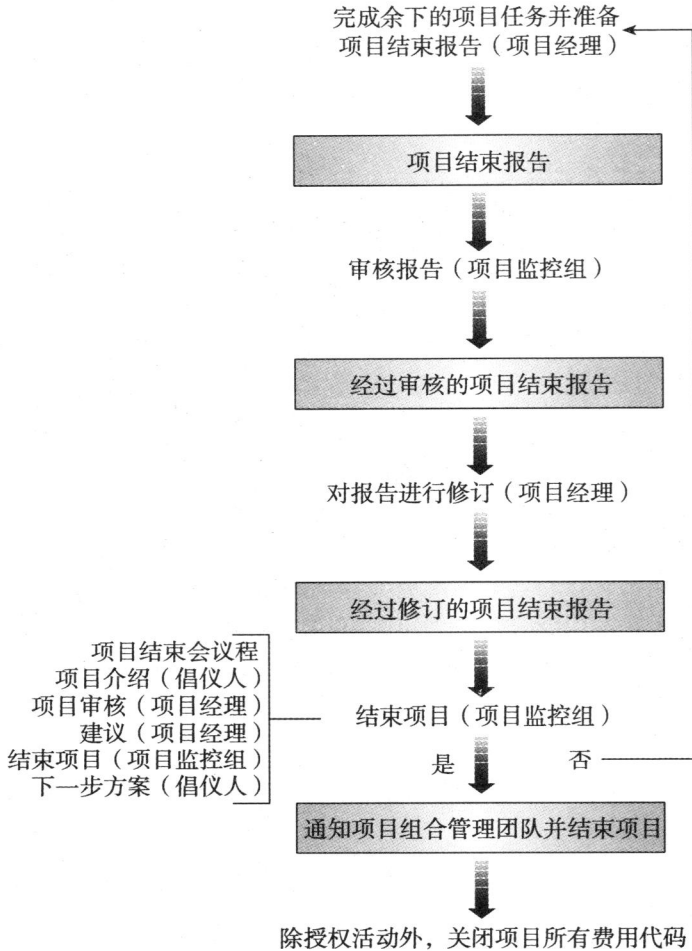

图11—2 项目结束程序

- 项目计划中确认的工作已经完成，因此必须重新更新项目计划并存档；
- 无论后项目行动是什么都必须移交给后项目管理小组；
- 必须准备好结束阶段的成本代码，并保证每项花费都是明确而且是获得授权的；
- 必须告知项目小组成员项目已经结束，要求他们的直线经理为其安排新的任务；
- 在对小组成员日常表现的鉴定中，项目经理必须对其表现有所反馈；
- 必须为"经验总结"会议预留充足的预算资金，经验总结会议的召开时间要尽可能适合更多项目参与人的时间安排。

11.1.3 经验总结报告

经验总结报告是经验总结审核的结果，它搜集并交流尽可能多的信息，目的是提高今后管理的效率。

经验总结报告的价值通常要低于经验总结审核本身的价值，因为使许多项目的第一环节是总结以前项目的经验教训的做法有时是不合适的。在许多组织中，小组成员在项目中的学习经历对完善公司的程序和标准所做出的贡献要大于在项目结束时纠正系统错误和异常情况的贡献。但是，报告必须为新项目的风险确认工作组提供有用的信息。

对项目管理的审核是否成功可以通过以下标准加以判定：

- 所有管理层级都有代表参与审核工作；
- 审核活动在项目即将结束时进行，以便于审核活动的参与者能够准确清晰地回忆起项目内容；
- 要充分考虑项目管理的正面因素和负面因素；
- 改进措施已得到清楚地确认；
- 确认措施的执行者；
- 每项行动都有时间表。

报告的建设性结构（见表 11—5）决定审核的方式。

表 11—5　　　　　　　　　　　　经验总结报告

项目背景	为没有参加项目或项目审核的人员提供简要的项目大纲
目标	项目审核的目的是什么，有哪些衡量成功的方法
范围	项目管理审核的范围有多大，有哪些内容可被排除（如果存在的话）
评论	参与者作出了哪些评论
经验总结	从评论中可以获得哪些经验
行动计划	采纳这些经验的计划是什么

1）项目背景

同项目结束报告中的内容相同。

2）目标

经验总结报告中的目标将取决于组织对学习与成长的开放性程度。常见的目标有：

- 使所有的参与者感觉，他们能够为组织的项目成长贡献力量；
- 确认将来能够被应用的项目管理完善意见。

这些目标不仅可以在项目结束时进行经验审核，也可以在每个项目阶段的末期进行审核，因为它能够在项目进展的过程中而不是在项目结束的时候帮助完善项目管理。

3）范围

审核经验总结的目的是考察项目管理的优劣。为了明确管理因素的影响，需要明确排除非管理因素，例如对计算机系统所进行的技术检测或项目所交付的桥梁或建筑物等对项目管理产生的影响。本部分将通过列举需要考察的项目管理的各个方面来讲述其所包含的内容：

- 组织、职能与责任；
- 沟通与利益相关者管理；
- 计划书、计划与授权；
- 监督、报告与信息管理；
- 包括变更控制在内的项目控制；
- 质量管理；
- 风险管理；
- 收益管理。

4）评论

经验总结报告应该推广经验并帮助消除错误的习惯。评论应该是不加限制的直接陈述。例如，关于监督与报告的争论的正面评论可能是："项目预测报告首次被采用并帮助确认了许多差异。"负面的评论有可能是："由于每月的风险确认频率过低，产生了太多事先本可以避免的问题。"

5）经验总结

这一部分描述从正面和负面的评论中所获得的经验，也就是形成报告的原因。例如，从上述正面评论中有可能获得这样的经验："应该鼓励所有的项目使用项目预测报告（至少应该确认差异）。"从上述负面评论中有可能获得这样的经验："对于所有规模相似或范围相同的项目来说，应该增加召开风险确认会议的频率。"

6）行动计划

这一部分说明怎样将经验融入组织项目管理的文化中（见表11—6中的例子）。

表11—6 　　　　　　　　　　　行动计划

编号	经　验	行　动	成功标准	负责人与规定期限
1	鼓励所有的项目使用项目预测报告（至少应该确认差异）	在 Ace 项目、King 项目与 Queen 项目中引入项目预测报告	Ace 项目、King 项目与 Queen 项目采用项目预测报告，并在无人监管的情况下充分利用该报告	DK ××年××月××日
2	对所有相似规模或范围的项目来说，应该增加召开风险确认会议的频率	增加 Jack 项目召开风险确认会议的频率	Jack 项目每两星期召开一次风险确认会议。	PT ××年××月××日

11.1.4　经验总结回顾

经验总结回顾通常在项目结束一周或两周以后进行，应邀参加的人应该来自项目管理的所有层级，包括项目小组成员、项目小组负责人、项目经理、项目监控组、客户、供应商、（如果项目具备一定的规模或重要性或是带有一定的风险，还应包括）项目组合管理团队成员。

由于每个人全面平等地参与总结是非常重要的，经验总结会议经常由外部的或者是公正的、经验丰富且值得信赖的人来管理，通常在支持/保障机构之中或者通过支持/保障机构进行选拔。

议程通常包括以下内容：

- 介绍；
- 基本规则；
- 评论；
- 休息；
- 经验教训；
- 行动计划。

1）介绍

项目介绍应该由项目监控组成员来进行，最好是项目倡议人。这为该部分提供了权威性并为所有的参与人提供了提升成果价值的机会。在进行介绍时，倡议人要陈述该环节的客观目标。考虑到一些参与人也许未能参与项目的整个周期，一些局部的项目背景介绍也是十分必要的。这会帮助确立回顾的范围。

2）基本规则

不愉快的记忆总是令人不安和混乱。情绪有时可能会影响产出，因此促进者必须在一开始设定一套参与规则。下文的列表并不是详尽无缺的，而是参与者应该遵守的基本规则：

- **暂搁问题**。如果就某一个问题争论了 5 分钟以上仍然找不到合适的解决方案，就应该暂时搁置，在会后再讨论。
- **将工作范围限制在议程之内**。经项目倡议人批准的议程应该受到大家的尊重，即如果没有足够的机会来探讨某一问题，应将其暂时搁置。
- **尊重促进者**。促进者的作用是帮助会议高效率地进行。
- **事前准备**。应该鼓励参与者们事先准备好自己想要提出的评论与经验。
- **批评管理而不是个人**。如果需要提出批评，应当对项目的管理提出批评而不是针对开发或运营项目的某个人。
- **每次只说一条**。这一点可以保证更加迅速地确认评论与方案。
- **清楚地陈述观点**。参与者要仔细考虑其想要提出的观点并利用能够使其他参与者理解的方式来描述。
- **迅速地陈述观点**。经验总结的时间是有限的，参与者应尽量避免长篇大论。
- **有礼貌地陈述观点**。参与者尽量不要利用感情因素来增加紧张的气氛。

3）评论

每个参与者都希望表达自己对于项目管理正面或是反面的看法，因此构建适当的结构是十分必要的。在将整个团队划分为多个小组之后，可以通过以下两种方法来进行讨论：

- **有选择的小组话题**。每个小组都有一个或一组需要探讨的特定话题，包括在上文的"范围"部分中已经确认的话题（见上文的经验总结报告）。几个开场问题对小组深入探讨小组话题会有所帮助。例如，某一小组所探讨的话题是风险管理，那么他们的开场问题也许包括：与风险管理相关的事件发生的频繁吗？项目在降低风险方面的效率如何？

- **普通的小组话题**。为每个小组提供审核范围之内的所有话题列表。此时，也可以利用开场问题来为小组提供帮助。当大家想要探讨每一个话题时，这种方法就存在着优势。

讨论的结果可以形成一张图表，其中列明每个小组讨论所获得的正面与负面的评论，并重点强调其中 3 到 4 个最主要的内容（如图 11—3 所示）。

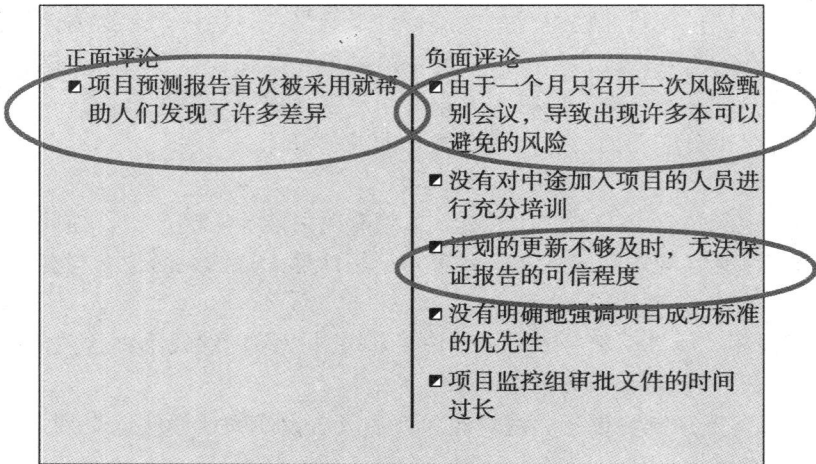

图 11—3　正面评论与负面评论

在会议期间，促进者应该在各个小组之间巡视以保证他们按照规定的日程进行讨论并取得既定结果。在会议结束时，应该给每个小组几分钟的时间来阐述他们的主要评论。

4）休息

评论环节容易使人疲惫，因为人们往往关注项目的负面因素。会间休息可以使参与者恢复精力及准备下一次讨论。也许休息后的讨论会比较乐观，更加关注正面因素。

5）经验教训

参与者们回到小组以后要考虑有关那些重点的评论。他们的目标必须表述清楚，即保证关于重点的有价值的评论能够被引入项目管理方法的改进。对于每个重点的评论，他们都应该确定至少一种解决实际问题的方法与促进正面问题发展的方式。

每个小组的讨论结果应该记录在一个图表中（如图 11—4 所示）。

正面评论	负面评论
◪ 项目预测报告首次被采用就帮助人们发现了许多差异	◪ 由于一个月只召开一次风险甄别会议，导致出现许多本可以避免的风险
◪ 经验：鼓励所有的项目使用项目预测报告，至少要保证清楚地确认差异	◪ 教训：对所有相似规模或范围的项目来说，要增加召开风险甄别会议的频率
	◪ 计划的更新不够及时，无法保证报告的可信程度
	◪ 教训：至少每两个月更新一次项目计划

图 11—4　正面和负面的评论和教训

在会议期间，促进者应该在各个小组之间巡视以保证他们按照规定的日程进行讨论，并取得既定结果。在会议结束时，应该给每个小组几分钟的时间来阐述他们总结的经验教训。

6）行动计划

为一个有价值的事件制订行动计划是非常重要的。仅仅在回顾过程中总结出经验教训是不够的，如果想要让这些经验发挥作用，就必须对项目的组织管理方法进行必要的变革。

行动计划必须阐明行动所需要的条件、衡量行动结束的标准、行动结束的负责人以及结束时间。应该把保证行动被执行的责任分配给会议的参加者。

一旦行动计划得到大家认可，回顾活动的倡议人必须公开承担起确保行动取得成功的责任。项目经理不应该承担该责任，因为他也许会被分配到另外一个项目中承担其他的职责，但是倡议人在项目结束后还要继续承担包括继续开展项目管理系统性方法在内的责任。根据经验回顾的内容所制订的行动计划将对此起到推动作用。

这并不是倡议人的唯一职责。虽然倡议人已经提出了项目期间或项目结束后将获得一系列的收益，组织也许会期望每一位倡议人在这些收益的实现阶段仍然为项目效力并对此负责。

11.2　收益实现

收益实现阶段紧随项目结束阶段，这也是预期收益有所提升的阶段。为项目安排的管理此时已不复存在，也不适用于即将进行的活动。收益实现阶段的目标是确保收益超过投资，这也是业务实例所概述的目标。

为了确保该阶段的成功，需要回答以下这些问题：

- 谁是该阶段的负责人？
- 怎样监督、测量与控制不断增加的成本和收益？
- 该阶段何时结束？
- 组织怎样进行奖惩？
- 收益能否对计划的商业目标做出贡献？

11.2.1 职能与责任

作为项目的委托人，项目组合管理团队不仅要负责项目的成功，还要负责使项目的收益大于投资。另外，项目组合管理团队还负责委托能够对组织的战略性成长与发展做出贡献的项目。这样，尽管是倡议人推动了该项目的进展并说服其他人参与其中，但却是项目组合管理团队在对其进行了充分地考虑后认为投入该项目的资金是值得的。

倡议人可能负有直线责任，但是他在此阶段还需要负责监督、测量与控制不断增长的成本与收益，因此许多组织都会为其提供帮助，这些帮助通常来自于支持/保障机构。特别的，如果倡议人需要利用项目专家的技术，项目专家也会将自己的时间投入到监督并测量成本和收益工作之中。当项目/方案的支持机构不存在时，组织可能会指定一位专家来承担监督与测量工作。无论在哪种情况下，预期的成本或收益的差异得到确认时，倡议人都可以自由地行使职权。

一旦项目结束，倡议人到组织中另外一个与之完全不同的部门工作是很常见的事情。但是解除倡议人在收益实现阶段继续存在的责任是不切实际的，项目组合管理团队应指派其他人员来完成该工作。如果没有适当的权威对项目的收益实现阶段进行管理，收益与成本也许不会按照预期的速度增长，项目也会被认为是失败的。

11.2.2 监督、测量与控制

如果存在以下的条件，在收益实现阶段对收益与成本的追踪将会变得相当直接：

- 在业务实例中已经清晰地说明了监督与测量机制；
- 在项目存续期内，对预期收益与成本、监督与测量机制的变更已在业务实例中得到适当的调节。

每个成本或收益条目都应该得到单独的监督与测量。表11—7列出了第5章的业务实例中所确定的部分收益的例子。

来自于业务实例的一些相关事实如下：

- 通过问卷调查，客户满意度在项目开始之前、之中和之后都是可以测量的。
- 项目的一个直接结果是，在第0年与第1年之间客户满意度提高了5%。
- 在第2年，客户满意度将继续提高5%。
- 在第3年和第4年，客户满意度保持不变。
- 收益的增长将来自于新客户在组织的商品和服务上所增加的新花费。

表 11—7　　　　　　　　　　　　　　**量化收益**　　　　　　　　　　单位：美元

	初始年份	第 1 年	第 2 年	第 3 年	第 4 年
增加的收入	—	5 000	60 000	60 000	70 000
提升的客户满意度	—	5 000	10 000	10 000	10 000
淘汰的竞争者	—	—	20 000	20 000	20 000
新市场带来的客户	—		30 000	30 000	40 000
节约的成本	—	8 000	10 000	11 000	11 000
节约的人力资本	—	5 000	5 000	5 000	5 000
节约的信息工具等成本	—	3 000	5 000	6 000	6 000
总数	—	13 000	70 000	71 000	81 000
累计总额	—	13 000	83 000	154 000	235 000

- 客户满意度提高 5% 导致第 1 年的销售额增加了 5 000 美元，第二年在第一年的基础上又继续增加了 5 000 美元。在企业存续期内，每年的销售额保持 10 000 美元的水平。
- 由于对客户服务人员的需求减少导致职工人数减少，进而带来成本的降低。
- 客户满意度提高 5% 使客户服务人员减少，在企业存续期内每年节约 5 000 美元。

因此，在收益实现阶段，倡议人主要负责保证按照收益实现计划对收益进行累计加总。在表 11—7 的例子中，这意味着必须采用一致的方法对以下内容进行测量与记录：

- 项目开始之前的客户满意度，以及之后各年的客户满意度；
- 项目开始之前的客户收入，以及之后各年的客户收入；
- 项目开始之前的客服人员数量，以及之后各年的客服人员数量；
- 实施解决方案的操作成本。

收益实现阶段的主要任务是对实施解决方案的操作成本进行监督与控制以保证其不超过计划数额。正如业务实例中所陈述的，利润即收益与成本的差额，才是最主要的。

表 11—8 列出了在业务实例所中确认的成本。

表 11—8　　　　　　　　　　　　　　**年度成本**　　　　　　　　　　单位：美元

	第 0 年	第 1 年	第 2 年	第 3 年	第 4 年
资源	1 300	12 250	16 820	12 600	19 850
易耗品				1 000	
硬件设施			28 000		
软件设备			17 000		
环境				11 000	
食宿	500	1 200	1 200	1 200	1 200
费用	700	2 400	1 600	1 600	3 200
总数	2 500	15 850	64 620	27 400	24 250
累计总额	2 500	18 350	82 970	110 370	134 620

即使项目在第 0 年的年底结束，也必须对随后的成本进行监督与控制，并且在收益实现计划中记录这些成本的测量方法。

必须计划好对每项成本或收益的测量时间，确保将成本控制在预算范围内并达到一系列的成功指标。对此例而言，为了满足这几点要求，必须回答以下几个问题：

- 计划是否能够保证每年都用同样的方式对客户满意度、客户人数与员工数量等级进行测量？
- 为了避免无谓的重复，在可能的情况下，调查报告的日期同组织范围内的其他事件是否一致？
- 客户满意度差异、收入流与员工人数是否都与该项目有关？
- 如果可能的话，整个收益实现阶段是否都由同一个人负责监督工作？
- 是否准确地区分并测量了产生操作成本的所有因素？

收益实现计划说明在收益实现阶段如何管理对时间、成本与质量的预期，它具有许多常规的项目计划所具有的特点，因此应该以对待常规计划的方式来对待收益实现计划。另外，由于我们要根据计划来衡量差异，倡议人要负责将成本与收益控制在计划的范围之内。所以在这一阶段倡议人的责任同项目周期内项目经理的责任相同。

11.2.3 取得战略性变革

如果收益是以商业术语的形式来表述的，那么上文所讲的在收益实现阶段对成本与收益的监督、测量与控制就已经足够了。然而，如果开展该项目的目的是为了保证某个方案的成功或者是为组织更广泛的战略需求服务，项目组合管理团队将会希望能够明确的表述出它们之间的联系。

特别的，在考虑信息技术因素的时候，表明对战略的贡献程度要比说明对商业化的成功因素的贡献程度更加困难。在这个过程中可以利用一种被称作"收益相关性网络"的调查方法跟踪从项目结果到战略目标的全过程。这种方法由 Cranfield 大学的 John Ward 与 Joe Peppard 在《信息系统的战略计划》（第 3 版，John Wiley and Sons 出版社，2002）一书中提出。

图 11—5 说明软件自动安装项目对组织战略目标的贡献。它们之间的关系体现在项目生产的促成器上，该促成器能够实现商业运作方式的变革。在这种情况下，用户可以从列表中选择软件并自动安装，而不必寻求专家的帮助。如果这个变革得以执行，将会通过快速的软件安装以及同服务台间更少的通话来获得收益。这与商业投资的目标相一致，提高了用户和客户服务的生产率，而且这二者的收益都是可以衡量的。如果生产率的提高实现了预期的目标，那么在实现组织的战略性驱动方面将会取得成效。由于客户将有更多的时间同自己的消费者进行交流，服务质量和工作效率都将提高，因为服务台小组在规定的工作时间里能够处理更多的事情。

另外，由于在项目组合的发展阶段就已制定了表 11—9，组织就可以用表 11—9 来决定各个项目对组织战略决策的实际贡献。由于各个项目都已结束而且进入收益实现阶段，描述语句将从"项目将对……做出贡献吗"转变为"项目已经对……做

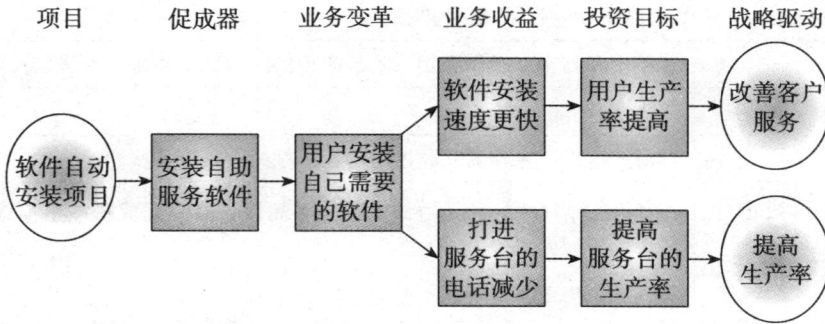

图 11—5　收益相关性网络

出贡献了吗"。

表 11—9   **项目对战略的贡献**

战略目标	项目 1	项目 2	项目 3
公司希望明年从客户那里获得 $ 500 000 的收入流，而该收入以前是一次性支付的	直接贡献	间接贡献	没有贡献
公司希望明年将三种标准产品的安装时间由九周缩短为七周	没有贡献	没有贡献	没有贡献
公司希望明年以行业认定的标准来管理项目	间接贡献	没有贡献	没有贡献
公司希望明年采用新的项目管理方法来管理两个项目	没有贡献	没有贡献	没有贡献
公司希望明年将有 10 年以上工作经验的员工的离职率降低 20%	没有贡献	直接贡献	没有贡献

11.2.4　收益实现报告

倡议人应该为项目组合管理团队制定常规的收益实现报告。根据收益实现阶段持续时间长短不同，收益实现报告每三个月到每年提交一次。它的概念和内容同项目预测报告的概念和内容十分相似。项目预测报告提供对预期项目目标进展情况的常规更新，而收益实现报告则提供不断增加的项目成本与收益的情况并清楚地说明差异，以便更好地对该阶段进行管理并取得成功。

判断收益实现报告是否成功可以通过检查该报告是否包括了以下几个方面：

- 上次报告结束到目前为止所取得的进步；
- 确定预期操作成本与收益的差异；
- 解释差异产生的原因；
- 描述解决差异的办法；
- 确定谁将负责执行所提出的正确行动决策。

根据上述标准，表 11—10 列出了业务实例应该包括的内容。

表 11—10   收益实现报告

小结	总结实际与预期操作费用与收益实现情况的表格并确认差异与浮动条件
差异	对主要差异的分析
修正行动	针对产生主要差异的问题说明需要由哪些人采取哪些行动
收益实现阶段的管理层变更	在允许的情况下，为了增加成功的可能性还需要完成哪些事项来改变该阶段的管理模式
结论	为作者总结项目审核的结果提供机会
建议	如果可能的话允许作者提出收益实现阶段的运营方式

11.2.5 小结

可以用表 11—11 来说明这部分内容。

表 11—11   实际收益与成本   单位：美元

	收益	基准	迄今为止的计划数额	迄今为止的实际数额	预计完成项目还需要的数额	预测	差异 迄今为止	差异 已完成
1	提升的客户满意度	35 000	15 000	15 000	20 000	35 000	0	0
2	淘汰的竞争者	60 000	20 000	20 000	40 000	60 000	0	0
3	新市场带来的客户	100 000	30 000	35 000	70 000	105 000	5 000	5 000
4	节约的人力资本	20 000	10 000	9 000	11 000	20 000	−1 000	0
5	闲置设备的清除	20 000	8 000	20 000	0	20 000	12 000	0
6	提高的员工士气	0	0	1 000	4 000	5 000	1 000	5 000
7	对已识别风险的规避	0	0	1 000	10 000	11 000	1 000	11 000
	收益总额	235 000	83 000	101 000	155 000	256 000	18 000	21 000
	成本							
1	咨询费用	2 500	2 500	2 500	0	2 500	0	0
2	人力资本	61 520	29 070	35 000	32 000	67 000	−5 930	5 480
3	易耗品	1 000	0	0	1 000	1 000	0	0
4	硬件设施	28 000	28 000	29 000	0	29 000	−1 000	1 000
5	软件设备	17 000	17 000	17 000	0	17 000	0	0
6	环境	11 000	0	500	11 000	11 500	−500	500
7	食宿	4 800	2 400	2 500	2 300	4 800	−100	0
8	费用	8 800	3 000	3 000	5 800	8 800	0	0
	成本总额	134 620	81 970	89 500	52 100	141 600	−7 530	6 980
	净值	100 380	1 030	11 500	102 900	114 400	−10 470	14 020

这个例子的基础是业务实例中第 2 年成本与收益的估计值。这个例子可以说明以下内容：

- 差异以"迄今为止"的差异（迄今为止的计划与实际的差值）和预期的"已完成"的差异（基准与预测数据的差值）形式出现。这保证倡议人能够对预期利润（即所获收益与成本的差额）进行评估。

- 差异，无论是正还是负，都要确定其是否符合红色、琥珀色或是绿色的浮动条件，因为项目组合管理团队需要对所有重要的差异有所警觉。例如，"闲置设备的清除"在第 2 年以后实现了全面收益，但是该情况的计划发生时间是在 4 年以后。项目组合管理团队也许会希望对此展开调查，因为这可能意味着在恰当的时机出现之前就已经清理了多余的设备。

- 随着对初始业务实例的发展，两项新的收益得到了确认，它们是"提高的员工士气"与"对已识别风险的规避"。由于之前并没有对它们的数据进行预计，在这里它们的基准被设定为 0。这也能够确保项目组合管理团队能够随时了解目前的项目状况。

11.2.6　差异

收益实现报告必须包括全部的信息，用于回答会议参加者所提出的所有问题。这就要求受益实现报告不仅要通过表格中的数据对差异进行描述，而且还要通过其他的方法对差异进行全面、详细的解释。

11.2.7　修正行动

收益实现报告必须针对每项差异提出正确的行动措施，即使是无为决策也要被存入文件档案中。此时可以使用一个简单的表格（见表 11—12）。

表 11—12　　　　　　　　　　　　　　**修正行动**

	行　动	成功标准	责　任	到期日
1				
2				
3				
4				
5				

11.2.8　管理层变更

收益实现阶段也许会持续几年，因此相关的负责人可能会转移新的职位，组织也可能会发生变动，这些都将对成本与收益产生影响。倡议人要利用本环节来记录这些变更。

11.2.9　结论

报告的完成者应该对收益实现阶段出现的情况进行总结，并清楚地说明该阶段的任务完成情况。

11.2.10　建议

本环节允许报告的完成者为项目组合管理团队提供一套行动方案。这意味着或者收益实现阶段已经结束且不需要进行更深层次的审核，或者必须展开随后的审核。在此环节，人们应该清楚地提出建议，以便于项目组合管理团队了解人们期望获得哪些回应。

11.3 项目成功

假设：

- 最初的业务实例是稳健可靠的；
- 在整个项目周期中业务实例都能够得到维护；
- 能够有效地管理时间、成本、质量、风险与变更；
- "经验总结"报告确认出被纳入系统性方法的改进措施；
- 在收益实现阶段做出最大化收益并最小化操作成本的决议。

最终的收益实现报告极有可能表明这样一个结果：所实现的收益要超过项目成本与操作成本，而且超过的数额正是业务实例中所预期的数值。如果情况真的是这样，我们就可以说有效的项目管理能够保证项目的成功。

第12章

嵌入有效的项目管理

利用项目来实现系统性的项目变革方法对组织中的某些人而言意味着自身的变革。为了保证项目能够成功，在考虑策划、执行与嵌入新工作方式的手段时，必须认识到这是一次文化转变的经历。如果项目经理不从个人及组织的层面改变自己的行为，预期的转变将无法发生。

同许多项目一样，实现引进新的方法带来的收益需要花费一定的时间。在此期间，变革的领导者必须认真地管理容易受到项目结果影响的利益相关者的预期。对某些人来说，这也许是一次艰难的经历，他们的工作负担会增加或者他们会被要求以非本能的方式工作，而其他人将可能会抓住能够增进专业水准的行动机会。负责策划、执行与嵌入新方法的人要注意避免结果陷入迎合或放纵这两种极端。经过管理的方法是很重要的，因此利用项目在组织中嵌入项目管理将是有效的实现目标的方式。在本章接下来的内容中，"项目"一词将特指"项目管理改进"。

12.1　建立变革案例

说明项目同商业变革目标之间的联系是十分重要的，因为它们互为前提。因此，变革的领导者必须从一开始就要有清楚的暗示：对项目管理的投资将直接提升组织进行变革的能力。

提醒项目经理们注意他们个人和组织的目标以便于他们把握所提出的变革之间的相关性是必要的。有效的项目管理能够为以下的商业目标做出贡献：

- 实现高标准的财务目标；
- 应对竞争挑战；
- 能够迅速地对变革做出回应；
- 在提供产品与服务方面被认为是出色的；
- 为员工的发展提供机会；
- 学习在离开客户的情况下确认改进机会。

通过将组织现存的项目管理能力同应达到的指标进行对比可以使项目管理改进的案例制定得更加具有代表性。这既增加了人们对内容的期待，也表明了为获得预期专业水准需要应对的挑战。能力的成熟度模型提供了简单地衡量组织发展状态的方法，一共分为 5 个等级：

- 启动级——能够自动避免混乱的、非结构化的方法。项目成功与否主要取决于机遇与驱动变革的人力资本的结合。
- 可重复级——有足够的证据可以证明人们正在复制之前的成功案例。
- 定义级——项目管理的系统方法已非常明显地形成并已被存档。
- 管理级——该方法能够同更大范围的业务实例管理与业绩评价相结合。
- 优化级——对实践的反馈与创新都被记录到组织的文件之中，并已被纳入项目管理的文化环节之内，以便于人们进行自我提高与改进。

表 12—1 说明项目管理能力的成熟度模型，包括本书的所有话题。

表 12—1   能力成熟度模型

	等级1：启动级	等级2：可重复级	等级3：定义级	等级4：管理级	等级5：优化级
项目与业务目标的一致性	项目与业务目标不具备一致性。不存与"项目组合"或"变革议程"有关的清晰表达	强制性项目与战略性项目是可以确认的，其中大部分能够吸引倡议人的注意	在已定义的项目组合中每个项目都有明确的倡议人。描述各个项目预计将对组织做出哪些贡献	利用商业与绩效指标来选择项目	评估项目对组织的决策进步所产生的预期与实际贡献，并利用评估结果推动未来的变革议程
收益管理	在未进行成本/收益分析的情况下便启动了项目。未对所交付的收益进行衡量	确定强制性项目与战略性项目的范围，以保证定期地进行成本/收益分析	存在收益管理的方法，它适用于所有的项目。已经完成了所有项目的成本/收益分析	收益管理方法被应用于所有项目中。搜集与收益相关的数据贯穿于项目周期始终且推动了开始/结束决策的制定	测量各个项目所交付的实际收益并将其制定与下一项目相关的决策。倡议人的报酬与实现的收益项挂钩
项目管理的系统方法	不存在明确的项目管理的系统方法。项目工作大体上同公司的日常业务实例没有区别	只有核心的项目进程与成果才能够被建档并被应用于强制性项目与战略性项目中。只有很少一部分人了解有关系统方法的知识。偶尔会使用支持工具	所有的项目进程与成果都被写入档案。存在一般方法与程序的整合。集中搜集项目数据。存在不成熟的支持/保障机构。经常使用支持工具	项目的进程与成果在所有项目进展的过程中都得到了普遍的应用。全面地区分项目与一般的方法和程序。依据可靠的信息来制定决策。成熟的支持/保障机构，能够熟练运用复杂的工具与技术	经常对项目与系统方法进行检测以确认并执行改进程序。能够达成权威机构提出的项目管理标准
利益相关者管理与项目组织	使用日常业务管理结构来管理项目。偶尔会使用"项目经理"和"项目倡议人"等术语	组织中存在管理能力较强的个人或成功主持项目的倡议人。其他的利益相关者也能够得到确认但很少参与项目管理。为强制性项目与战略性项目设立项目监控组	项目职能简单易懂。项目的参与者是一个已获得认可的团队。项目组合管理团队负责管理各个项目。项目监控组存在于大部分的项目之中，而且存在利益相关者识别方法	了解项目经理与项目监控组成员的能力，允许更加准确地选择精简的项目管理小组。项目管理小组将对人们所熟知的项目流程产生作用。有效地对利益相关者进行管理	组织的变革议程表现在经过修改的项目、适应相关利益相关者的项目组合与结构性纲领之中
质量管理（计划、监督、报告与控制）	没有明确地定义项目成功标准或标准常常遭到误解。项目主要关注是否实现时间/成本目标。很少进行质量控制与保证活动	为强制性项目与战略性项目制定项目成功标准。确认并描述一些常见的项目成果。针对主要的项目与项目成果开展保障与控制活动	质量管理方法被详细地记入公司档案。大部分项目可以享受到某些形式的独立质量保障。要对大部分的成果进行质量定义与控制	所有的项目都将采取质量管理方法，允许细化、计划、构建、测试与接受质量预期。支持/保障机构提供支持与保障服务。存在记录普通项目成果的数据库	根据变革情况定期对项目成功标准与产品质量标准进行评估。项目经常开展质量保证活动（例如健康状况检查等）。能够达成权威机构提出的质量示准

续表

	等级 1: 启动级	等级 2: 可重复级	等级 3: 定义级	等级 4: 管理级	等级 5: 优化级
资源与成本管理（计划、监督、报告与控制）	通过现有的一般方法来管理资源与成本。不存在项目资源与成本计划或者仅仅在规定的情况下才能够执行这些计划。经常超出预算	存在估计资源与成本的技术。核心项目能够获得标准的报告。资源跟踪与成本管理技术被应用于强制性项目与战略性项目中	资源选择与成本估计方法被应用于大多数的项目。具有标准的报告程序。供应和需求管理常常作为一个概念被理解并在一定的程度上得以实施	资源控制与成本管理要与组织的其他系统与程序相结合。以多种简明的形式来呈现管理信息。具备有效的供给和需求管理	从低估与高估的过程中吸取经验。常常利用需求预测来促进组织内部的资源流动。广泛地利用管理信息来促进控制流程
时间管理（计划、监督、报告与控制）	不存在项目时间表或者仅仅在规定的情况下才能够执行它。项目常常会错过交付期限	存在对时间进程进行估计的技术。项目能够获得标准的报告。时间管理技术被应用于强制性项目与战略性项目中	时间管理方法被应用于大多数的项目。具有标准的报告程序。能够理解时间、成本与质量间的关联但不能够对其进行全面的管理	时间管理要与组织的其他系统与程序相结合。以多种简明的形式来呈现管理信息。通过制订综合计划来对时间、成本与质量等方面进行管理	从低估与高估的过程中吸取经验。广泛地利用管理信息来促进控制流程。为了达成战略或商业目标，时间、成本与质量预期常常需要互相置换
风险管理	不存在风险管理的方法。项目常常被无法预见的事情支配。组织常常要雇用专门人员来解决问题	一些组织层面的风险管理方法被应用于优先进行的项目之中。普通的风险管理方法被应用于强制性项目与战略性项目中	风险管理方法被应用于大多数的项目。利用度量指标来确定应急费用数额。风险规避程序被运用到具备一定影响力的项目之中	对项目、项目组合与程序的风险管理要与大范围的组织风险管理相一致。广泛地采用应急费用管理方法	具备清楚明确的应急费用数额是项目、项目组合与计划大纲的共同特点。它来源于对风险规避活动的确认过程。要从风险暴露的过程中吸取经验并对将来的变革行动制定合理的规避措施
变更管理	不存在对项目范围的管理或管理力量甚微，导致对时间、成本、质量与收益的预期不断波动	为强制性项目与战略性项目设定时间、成本、质量与收益基准，并对这些项目实施变更控制	变更控制进程是存在的且被应用于大部分的项目。利用度量指标来管理应急费用需求	项目变更控制同项目组合的变更管理相一致。获得授权的机构存在于组织的所有管理层级之中，他们根据明确的浮动条件来批准或否决变更	组织根据之前项目所需要的应急费用数额来制定应急预算
人事管理	大部分员工无视项目管理技术。项目的员工流动率较高。项目管理技术得不到发展	核心员工同时负责多个项目的工作。从事复杂与高风险的项目是唯一的发展途径	确定多重发展路径来促进项目管理的职业路径。支持/保障机构促成了对项目参与者的招募	员工个人的日常表现同其职业发展路径相一致。扩大对特殊技能的供给与需求的管理范围	衡量并管理项目参与者的日常表现，根据组织的需要发展其能力。将项目管理的职业路径同产业标准相结合。积极的技能管理促进了简易招聘活动的开展

在此可以进行列举性分析。表 12—2 表明组织在项目管理成熟度方面的地位。项目未处于巅峰状态而且组织的成熟度也并不高于低层次的测量条目，因此它处于第 1 等级。

表 12—2 **项目管理成熟度**

战略规划					
收益管理					
系统方法					
利益相关者管理					
质量管理					
资源与成本管理					
时间管理					
风险管理					
变更管理					
人事管理					
	等级 1 启动级	等级 2 可重复级	等级 3 定义级	等级 4 管理级	等级 5 优化级

在目前存在的几种衡量项目管理成熟度的模型中，最具结构性的是项目管理机构的组织项目管理成熟模型（通常简称为 OPM3）。它为组织提供了一重理解项目管理的方法和一套全面广泛地测量成熟度的最优方法，能够帮助组织提高计划改良方面的项目管理成熟度。

虽然许多潜在的倡议人也许会被与产业准则相关联的期望说服，也有很多人希望根据自己过去的表现来判定组织的进步情况。这个模型就能够帮助他们以相关的商业化术语来测量项目管理所取得的成就。

表 12—3 所列出的调查表能够帮助确认并巩固不同组别的人们所占的百分比，也允许他们表达对每一种观点的意见。这个调查的结果描绘了在某个时点上不同管理级别的人所担忧的问题，指明了项目的优先权与变革的深层次要求。同时，在项目管理改进周期内可以开展更进一步的调查以确定已取得的进展。

表 12—3 **调查问卷**

编 号	当前状态	不同意　　同意
战略规划		
PA1	公司的战略尚未形成文件	☐☐☐☐☐☐☐☐☐ 1 2 3 4 5 6 7 8 9
PA2	公司的战略存在矛盾和/或缺陷	☐☐☐☐☐☐☐☐☐ 1 2 3 4 5 6 7 8 9
PA3	对于大多数正在进行的项目，没有考虑其对战略目标的相对贡献	☐☐☐☐☐☐☐☐☐ 1 2 3 4 5 6 7 8 9
PA4	业务或变革机会的优先性取决于倡议人的地位等级	☐☐☐☐☐☐☐☐☐ 1 2 3 4 5 6 7 8 9
PA5	关于项目对公司战略的贡献度没有使大家都理解的表达方式	☐☐☐☐☐☐☐☐☐ 1 2 3 4 5 6 7 8 9
PA6	我们没有利用公司策略来验证项目选择	☐☐☐☐☐☐☐☐☐ 1 2 3 4 5 6 7 8 9

编 号	当前状态	不同意　　　　　同意 1 2 3 4 5 6 7 8 9
收益管理		
BM1	无论是否存在明确的理由，所有项目都将得到开展	1 2 3 4 5 6 7 8 9
BM2	仅根据时间、成本与质量预期的实现情况来判断项目的成功与否	1 2 3 4 5 6 7 8 9
BM3	在项目末期，我们无法量化实现的收益	1 2 3 4 5 6 7 8 9
BM4	我们从未判定项目是否能够交付预期的结果	1 2 3 4 5 6 7 8 9
BM5	项目一旦开始，我们就不再重新考虑其正确与否	1 2 3 4 5 6 7 8 9
BM6	我们缺乏必要时停止项目的信息和/或权威	1 2 3 4 5 6 7 8 9
BM7	对收益进行奖励	1 2 3 4 5 6 7 8 9
BM8	我们未对成功交付项目的负责人提供任何奖励	1 2 3 4 5 6 7 8 9
系统方法		
SA1	项目工作大体上同公司的日常业务没有区别，并且主要由日常业务环境中的人员负责	1 2 3 4 5 6 7 8 9
SA2	我们缺少公正的认证服务机构	1 2 3 4 5 6 7 8 9
SA3	我们没有搜集或接受之前项目的经验教训	1 2 3 4 5 6 7 8 9
SA4	我们在价值很小的管理工具上投入资金	1 2 3 4 5 6 7 8 9
项目组织		
PO1	由多个独立的倡议人为项目提供引导	1 2 3 4 5 6 7 8 9
PO2	对公司的组织结构所做的变更将对组织的项目产生影响	1 2 3 4 5 6 7 8 9
PO3	组织执行变革的能力取决于多个部门之间复杂的交流与合作，而且其中很多部门无法同其他部门进行合作	1 2 3 4 5 6 7 8 9
PO4	在单个项目中管理职位经常更换人选	1 2 3 4 5 6 7 8 9
PO5	当项目的参与者无法制定决策时，他们将求助于直线管理机构	1 2 3 4 5 6 7 8 9
PO6	由项目经理负责保证交付成功的项目结果	1 2 3 4 5 6 7 8 9
PO7	我们期待由项目经理来制定保障项目成功交付的各项决策	1 2 3 4 5 6 7 8 9
PO8	项目客户在项目管理方面的权力很小，甚至没有任何权力	1 2 3 4 5 6 7 8 9
PO9	项目供应商在项目管理方面的权力很小，甚至没有任何权力	1 2 3 4 5 6 7 8 9
PO10	人们不了解各自的责任与职权范围	1 2 3 4 5 6 7 8 9
计划与控制		
PC1	很少提及项目成功的标准	1 2 3 4 5 6 7 8 9
PC2	项目计划主要包括时间表和条形图	1 2 3 4 5 6 7 8 9

编　号	当前状态	不同意　　　同意
PC3	没有详细并明确地列出各个项目的具体产出	□□□□□□□□□ 1 2 3 4 5 6 7 8 9
PC4	尽管项目分为不同的时期与阶段，但是为了保障项目的持续发展我们很少中断项目	□□□□□□□□□ 1 2 3 4 5 6 7 8 9
PC5	我们经常召开高级项目经理会议	□□□□□□□□□ 1 2 3 4 5 6 7 8 9
PC6	我们缺乏对项目的时间和成本进行估计的信息	□□□□□□□□□ 1 2 3 4 5 6 7 8 9
PC7	我们不能够随时获得主要资源	□□□□□□□□□ 1 2 3 4 5 6 7 8 9
PC8	我们对时间、成本以及质量的预期常常不一致	□□□□□□□□□ 1 2 3 4 5 6 7 8 9
PC9	项目每月都能够获得资金	□□□□□□□□□ 1 2 3 4 5 6 7 8 9
PC10	在可能的情况下不定期地更新项目计划	□□□□□□□□□ 1 2 3 4 5 6 7 8 9
PC11	虽然我们也许能够测量出项目迄今为止的花费，我们仍然需要聘请专业人士来完成此项工作	□□□□□□□□□ 1 2 3 4 5 6 7 8 9
PC12	我们虽然监督项目花费，但很少重新评价先前的估计	□□□□□□□□□ 1 2 3 4 5 6 7 8 9
PC13	我们向高级经理汇报所有差异	□□□□□□□□□ 1 2 3 4 5 6 7 8 9
PC14	当问题被发现时，采取任何补救措施都为时已晚	□□□□□□□□□ 1 2 3 4 5 6 7 8 9
PC15	虽然我们拥有一套非正式的同行审核系统，但是我们从未通过该系统审核项目的产出	□□□□□□□□□ 1 2 3 4 5 6 7 8 9

风险管理

编　号	当前状态	不同意　　　同意
RM1	我们具备较强的处理问题的能力	□□□□□□□□□ 1 2 3 4 5 6 7 8 9
RM2	我们提醒高级经理注意已获得确认的大多数风险和问题	□□□□□□□□□ 1 2 3 4 5 6 7 8 9
RM3	我们在项目管理环境之外很少讨论风险或问题	□□□□□□□□□ 1 2 3 4 5 6 7 8 9

变更管理

编　号	当前状态	不同意　　　同意
CM1	项目通常无法实现时间、成本与质量目标	□□□□□□□□□ 1 2 3 4 5 6 7 8 9
CM2	预期的波动范围很大，以至于我们不能够准确清楚地了解项目的范围	□□□□□□□□□ 1 2 3 4 5 6 7 8 9
CM3	由于难以衡量变更的影响导致我们必须接受所有变更	□□□□□□□□□ 1 2 3 4 5 6 7 8 9
CM4	如果变更的提出者具有足够的说服力，那么变更将被执行	□□□□□□□□□ 1 2 3 4 5 6 7 8 9
CM5	由项目经理来决定是否接受变更	□□□□□□□□□ 1 2 3 4 5 6 7 8 9

人事管理

编　号	当前状态	不同意　　　同意
PM1	为项目管理团队提供理解项目本质技能的人才是非常重要的	□□□□□□□□□ 1 2 3 4 5 6 7 8 9
PM2	项目的人员流动率较高	□□□□□□□□□ 1 2 3 4 5 6 7 8 9
PM3	我们拥有一个或两个非常受欢迎的项目专家	□□□□□□□□□ 1 2 3 4 5 6 7 8 9
PM4	项目参与者的职业发展路径是将来从事更多或者更加复杂的项目	□□□□□□□□□ 1 2 3 4 5 6 7 8 9
PM5	我们不知道如何获得将来所需的核心竞争力	□□□□□□□□□ 1 2 3 4 5 6 7 8 9

　　分析的结果也许会确认出一些看似清楚而实际矛盾的优先权，当然这要取决于参与分析的人员。例如，潜在的倡议人也许会强烈地赞同"项目通常无法实现时间、成本与质量的目标"；项目经理也许会强烈地赞同"预期的波动范围很大，以至于我们不能够准确清楚地了解项目的范围"。这种问题的解决方法是认真制订计划并统一改进的方法。

　　表 12—4 是对表 12—3 的扩展。它假定已经获得足够的"综合回应"并已经对优先权的设置给予一定的指导。新增加的相应"未来状态"使人们能够更加精确地表达评论。

表 12—4　　　　　　　　　　　　　调查问卷

编　号	当前状态	综合的回应 不同意　　同意	未来状态
战略规划			
PA1	公司的战略尚未形成文件	1 2 3 4 5 6 7 **8** 9	公司的战略已形成文件
PA2	公司的战略存在矛盾和/或缺陷	1 2 3 4 5 6 7 **8** 9	公司的战略在本质上是一致的
PA3	对于大多数正在进行的项目，没有考虑其对战略目标的相对贡献	1 2 3 4 5 6 7 8 **9**	要根据战略目标来设定所有新的及现存启动事项的优先权
PA4	业务或变革机会的优先性取决于倡议人的地位等级	1 2 3 4 5 6 7 8 **9**	成功项目的优先权取决于每个项目与商业或战略目标的一致性
PA5	关于项目对公司战略的贡献度没有使大家都理解的表达方式	1 2 3 4 5 6 7 8 **9**	项目源自于公司的战略并以其作为衡量标准
PA6	我们没有利用公司策略来验证项目选择	1 2 3 4 5 6 7 8 **9**	我们要测量各个项目对公司决策的贡献程度
收益管理			
BM1	无论是否存在明确的理由，所有项目都将得到开展	1 2 3 4 5 6 **7** 8 9	只有通过业务实例验证的项目才能够被提出
BM2	仅根据时间、成本与质量预期的实现情况来判断项目的成功与否	1 2 3 4 5 6 7 **8** 9	通过项目对我们的顾客以及我们自己所带来的收益来衡量项目的成功
BM3	在项目末期，我们无法量化实现的收益	1 2 3 4 5 6 7 **8** 9	以回顾的形式计算项目的利润率
BM4	我们从未判定项目是否能够交付预期的结果	1 2 3 4 5 6 7 **8** 9	对已完成的项目进行评估，并依此决定项目为我们带来的商业收益以及对公司战略的影响

编　号	当前状态	综合的回应 不同意　　　同意 1 2 3 4 5 6 7 8 9	未来状态
BM5	项目一旦开始，我们就不再重新考虑其正确与否	■ 在 9	在项目周期内重新考虑项目的公正性并将其纳入规章之中
BM6	我们缺乏必要时停止项目的信息和/或权威	■ 在 7	当项目看起来要失败时，我们要准备好随时阻止其运行
BM7	对收益进行奖励	■ 在 8	我们根据利润率来奖励员工
BM8	我们未对成功交付项目的负责人提供任何奖励	■ 在 8	我们奖励那些在项目中负责保障商业利益与战略收益的员工

系统方法

编　号	当前状态	综合的回应 1 2 3 4 5 6 7 8 9	未来状态
SA1	项目工作大体上同公司的日常业务没有区别，并且主要由日常业务环境中的人员负责	■ 在 6	采用人们熟知的、清楚明确的方法来执行项目
SA2	我们缺少公正的认证服务机构	■ 在 8	我们能够接触到许多独立公正的保障资源以便于规避风险并保证管理的有效性
SA3	我们没有搜集或接受之前项目的经验教训	■ 在 6	我们可以获得并应用改进措施
SA4	我们在价值很小的管理工具上投入资金	■ 在 2	组织将获益于一系列的支撑项目管理的整合工具

利益相关者管理与项目组织

编　号	当前状态	综合的回应 1 2 3 4 5 6 7 8 9	未来状态
PO1	由多个独立的倡议人为项目提供引导	■ 在 6	由单个统一的机构来管理项目组合，并授权小型组织来拥有并指挥各个项目
PO2	对公司的组织结构所做的变更将对组织的项目产生影响	■ 在 7	对操作命令的执行独立于组织的结构
PO3	组织执行变革的能力取决于多个部门之间复杂的交流与合作，而且其中很多部门无法同其他部门进行合作	■ 在 9	由独立于直线结构的、适应不同部门需求的小型组织来管理并交付项目
PO4	在单个项目中管理职位经常更换人选	■ 在 8	由各个背景不同的小型组织来负责单个项目

编　号	当前状态	综合的回应 不同意　同意 1 2 3 4 5 6 7 8 9	未来状态
PO5	当项目的参与者无法制定决策时,他们将求助于直线管理机构	1 2 3 4 ■ 6 7 8 9	项目组织内的权威可以为项目的持续进行制定必要的决策
PO6	由项目经理负责保证交付成功的项目结果	1 2 3 4 ■ 6 7 8 9	由项目组合管理团队负责保证交付成功的项目结果
PO7	我们期待由项目经理来制定保障项目成功交付的各项决策	1 2 3 4 5 6 ■ 8 9	我们明确地区分了项目"所有权"与"日常管理权"
PO8	项目客户在项目管理方面的权力很小,甚至没有任何权力	1 2 3 4 5 6 7 ■ 9	项目客户是项目管理团队的组成部分
PO9	项目供应商在项目管理方面的权力很小,甚至没有任何权力	1 2 3 4 ■ 6 7 8 9	项目重要组成部分的主要供应商是项目管理团队的组成部分
PO10	人们不了解各自的责任与职权范围	1 2 3 4 5 6 ■ 8 9	所有承担项目职能的个人都清楚自己的责任并对此没有异议
计划与控制			
PC1	很少提及项目成功的标准	1 2 3 ■ 5 6 7 8 9	项目成功的标准由项目产出的接收者来列出并设定其优先等级
PC2	项目计划主要包括时间表和条形图	1 2 3 4 5 6 7 ■ 9	所有的计划都将详细描述时间、成本与质量三个部分
PC3	没有详细并明确地列出各个项目的具体产出	1 2 ■ 4 5 6 7 8 9	我们的计划不仅仅说明各项活动,而且清楚地确认产出
PC4	尽管项目分为不同的时期与阶段,但是为了保障项目的持续发展我们很少中断项目	1 2 3 4 5 6 7 ■ 9	我们将项目分为在时间上连续且无相互重叠的阶段
PC5	我们经常召开高级项目经理会议	1 2 3 4 5 6 7 8 ■	高级经理会议是事先计划好的以重大事件为导向的用于制定重要决策的会议
PC6	我们缺乏对项目的时间和成本进行估计的信息	1 2 3 4 5 6 7 8 ■	对时间与成本的估计需要以清晰地描述产出为基础
PC7	我们不能够随时获得主要资源	1 2 3 4 5 6 7 8 ■	需求预测常常被用来协调组织内部的资源流动

编　号	当前状态	综合的回应 不同意　　同意 1 2 3 4 5 6 7 8 9	未来状态
PC8	我们对时间、成本以及质量的预期常常不一致	■ 在9	对时间、成本与质量预期进行协商，以实现战略或商业目标
PC9	项目每月都能够获得资金	■ 在7	项目一旦获得批准，其资金将得到确认与拨付
PC10	在可能的情况下不定期地更新项目计划	■ 在5	所有的项目都具备最新计划
PC11	虽然我们也许能够测量出项目迄今为止的花费，我们仍然需要聘请专业人士来完成此项工作	■ 在8	我们了解所有项目迄今为止的花费
PC12	我们虽然监督项目花费，我们很少重新评价先前的估计	■ 在7	我们定期对预测成本进行重新估计与报告
PC13	我们向高级经理汇报所有差异	■ 在9	我们通过浮动条件来管理重要的差异，以便高级经理们能够专心处理其他人没有权利或无法胜任的问题
PC14	当问题被发现时，采取任何补救措施都为时已晚	■ 在9	定期召开项目进程报告会议，为预测并解决问题提供足够的机会
PC15	虽然我们拥有一套非正式的同行审核系统，但是我们从未通过该系统审核项目的产出	■ 在5	我们根据定义的成功标准来审核并批准产出
风险管理			
RM1	我们为自己具备较强的处理问题的能力而骄傲	■ 在9	我们为自己能够通过有效的风险管理来阻止各种问题的发生而骄傲
RM2	我们提醒高级经理注意已获得确认的大多数风险和问题	■ 在9	我们仅仅提醒高级经理注意那些值得关注的风险和问题
RM3	我们在项目管理环境之外很少讨论风险或问题	■ 在8	对上层组织产生影响的风险与问题存在浮动路径
变更管理			
CM1	项目通常无法实现时间、成本与质量目标	■ 在8	通常要对期望与估计进行重新评价与审核，以便采用明确的应急措施来规避风险与调整变更

编　号	当前状态	综合的回应 不同意　　同意	未来状态
CM2	预期的波动范围很大，以至于我们不能够准确清楚地了解项目的范围	□□□□□□□□■ 1 2 3 4 5 6 7 8 9	每个项目都有一套对时间、成本与质量预期的基准表达
CM3	由于难以衡量变更的影响导致我们必须接受所有变更	□□□□□□■□□ 1 2 3 4 5 6 7 8 9	通过认知过程来详细地考虑所有变更
CM4	如果变更的提出者具有足够的说服力，那么变更将被执行	□□□□□□□■□ 1 2 3 4 5 6 7 8 9	在提出意见之前，需要由一组背景不同的人来评估变更
CM5	由项目经理来决定是否接受变更	□□□□□■□□□ 1 2 3 4 5 6 7 8 9	只有经过授权的管理小组成员才能够批准对变更的调整
人事管理			
PM1	为项目管理团队提供理解项目本质技能的人才是非常重要的	□□□□□□■□□ 1 2 3 4 5 6 7 8 9	项目管理小组中有用户、技术人员与商业精英等各种不同背景的工作人员
PM2	项目的人员流动率较高	□□□□□□□■□ 1 2 3 4 5 6 7 8 9	项目参与者们通过不断地参与项目组合并为项目组合做出贡献而得到发展
PM3	我们拥有一个或两个非常受欢迎的项目专家	□□□□□□□□■ 1 2 3 4 5 6 7 8 9	我们能够接触到许多有经验的项目参与者
PM4	项目参与者的职业发展路径是将来从事更多或者更加复杂的项目	□□□□■□□□□ 1 2 3 4 5 6 7 8 9	所有的项目参与者都有一套清晰的发展路径
PM5	我们不知道如何获得将来所需的核心竞争力	□□□□□□□■□ 1 2 3 4 5 6 7 8 9	我们已经招聘到能够满足项目竞争需求的候选人

这些表述指明了方向，且表达方式不需要太复杂。下面这种表达方式就已足够清楚：

- 通过实施独立的测量方法将在××年××月××日取得"未来"状态的文化变更。

12.2　获得变革的指令

项目启动仅仅有明确的变革机会是不够的，还需要由倡议人来驱动、资助并指导项目管理进行改进。倡议人在组织中的级别越高越好，但并不意味着任何人都适合承担这个职能，而且仅仅有变革的热情也是不够的。如果项目启动没有得到倡议，启动

193

要么是在开始时难以取得成功，要么就是之后的进展过程十分艰难。如果倡议人能够依据有效的项目管理原则来实施项目管理改进，那么这些原则就应该被应用于选择合适的项目监控组来帮助管理并指挥项目管理改进。

倡议人应该是一位获得大家认可的对变革起促进作用的人，最理想的人选是之前曾经倡议过组织重要变革的人。不管他在管理业务实务操作方面有多么胜任，他都不应该像往常一样仅仅拘泥于业务实务，而应该具有足够的权威来赢得同龄人的尊敬，因为这个职能将涉及推广与提升对其他人来说很陌生或难以接受的理念。更为重要的是，大家认可与尊敬的人能够获得资金并做好进行长期投资的准备。倡议人最好是变革需求的确认者，并且能够一直驱动项目管理改进。

开发商代表必须是项目管理专家并且能够深刻地了解"系统化方法"，因为他必须向组织保证其所提出的应对挑战的解决方案是稳健可靠的，所以有时要雇用项目管理顾问来担当此职能。另外，组织可能还需要一位掌握复杂的项目管理方法与进程的人，鉴于财务部门在众多项目管理过程中的中间职能，这个人应该来自于财务部门。

客户代表必须保证所交付的方案能够满足组织的需要。选择两位受项目结果影响不同的团体代表——明智的选择是倡议人代表和项目经理代表。其中一位候选人是有威望的项目经理；在允许倡议人担当此额外职能的情况下，另外一位将出自于倡议人行列。因为无论解决方案是什么，也不管其是否奏效或长期有效，它都必须满足这两部分人的需求。

许多项目的成功与否都依赖于选择了一个是否合适的项目经理，因为他不仅仅要对项目管理改进进行良好的计划、监督与控制，而且要采取最优的方法。如果对启动阶段的管理不当，该阶段获得收益的机会将变得十分不确定；如果组织并不具备符合必要资格的候选人，则应该从项目管理咨询团队中招募合适人选。在这个过程中，组织对个人的承诺是不可忽视的。一个中等规模的组织需要花费两年甚至更长的时间来完成项目管理改进。

强势联合形成后（即使在该阶段仅仅是非正式的），经过挑选的项目经理到位，初级的项目管理改进就做好了利用所搜集到的资料来证实变革案例的准备。

12.3 证明投资的正确性

大部分组织都应该从项目管理改进中寻求商业利益。通常情况下，变革是由初级经理来驱动的，他们认为项目管理的一致性方法将保证固定的回报，但是这种说法并没有充分地证明哪些是有益的投资机会。常规的工作方法能够尽可能地避免重复的工作，但这并不能够说服初级管理团队来接受启动阶段；相反，向高级管理团队推广该理念之后，那些促进项目管理改进的人应该构建一个典型的业务实例来表明其能够产生的收益范围。

特别的，如果将这些收益分为三种类型，把它们汇总在一起便能够构建出一个更加有说服力的投资案例。表 12—5 列出了一些例子并详细地说明了量化方法。

表 12—5　　　　　　　　　　　项目管理改进的收益

条　目	计划假设	价　值
增加的收入与利润		
随着现有客户逐渐地对组织卓越的项目管理能力有所了解，公司的商业机会有所增加	客户将向组织购买更多的产品与服务，逐步取代内部生产	每年会增加××个额外项目，也就是增加××日的工作量，导致每年的收入增加××美元
客户意识到组织的项目管理方法所创造的价值	现有的（不经常采用项目管理方法的）客户未采用组织的项目管理，也未为其付费	×个项目每年将持续××天的时间，在此期间项目经理将担任全职工作。每年将创造××美元的价值
客户意识到由于项目管理方法将保证具备管理技能的项目管理参与者全部就位，组织内所有的项目经理都能够成功地交付项目	项目的销售机会不会受到项目经理是否就位的限制	本年度能够额外完成×个项目，由此带来××美元的利润
组织的项目管理专业技能得到认可并被优先运用于第三方承包商	客户使用组织的项目管理方	项目经理处理单个项目（全职工作××天，每天的工资为××美元）的收入价值为××美元
为单个项目而发展业务实例将改变项目的优先顺序	根据项目的商业价值来设定其优先权。某些项目将被关闭	每年将选举出一个项目，该项目的利润最大，增加利润××美元
通过对项目组合业务实例的管理，高级经理的能力有所提升。他们将引导组织逐步完成战略目标	所有的业务实例都与组织的战略目标相关联	战略的成功每年将使组织的利润率提高××%，也就是说每年利润增加××美元
成本削减		
有效的计划与控制程序使客户意识到出现延误情况时他们应承担的责任	客户支付他们应为项目支付的所有金额	由于存在纠纷，在过去的一年中通过信用卡为客户提供的现金折扣金额为××美元，在规定期限内尚未到账的金额是××美元。××%的改良率意味着每年将节约××美元

条　目	计划假设	价　值
对产品与质量标准的定义将减少重复工作	更多的产品生产被细化，导致重复工作的减少	减少××%的重复工作成本。按照每月减少××名工人的日工作量计算，每年将节约××美元
高级经理与项目经理在执行项目方面的效率有所提升	执行项目的成本降低	所有项目的成本将削减××%，总额为××美元
项目经理更多地关注与项目有关的事物而较少受到直线管理压力的困扰	项目经理花费更少时间处理直线管理问题	×名项目经理每月将节约××天的工作量，将这些时间运用于其他方面，将会带来××美元的收入
降低风险		
更好的计划与风险管理能够保证组织在固定价格的合约上竞标，减少出现财务损失的风险	完成固定价格项目，产生较低的成本预算差异	假定上一财务年度的固定工资价值为××美元，其中包括××%的差异值。项目管理改进将把差异从××%减少至××%，每年将节约××美元
较好的风险管理减少了组织对问题进行管理的成本	在风险转化为问题之前对其进行合理的规避	所有项目的成本将削减××%，也就是说节约××美元的成本
从之前的项目中获得经验能够帮助减少确定与管理风险方面的投入	所有项目经理都能够接触到已经建立好的风险确认体系	××名项目经理每个月将节约××天的工作量。将这些时间运用于其他方面，每个月将会带来××美元的收入

表12—5列出的内容并非毫无遗漏，虽然它说明了如何核算项目管理改进的收益，但很有可能同预期表格一样，其所引用的数据会引发争议。经过讨论之后，所提出的收益增加了，成本节约了，风险规避费用也降低了，重要的是它们应该超过启动阶段所提出的实质成本。一般情况下，如果组织公开地不想使用项目管理的原则性方法，业务实例也无法说服它们，只能等待重大问题（例如项目结果的失败）的出现来强迫其使用该方法。

12.4　实现变革

在本书的第1章中曾经利用图12—1来说明有效项目管理的组成部分。

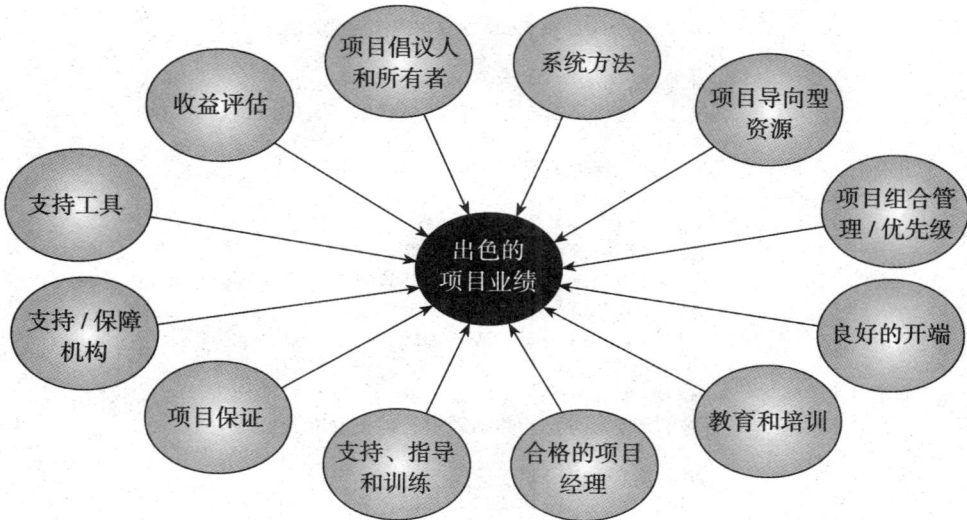

图 12—1

　　每个组织都有自己的特点，但是通常要由项目倡议人和所有者来理解并确定这些组成部分的顺序并按照顺序逐步展开，直至组织逐步成熟并完成收益评估。清楚地了解这些组成部分的顺序将帮助人们制订出有效的项目计划。项目经理必须要考虑期望达到的未来状态，并以此为目标对这些组成部分进行筛选、排序与交付。图 12—2 说明应该如何分期处理这些组成部分，为将来提升项目管理的方法提供坚固的基础。

　　阶段 1 强调了建立基础的重要性。这一阶段包括激发高级经理们的热情与竞争力以便于他们能够执行相关规定并指挥项目达到战略目标的要求。他们会需要一种系统的工作方法与一个受过良好教育与培训的团队。然而，在项目管理改进的初期，成本巨大的组织范围内的培训与教育程序是不必要的。教育应该优先提供给倡议人和其他高级的利益相关者，以便于他们说服其他的人来采取该方法。过早地对项目经理进行训练不仅会浪费宝贵的机会而且还会浪费资源，因为被培训者们从课堂中收获的激情与能力并不适合当前的管理环境。人们应该利用以下标准重新考虑培训的地位及教育的顺序：

　　● **是否根据被培训者的等级来设定优先性？** 如果对变革的驱动来自组织的高层，对高级管理人员所做的首轮简报就非常重要。之所以使用"简报"而不是"培训"，是因为考虑到这些管理者也许会认为对于他们来说，培训是非常不必要的。被培训者应该从专业、谨慎且具备优先资格的参与者中挑选。

　　● **是否根据所参与项目的重要程度来设定被培训者的优先权？** 某些项目的参与者接受项目管理方面的培训对该项目是有益的，但是对于另外一些项目来说引进新的项目管理方法却是弊大于利，所以应该从优先的项目参与者中挑选被培训者。

　　● **是否根据参与者的发展需要来设定被培训者的优先权？** 对于某些人来说，针

197

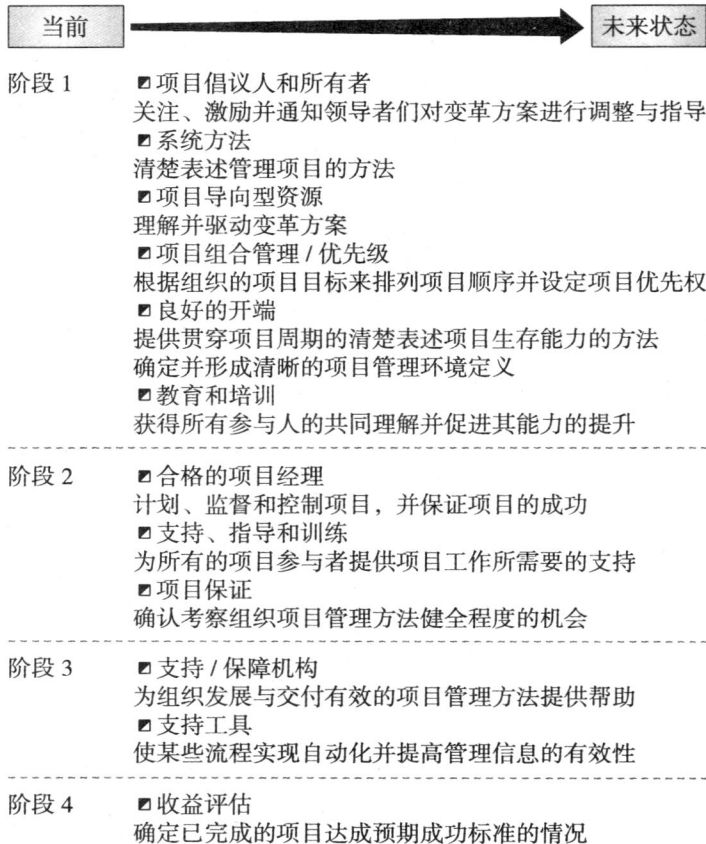

图 12—2

对项目管理的基本培训将极大地激发他们的信心与竞争力；而对于另外一些人来说，培训却有可能是令人沮丧的进而加剧现有的问题。项目参与者所具有的不同的背景与专长并不意味着他们必须接受统一的项目管理原则与技能的培训，所以培训最好是关注那些需要应用项目管理技能的人们。这样至少可以在初始阶段就能排除不参与项目管理的人员。另外，还应该根据参与者的发展需要来选择被培训者。

培训需求分析是第一阶段的重要产物，因为它利用考虑周全而且是计划好的方法来对这些需求进行分析。培训是一种新的描述项目管理系统方法的方式，同时它也为组织引进新兴的、人们普遍熟知的管理语言提供了条件。培训需求分析以交流计划作为依据和基础描述了如何满足组织培训需求的方法。它可以用一个简单的矩阵来加以说明（见表12—6）。

矩阵的列表示不同类型的参与者，矩阵的行表示推荐的培训事项。矩阵中的对号表示各类参与者适合参加的培训事项。培训事项试图满足各种不同的目标：

- 倡议人的项目管理简报——帮助项目倡议人熟悉自己的职责以便于他们进行

更好的交流并向项目经理们传达一致的指示。

表 12—6　　　　　　　　　　　　　　培训需求分析

	倡议人的 项目管理简报	从业者的 项目管理培训	浓缩的 项目管理培训回顾	可操作的 项目管理技能
项目组合管理团队	√			
项目监控组	√			
项目经理		√		
项目小组负责人		√		
项目小组成员			√	
业务实例经理			√	
业务实例小组成员				√

● 从业者的项目管理培训——为从业者们提供能在组织中实践的有关项目管理原则与方法方面的技能与知识。

● 浓缩的项目管理培训回顾——为未参加培训的人员提供充足的知识以便于其理解项目管理的原则及组织采用该原则的方式。

● 可操作的项目管理技能——为未参加培训的人员在组织内实践项目管理方法提供充足的技能与机会。

以上四个事项允许潜在的项目代表们和具有不同操作背景的人们为获得充足的知识和/或技能而积极地参与到以项目为中心的管理环境中来。

第 1 阶段必须产生一些成功的项目。没有早期成功的方案推广，很少有人能预见到该项投资的收益，管理者在选择要在哪些项目上应用这些方法时必须要认真地考虑时机，因为它将决定在项目管理改进的周期内能否获得有价值的核心成果。

第 2 阶段的特点是需要为项目嵌入系统方法，并给项目管理的参与者提供支持与帮助。如果能够既为项目提供帮助又为应用新方法的项目参与者们提供帮助将是十分明智的。这些帮助将确保组织中项目的正常运行及项目参与者们的良好发展。参与者除了可以通过状态检测及其他有保障的测量方法保证项目的正常运行外，还可以通过鼓励由项目管理群体进行的支持与引导来促进参与者的健康发展。

第 3 阶段设想了为组织提供支持的基础机构。既然引进支持/保障机构和其他的一些支持技术要花费大量的资金还容易产生分歧，那么能否确定迄今为止的投资已获得收益将是十分重要的。

随着项目收益评估的展开，第 4 阶段不仅意味着项目管理改进的结束而且暗示了组织已达到至关重要的成熟级。也许有些人希望在第 1 阶段进行项目评估审核，但由于那时人们对支撑项目管理方法的重要原则了解的不够深入，评估无法在第 1 阶段全面展开。只有在前三个阶段组织发展、构建并嵌入了项目管理的方法之后，人们才能够在理念上接受收益评估并进行有效的实际收益测量。

12.5 享受收益

为组织引入新的程序或方法是管理文化的变革。John Kotter 在他的《领导变革》(*Leaaing Change*) 一书中写道:

'在最后的分析中,当变革成为'我们做事情的方法'时,当它渗入到公司的血液中时,它就已经在组织的内部深深地扎根了。变革的压力一旦被解除,组织就将陷入退化的境地,直到新的行动被植入到社会规范与共同价值之中时组织的状态才会发生改变。"

能够优化项目管理的竞争压力必须是持续且完整的。这种压力将促使组织实施项目,这是任何单一的组织或个人都无法单独完成的。那些试图提升并嵌入有效项目管理收益的人们必须经历漫长而又富有挑战性的过程。

最后,人们将享受到有效项目管理所带来的收益。它具有商业化以及竞争性的优势,能够帮助降低操作成本。更加振奋人心的是,它回答了那些使风险主管夜不能寐的问题,即"我没能有效管理组织项目的后果是什么"。